歴史の見方・考え方 2

史料から広がる歴史学

佐藤 昇 編
神戸大学文学部史学講座 著

山川出版社

はじめに

究極の情報源

　古代ローマの風呂職人。古代中国で大将軍をめざす少年。室町時代のタタラ場に生きる人々。中世北欧のヴァイキング。贅沢の限りを尽くして民衆から罵られるフランス王妃。収容所内でもユーモアを忘れないユダヤ人家族。戦火の神戸で暮らす兄と妹。映画やドラマ，アニメ，漫画では，時に空想も多分に交えながら，歴史上の人物を主人公に据えたり，過去に実在した街や国を舞台に設定したりすることが少なくない。物語に引き込まれつつも，あなたはこんなふうに思ったことはないだろうか？　彼女はこんなセリフ，本当に言ったのだろうか？　彼は本当にこんなことをしたのだろうか？　架空の人物，それに空想の設定なんかは割り引いて考えるとしても，このストーリーはいったいどこまでが事実なのだろうか？　そして事実に基づく描写があるとして，いったいどこからそれがわかったのだろう？　何を根拠にしているのだろう？　と。

　そう思ったら，今ならばきっと多くの人がまずはスマートフォンかパソコンに向かい，キーワードを入れ，インターネットで検索するだろう。名の知れた辞書的なウェブサイトには，たしかにたくさんの「情報」が溢れているし，丁寧に歴史解説をしてくれるサイトもたくさんある（時に「史実と違う」と逐一説明してくれる）。しかし，そこに書かれた情報は，きっとどこか別の情報を元にして書かれているに違いない（全く根拠のない憶測や思い込みもあるかもしれないけれど）。例えば，それは高等学校の日本史や世界史の教科書，参考書かもしれない。あるいは書店や図書館で簡単に手に入る新書，はたまた『〜の歴史』などと題されている概説書かもしれない。しかしながら，そうした教科書や新書，概説書などは，いったい何を根拠に書かれているのだろうか？　そうした書物は専門家が書いているのだし，多くの場合，巻末に参考文献などが並んでいるし，きっと著者自身を含む，専門家が記した研究書や学術論文などを情報源にしているのだろう。そうだとすると，その専門家たちはいったい何を情報源としてそれらの書物を書いているのだろうか？　こうして情報源の地層を掘り下げていった時，その一番奥底にみえてくるのが，本書で扱う「史料」ということになるだろう。「史料」とは，過去のある時代に存在した人や社会，現象などを知るための，いわば「究極の情報源」といえるかもしれない。

史料のいろいろ

　それでは，その「史料」には具体的にどのようなものがあるのだろうか？　歴史上の人物や過去の社会・現象を知るには，どのような「究極の情報源」があるのだろうか？　少しだけ具体的に想像し

てみよう。例えば人物について知りたいのなら，その人が自ら記した日記や手記，著作などがあれば，とても良い情報源になりそうだ。近しい友人と交わした手紙などもその人を知る重要な手掛かりになるだろう。それにその人の発言，行動を記した新聞記事や何かの記録があれば，それも役に立つだろう。家計簿や通帳があれば，暮らしぶりも詳しくわかる。あるいは戸籍や納税記録などの公的な記録ももちろん重要な情報源になる。芸術家や芸術愛好家なら，その人の作品や収集した物だって，やはりその人の思考を知るのに重要な手掛かりだ。写真や動画があれば，その人の姿や生活の様子なども知ることができる。

　それでは，その人を主人公にした「人物伝」のような文学作品はどうだろうか？　これも，現代の作家が書いたものではなく，その人物が生きた時代に近いものであれば「史料」として使えるはず（きっと）。政治家や軍人であれば，議場での演説，戦場での活躍が記された「年代記」「戦史」などもある。そうしたものはどうだろうか？　それらもやはり近い時代のものであれば情報源として使えるだろう（たぶん）。こうしてみると，実に多様なものが史料として使えそうだ。歴史上の人物や過去の社会，現象に近づくための窓はあちこちに開かれている。

一筋縄ではいかないがゆえの楽しみ

　さて，皆さんのなかには疑問符が頭に浮かんでいる人もいることだろう。「人物伝」や「戦史」「年代記」などは，究極の情報源といえるのだろうか？　と。つまり，これらの文学作品は何か別のものを情報源として書かれているはず。したがって（著者自身あるいはその友人，親類縁者について知りたい場合は別として），そうしたものは「究極の情報源」たる「史料」に加えるべきではないのではないかと。なるほど，たしかにそれはその通り。しかし，すべての情報がいつでも完全に残されているわけではないこともご理解いただきたい。概して古い時代のものは，時の経過とともにあったはずの情報もやがて散逸し，はかなくも風化していく。時代の近いものだって震災や戦争で失われる史料はたくさんある。それに誰もが日記や手記を書くわけではない。いや，そもそも文字で記すという行為だって，いつの時代，どの地域でも一様に行われていたわけではないのだ。そういった事情もあって，歴史上の人物，過去の社会や現象を知ろうとするときには，「人物伝」「年代記」といった作品があれば，それらも史実に肉薄できる情報源，すなわち「史料」として十分に認められることになる。

　そうすると「史料」の「究極」具合には色々あることがわかってくる。そして「史料」から情報を得る際には，だいぶ注意して扱わなければならないこともわかってくるだろう。まず，今述べた「人物伝」をはじめとする作品は，当然，文学的な潤色もあれば，著者なりの思い入れもある。「年代記」なども，王朝や政府の命令で製作されたものであれば，依頼主の意向が強く働く。本人の思想を明らかにしてくれる著作や作品だって，時代によっては当局（かどこか）に目をつけられ，検閲を受けて，改変されているかもしれない。いやいや，個人の日記や手記だって，自分で誇張して書いているかもしれないし，都合の悪いことは書かないかもしれない。そもそも誇張，隠蔽とまではいかずとも，ごく普通の日常的なことは書かず，何か特別な事態，素敵な・悲惨な出来事ばかりを日記に綴っている可能性も考えられる。そんな日記からうっかり「著者の日々の様子」を再現しようものなら，どんなことになるだろうか。

史料から読み取れる情報は，扱う史料の性格，すなわち著者やジャンル，依頼主，想定読者，制作過程，何が書かれて，何が書かれていないのか，などといったことをよく理解したうえで利用しなくてはいけないようだ。「史料」として使えるものが複数あるのなら，それらを丁寧に読み，相互に見比べながら整理をして論理的に考えていく必要があるだろう（これは歴史学にとどまらず，情報リテラシーの基本といえる）。なかなか一筋縄ではいかない作業だ。だけど，欺瞞や誤謬，歪曲などの難敵をかわしながら，歴史上の人物や社会，現象に究極まで迫っていく時には，なんだか胸が高鳴ってくる。あれこれ考えてみるのは，自分なりの発見もあって，楽しいことだし，快感でもある。

史料の広がり

　いささか注意点が多く，史料というのは扱いにくいという印象をもたれたかもしれない。たしかに史料には歪曲や誇張，隠蔽など考えるべき注意点がたくさんある。しかし，注意点をかわすのではなく，逆に敢えて注目してみるのもおもしろい。例えば（扱いづらいとされる）「年代記」のなかで，一部有力者があまりに活躍しているとしよう。皆さんなら一体どう考えるだろうか？　その有力者が「年代記」の制作依頼主や出資者だったのだろうか？　著者が密かに信奉している人物だったのだろうか？　それとも（売れ線を狙って）当時の想定読者層に人気の高い人物だったのだろうか？　別の人の活躍を矮小化するためにそうした記述をしているのだろうか？　いずれが正しいかは分析してみないとわからないが，その背後にはきっと，その時代の政治的，社会的，文化的背景が潜んでいるはず。そう考えてみると，先ほどまではだいぶ扱いにくいものにみえた「年代記」なども，「史料」としてまた別の魅力が備わっているような気がしてくる。史料に向ける視線を変えることで，世界にいっそうの奥行き，広がりがみえてくる，ということもできるだろう。

　同じように，歴史上の人物や過去の事件などを素材として，後の時代につくられた物語，小説やエッセーだって，それらがつくられた時代を映し出す「究極の情報源」たる「史料」と呼べそうだ。それらもきっと，制作された時代（題材となった人物，事件とは違うかもしれない）の読者層，観客層，あるいはスポンサーや政府当局などを何かしら意識して（あるいは無意識のうちにということもあるかもしれない），歪曲し，隠蔽し，潤色しているのではないだろうか？　そこから制作当時の政治，社会，経済などの状況を知ることもできるだろう。もちろん，冒頭に掲げたマンガやアニメなどだって，つくられた当時の時代を映し出す「史料」ともいえる。そこから一体どんな歴史を紡ぎ出せるのだろうか？　想像するだけでもワクワクしてくる。

　本書は，古代から現代に至る日本史・東洋史・西洋史それぞれの専門家が，様々な史料をどのように扱い，どのように歴史像を結んでいくのか，研究の手の内をみせながら，史料の見方・歴史の考え方を披露したものである。それぞれ対象とする時代によって史料の広がりも異なっている。これらはごく一例にすぎないが，私たちが行う史料分析，考察の仕方を一緒に体験しながら，皆さん方ご自身が歴史探究の旅に出る際のヒントを発見していただければ幸いである。

執筆者一同

歴史の見方・考え方2
― 史料から広がる歴史学―

第Ⅰ部
古代

古代ギリシアのスポーツ事情
「断片」史料の見方

佐藤 昇

■ 古代ギリシアのスポーツ批判

「古代ギリシア」と聞いて，どのようなことを思い浮かべるだろ
うか。ギリシア神話にパルテノン神殿，あるいはギリシア彫刻。様々
なイメージが湧き出てくるだろう。ほかにも，ギリシア哲学やギリ
シア悲劇などのパフォーマンス文化，さらに古代オリンピックのよ
うなスポーツ文化を挙げる人もいるかもしれない。本章では，劇や
哲学など様々な史料を利用しながら，古代ギリシアのスポーツ事情
について考察していくこととする。そして特に「断片」と呼ばれる，
多くの読者にはあまり聞き慣れない史料を取り上げ，これを手掛か
りにどのようにして「歴史」を探究できるのか，ともに考えていき
たい。まずは次の史料を読んでみよう（以下史料はすべて拙訳。読
みやすさに配慮し意訳している。〔 〕内は訳者による補足・解説）。

土器に描かれたパンクラティオン（総合格
闘技）**の場面**（前490〜前480年頃）

円盤投げ選手の像

史 料

　……というのも，ギリシア中に悪しきものは数あれど，スポー
ツ選手の奴らより，悪しきものは何もなし。奴らはそもそも，良
い暮らしを学んだりしないし，実践などできもしない。というの
も，いかにして，顎の奴隷，胃の腑〔食欲〕に負けるような男が，
父をも凌ぐ富を手にできようものか。さらに彼らは貧乏でいるこ
とも，不運に耐えることもできはしない。彼らは良き習慣を身に
つけておらず，困難に陥ってどうしようもなくなる。彼らも若い
ときは輝いて，都市への奉納像のごとくに闊歩する。だが辛い老
いが訪れると，糸が抜けゆくボロ衣も同然に消え去ってしまう。
私はまたギリシア人の慣習〔あるいは法〕をも批判する。彼らはこ
の者たち（スポーツ選手）のために集い，宴会を開くため，なんの
役にも立たない楽しみを褒め称える。というのも，いかなるレス
リングの達人が，いかなる韋駄天が，あるいは円盤投げ選手，あ
るいは顎に見事なパンチをお見舞いする奴が，栄冠を授与される
のにふさわしい，祖国にふさわしいというのだろうか。彼らは敵
の軍勢と戦うのだろうか，両手に円盤を持って？　あるいは拳で，
楯を叩き割り，敵の軍勢を祖国から追い払うのだろうか？　刀剣
を前に，誰一人，そんな愚かなことはしやしない。賢くて，立派
な男たちにこそ，葉冠〔栄誉の冠〕を授けるべきなのだ。賢く，正

■ エウリピデス『アウトリュコス』と「断片」史料

史料の分析に入る前に，まずは作者や史料の性格，ジャンルにつ
いて，基本的な情報を押さえておこう。

これは劇作家エウリピデスの作品『アウトリュコス』の一節であ
る。作者であるエウリピデスは，紀元前5世紀後半（今から2400
〜2500年ほど前）に古代ギリシア世界の都市国家アテナイで活躍
していた（前5世紀〜前4世紀のギリシア世界はおよそ「古典期」と
呼ばれる時代で，アテナイやスパルタなど数多くの独立した都市国
家が林立していた）。前5世紀後半のアテナイといえば，ギリシア
軍を率いてアケメネス朝ペルシアの軍勢をなんとか退けたのち（い
わゆる「ペルシア戦争」），軍事的にも経済的にもめざましい復興を
みせ，ギリシア世界でも格別の繁栄を謳歌していた。エウリピデス
はそうした時代に「劇詩人」として活躍した。

エウリピデスも制作したという古代ギリシアの劇は，役者たちが
仮面をつけ，衣装を身にまとって，詩人たちが制作したセリフを舞
台上で交わしながら，物語を展開させるものである。すべてのセリ
フは韻律（音のリズム）を伴う「詩（韻文とも呼ぶ）」で構成されてい
た。メインの役者のほかに「合唱隊（コロス）」と呼ばれるグループ
もいて，これもまた集団で何らかの役を演じた。コロスが演じる役
はメインの役者といくぶんか異なることが多く，物語の背景となる
出来事を歌ったり，登場人物が語れない秘密を歌で観客に伝えたり
した。古典期のアテナイでは，大ディオニュシア祭をはじめとする
国家主催の盛大な祝祭でもこうした劇が上演され，芸術の神（酒神
でもある）ディオニュソスに捧げられるとともに，多くの市民たち
が楽しんだ。

冒頭に掲げた作品『アウトリュコス』の主人公は，作品名と同じ
アウトリュコス。父親はヘルメスという名の神であった。多神教だ
った古代ギリシアの神々にはそれぞれに様々な特性が備わっている
が，ヘルメス神はなかでも数多くの特性をもつことで知られており，
旅の神，力の神，さらに少し変わったところで窃盗の神ともされて
いた。実は息子のアウトリュコスもまたこの力を受け継いでおり，

エウリピデス

悲劇詩人と役者たちを描いたイタリア・ポ
ンペイ遺跡出土のモザイク画　仮面や衣
装の様子がわかる。

さらに盗んだものを，気づかれないように，何か別のものと入れ替えてしまう能力まで備えていたという。立派な馬を盗んで，かわりにロバを返し，しかも立派な馬を返したかのように思わせることができたらしい。詳細はわからないものの，エウリピデスはこの神の子についての作品を制作したと考えられている。

「詳細はわからない」といったのは，実はこの『アウトリュコス』，作品全体が伝わっているわけではないのである。まず，現代の人がよく知っている古代ギリシアの文学作品についていえば，これらは大抵の場合，「写本」によって現代に伝わっている。例えば，ごく大雑把にいえば，エウリピデスの『オイディプス王』などといった作品は，古典期に作品全体がパピルス紙（パピルスという植物の繊維でつくられた紙）に書き残されたのち，古代，中世，近世と長きにわたってパピルス紙あるいは羊皮紙などに手書きで書き写された。当然，この間，原本や古い写本などは失われていく。やがて近代になって印刷術が生まれると，その時までに残っていた写本を元に活字本がつくられ，印刷出版されるようになり，現代の我々にまで伝わっている。

しかし，すべての作品がこうして現代に伝わるわけではない。それどころかむしろ古代に制作されたほとんどの作品は書き継がれることなく，歴史の波に呑まれ，いずれかの段階で失われてしまっている。ところが，なかにはその一部が何らかの形で残るケースもある。それが「断片」と呼ばれる史料群である。古代のどこかの時点でパピルスに記され，その後，どこかに埋もれていたものが，発掘などを通じて現代の研究者に偶然発見され，「断片」史料となることもある。特にエジプトのオクシュリュンコス村はそうした「断片」の宝庫で，すでに出土している大量のパピルスが今や遅しと解読される日を待っているような状態にある。近年でもときに有名詩人，有名作家の知られざる（あるいはタイトルでのみ知られていた）作品がパピルスからよみがえることがある。

あるいはまた，同時代またはのちの時代の著作家に言及，引用されることで題名や作品の一部が保存されることがあり，これもまた「断片」と呼ばれている。例えば，ローマ帝政期の著作家アテナイオス（後2〜後3世紀）の『食卓の賢人たち』はそうした断片の宝庫である。この作品には食事や料理などにまつわる様々なエピソードが綴られているのだが，ことあるごとに古い書物からの情報が紹介されている。例えば，「フィロコロスが言うには，アテナイの王アンフィクテュオンは，葡萄酒の水割りの方法をディオニュソス神か

中世の図書館の様子

オクシュリュンコスから出土したパピルス

ら学んで，初めて割った人である」といった具合に。この「フィロコロス」という人物は紀元前3世紀のアテナイの歴史家である。つまりこの引用箇所の下線部分は，「歴史家フィロコロスの史書の『断片』の一つ」ということになる。さて，本章で問題としている『アウトリュコス』の場合，何人かの著作家がこれに言及し，作品の一部を引用していることにより，いくつかの断片が知られている。本章冒頭に提示したものは，先ほど言及したアテナイオスが『食卓の賢人たち』のなかで断片全体を引用しているもので，さらにのちほど紹介するローマ帝政期の知識人ガレノスもまた，この断片を一部引用している。さらに出土したパピルスにも同じ箇所が一部記されていた。これらを見比べてみるとギリシア語の表現に微妙な違いがみられるため，研究者たちはそれぞれの信頼性などを考慮したうえで，エウリピデス自身が制作したと考えられる元の文を再現している。

■ 史料の位置付け──
ジャンルを考える・同時代の関連史料と比較する

　冒頭の史料に記されている内容は，明らかにスポーツ選手に対する批判である。この断片史料からどんなことがいえるのだろうか。歴史を探究する際，考えるべきことはいろいろあるが，いくつか重要な点について考えてみたい。まず初めに解説したように，これは劇の台詞の一部である。ということは，少なくとも「登場人物」の誰かの「発言」であり，単純に「著者の意見」と考えることは控えねばならないようだ。「劇の台詞」をいったいどのように「歴史」の史料として使うことができるのだろうか？

　史料が伝える内容の歴史的な意義を考えるにあたって，まずはジャンルと作家（作者）に注目することで，この史料の性格をもう少し見極めておきたい。一般に，歴史史料は誰が書いたのか（どのような地位の人か，どのような政治的思考をもった人かなど）が極めて重要な問題であり，さらにどのようなジャンル，媒体に書かれていたのかということも考えなければいけない（真面目な場なのか，おふざけなのか，公開のメッセージなのか，私的な文書なのかによって書き方も変わってくる）。

　『アウトリュコス』は，先にも述べたように，市民に公開する劇の一種で，そのなかでも「サテュロス劇」というジャンルに属する。これは一種の笑劇に分類される。登場人物（メインの役者）が展開する物語に対して，サテュロス（山野の精）の役を演じる合唱隊が，卑猥な言葉なども使いながら，笑いを提供することが特徴とされる。

ViewPoint

史料を読み，その情報を利用するときには，作家やジャンルに注目して，作品の性格を理解することが欠かせない。

土器に描かれたサテュロス（前460年頃）

残念ながら「サテュロス劇」に属する作品はほとんど現存しておらず，はっきりとわからないことが多い。完全な形で現代に伝わっているのは，同じエウリピデスの『キュクロプス』という作品のみで，他は断片ばかりである。しかしながら，断片も含め，現存する作品をみてみると，必ずしも笑いを追求した，おもしろおかしい荒唐無稽な物語が展開されていたわけでもなさそうである。ギリシア悲劇研究者の丹下和彦は，この『キュクロプス』について「ギリシアの伝統的な価値観である「知」と「法」が辺境の住人キュクロプスによって揶揄と批判の対象になっている」と述べている。同じ作家が同じジャンルの劇において，一般的に受け入れられている価値観に異議申し立てをするような考えを表現していたとすれば，冒頭に引用した史料も同様に考えられないだろうか。つまり，『アウトリュコス』のなかのこのセリフも，同時代の価値観に対して何かしら批判的に考えていることを表現している，と考えられるのではないだろうか。より具体的にいえば，このスポーツ批判のセリフは，エウリピデス本人による現状批判か，あるいは同時代の知識人がスポーツに対してもっていた批判的な気持ちが，皮肉的なセリフとなって表現されたものと推測することができる。

　この推測を検証するには，関連する話題に言及する同時代史料に目を向ける必要があるだろう。幸い，エウリピデス以前の知識人たちも，同じようにスポーツ選手批判ととれる発言を残している。例えば，紀元前7世紀後半に活躍したスパルタの詩人テュルタイオスも，競技ではなく，戦場で国家のために貢献できないようなら，スポーツ選手などは役に立たないという趣旨の発言を残している。これは当時現実に行われていた戦争，第二次メッセニア戦争に従軍する兵士たちを鼓舞する詩のなかで言及されている。したがって，おそらくこの批判も現実のスポーツ選手への批判だと考えられる。またエウリピデスよりもいくぶんか前，紀元前6世紀にギリシア世界の各地で活躍したとされる詩人・哲学者クセノファネスは，次のような詩句を残している。

ViewPoint

史料のなかで確認された事例は，それが例外的なことなのか，それとも一般にみられることなのか，同時代の他の事例と比較して位置付けを考える必要がある。

史　料

　オリュンピアで，都市ピサの川辺，ゼウス神の聖域で，もしも誰かが，かけ足の速さで，または五種競技で，もしくはレスリングで，あるいは痛々しいボクシングで，はたまたパンクラティオンと呼ばれている怖い競技において，勝ちを手にすることになるのなら，町の衆からよりいっそう誉れある人とみなされて，競演〔劇場〕で，目立つ，最前列の観覧席をもらったり，国家から，

公費でご飯をもらったり，とっておきの贈り物をもらったりする
だろう。馬術でも，これらをすべて手に入れるだろう。この私の
ように，それらにふさわしい人間ではないのに。というのも，人
力や馬力よりもいっそう優れているのが，私たちの知恵なのだか
ら。　　　　　（クセノファネス『ソクラテス以前哲学者断片集』断片2）

　クセノファネスも旧来の価値観にもの申す詩人・哲学者として知
られているが，ここでは明らかにスポーツ選手が批判の対象となっ
ている。当時，ギリシア世界で実際に行われていた国際的なスポー
ツ競技祭，しかも最も格上のオリュンピア競技祭（「古代オリンピ
ック」としても知られている）で優勝した人が，公費で食事や豪華
な賞品を提供される状況に対して，本来は自分のような知識人こそ
そうした栄誉にふさわしいと，皮肉を込めながらスポーツ選手批判
を口にしている。こうした類例があることを考慮するならば，冒頭
でみたエウリピデスの断片も，前古典期（およそ前8〜前6世紀）
から古典期にかけて古代ギリシアの知識人たちの間にあった思考の
一端を反映したものだといえそうである。つまり，当時，スポーツ
選手が国家に対して十分な貢献をしていない（と思われる）現実に
ついて，知識人が批判的に語ることがあり，そうした態度が劇のセ
リフとして採用されたと考えることができるだろう。

■ 歴史的意味を考える──同時代の状況 （政治・文化の文脈）のなかに位置づける

　しかし，いったいなぜ一流スポーツ選手が批判されているのだろ
うか。まずは当時，前古典期〜古典期のギリシア世界において，ス
ポーツ・スポーツ選手がどのような状況におかれていたのか，スポ
ーツ文化に関する同時代の全般的状況を確認してみたい。様々な史
料を総合してみると，決してスポーツもしくはスポーツ選手が，誰
からも嫌われていたわけではないということがわかる。それどころ
か，徒競走やレスリング，ボクシングといったスポーツ自体は古代
ギリシア文明の最初期から大変に人気があったと考えて良さそうで
ある。前8世紀，古代ギリシア文明の最初期につくられたとされる
叙事詩『イリアス』『オデュッセイア』のなかでも，すでに登場人物
たちはスポーツ競技に参加し，観衆もまたこれを興味津々で楽しん
でいる。先に言及したオリュンピア競技祭がゼウスの聖地オリュン
ピアで創設されたのも前8世紀とされており，徒競走だけの大会か
ら徐々に拡大し，長距離走や五種競技（徒競走，幅跳び，槍投げ，
円盤投げ，レスリングからなる），レスリング，ボクシング，パン

クラティオン（ボクシングとレスリングを合わせた
ような総合格闘技），そして馬術関係の競技が実施
された。オリュンピア競技祭は，優勝賞品がオリー
ヴの葉の冠だけだったにもかかわらず，その後も長
くギリシア世界中から参加者を集め，人気を博し続
けた。やがて前6世紀前半になると，未来を告げる
託宣の神アポロンの聖地デルフォイで行われたピュ
ティア祭，コリントス地峡のイストミアで開催され
た海神ポセイドンを祀るイストミア祭，ゼウスの聖
地ネメアで開かれたネメア祭など，国際的なスポー
ツ競技祭が次々と開催され始めた。これらの大会も

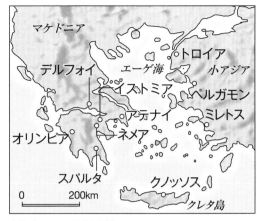

古代ギリシアの都市と聖域

優勝賞品は植物の葉冠だけだったにもかかわらず，オリュンピア競
技祭並みの大会としてギリシア人たちから別格の扱いを受けた。そ
れ以外にも例えば都市国家アテナイでは，4年に1度，自国で開催
されるパンアテナイア大祭のスポーツ競技会にギリシア各地の選手
を呼び込もうと，豪華な賞品を設定するなどしている。またギリシ
アの都市であれば，たいていどこでも体育練習場（ギュムナシオン）
が建設され，市民たちが少なからずスポーツに従事していた（スポ
ーツに従事できた社会層は時代や地域によって異なるだろうが）。
アテナイには3つのギュムナシオンがあったことが知られている。
都市国家内のスポーツ競技祭も盛んに行われ，一般的にスポーツは
多くの人々に愛好されていたといって良いだろう。

　以上を確認したうえで，問題の史料の意味を考えるために，冒頭
の史料をもう一度見返してみていただきたい。どうだろうか。そう
してみると，『アウトリュコス』では（そしてクセノファネスでも），
活躍したスポーツ選手のために宴会が催されたり，褒賞が与えられ
たりなど，どうやら都市国家の人々が一流選手を過分にもてはやす
点に大きな批判が向けられているようだ。そこで今度は，この「ス
ポーツ選手に対する褒賞」という点について，再び同時代の実際の
状況をみてみることにしよう。先ほども述べたように，オリュンピ
ア競技祭をはじめとする四大大会の賞品は，オリーヴなどの植物で
できた冠のみで，選手たちは金銭的利益でなく，ただ勝利の栄光の
ためだけに競技を行っていたとされる。たしかに大会だけをみれば
それに間違いはないのだが，実のところ優勝者は出身国から報奨金
を手にすることも珍しくなかった。前6世紀の初めに活躍したアテ
ナイの政治家ソロンは，オリュンピア祭優勝者やイストミア祭優勝
者に対して報奨金を出すよう法を制定したという。アテナイではそ

の後，オリュンピア祭優勝者に対して，都市国家の最重要功労者とともに国費で食事をする特権を認めることになり，その規定を定めた碑文も出土している。さらにスパルタでは出征の際に王の隣で戦う栄誉がオリュンピア祭優勝者に与えられた。また都市国家に帰還する際，特別の入市儀礼を認められることもあった。また，遠征部隊の将軍や新都市建設の際，植民団のリーダーに選ばれる者もあった。都市国家ごとに状況は異なったであろうが，四大大会優勝者が出身国で様々に褒賞や特権を認められ，市民たちから格別の栄誉を受けていたことは間違いないだろう。

　自分たちの方が国家に貢献をしているといって，スポーツ選手を批判した知識人たちはどうだろうか。古代ギリシアの知識人や哲学者というと隠者的なイメージをもつ人もいるかもしれないが，実際のところ，エウリピデスやクセノファネスといった知識人たちは少なからず，都市国家と様々に関わりをもっていた。とりわけ前古典期の哲学者とされる人々が都市国家の民会などで積極的に発言をしている事例などは数多く知られている。もちろん，人によって関わり方は様々だが，いうまでもなくエウリピデスなどは，詩人として制作した劇が都市国家主催の公的祝祭で何度も上演されている。また貢献の度合いということは簡単に判断しがたいが，例えば哲学者として世に知られているソクラテスは，あまり政治に関わりをもたなかったとされるものの，それでもアテナイの評議会議員として重要な政治的発言を公式に行っている。

　ただし，特に政治的発言ということでいえば，おそらくそのことで国家から顕彰されるようなことは少なかったようである。例えばアテナイでは，すでにみたように，国際的スポーツ大会での優勝は，軍事的な貢献と並んで早くから国家に対する一大貢献とみなされ，国家により顕彰されるまでになっていたが，ごく例外的な事態を除けば，政治的な発言そのものが同レベルの公的顕彰の対象となったのは，ようやく前4世紀も後半，ずいぶん遅くなってからのことである。それも頻繁に顕彰されることはなかった。すなわち，知識人たちも本人の意向に応じてそれぞれの立場で政治に参加することは珍しくなかったが，一流スポーツ選手や軍事的な活躍をした人ほどには，単純明快に国家への貢献者として評価され，表彰されることはなかったのである。まして政治集会以外の場で行った間接的な助言や教育的な発言など，具体的な成果がみえにくい貢献であれば，そのことについて都市国家から表彰されたり，褒賞を与えられたりすることは，ほぼなかったであろう。知識人たちにとっては，知性

的な面で直接，間接に国家に貢献しているはずなのにあまりに評価
されない，なかなか人々から承認されていないと感じざるをえない
ような環境が形成されていたことになる。スポーツ選手に目を転じ
てみると，たとえ古代ギリシア世界随一の国際大会で優勝したとし
ても，軍事的な活躍に比べれば，彼らとて国家にとってどれだけ有
益なのかわからない。それにもかかわらず，彼らは市民から惜しみ
ない称賛を受け，国家から格別の栄誉と褒賞が与えられている。こ
のような文化的状況にあったからこそ，古代ギリシアの知識人たち
はスポーツ選手にケチをつけ，これと対照させることで自分たちの
知性・知識の価値をアピールしていたと考えることもできるのでは
ないだろうか。このように，同時代の史料，同時代の文化的・政治
的背景と付き合わせて，当時の知識人たちが経験していた状況に照
らして考えてみると，冒頭の史料は，少し大袈裟な言い方をすれば，
同時代の「文化」がおかれた政治的，社会的状況を映し出すものと
して理解することができそうである。

■ 引用者ガレノス──「断片」の引用者に目を向ける

　さて，この史料にさらにもう少し別の角度から光を当てて考察し
てみることにしたい。すでに述べたように，冒頭の史料は「断片」
である。そして，やはりすでに説明したように，この断片は部分的
にパピルス断片としても発見されているが，ローマ時代の何人かの
著作家によって引用もされている。その「引用」のされ方に注目す
ることで，また新しい世界がみえてくるかもしれない。ここでは引
用者の一人ガレノスに注目してみたい。この人物はエウリピデスか
ら 600 年ほどのち，後 2 世紀後半〜後 3 世紀初め，すなわちロー
マ帝国の最盛期に活躍した知識人である。いうまでもなく，古代ギ
リシア世界は強大な軍事国家ローマの支配の波に呑まれ，戦乱の犠
牲になったのち，帝国成立後は広大なローマ帝国の一地方となって
いた。そんな時代，小アジアのペルガモン（現在のトルコ共和国ベ
ルガマ。ここも古代にはギリシア文化圏であった）出身のガレノス
は，各地で医学や哲学の研鑽を積み，やがて皇帝マルクス・アウレ
リウス・アントニヌス（在位 161 〜 180 年）の典医まで務めている。
その一方で，彼は医学関連の著作を中心に膨大な作品を書き残した
ことでも知られている。

　そんなガレノスがエウリピデス『アウトリュコス』を引用してい
るのは『医学の勧め』と呼ばれる小品中のことである。ここで再び，
作品のジャンルを確認しておこう。これはガレノスが残した膨大な

ギリシア古典文献を引用している
ローマ時代の作家に注目すること
で，ローマ時代におけるギリシア文
化受容のあり方について考えてみよ
う。

医学書とはいささか趣が異なり，むしろ一般向けの「学問のススメ」
といった類の書物である。すなわち，専門家向けに書かれた小難し
い医学書，あるいは自分自身のための私的な覚書などではなく，よ
り広い読者層，とりわけ一般の若者たちに向けて（といってもエリ
ート層中心ではあろうが），医学を含めた学問に従事するよう促す，
啓蒙の書として書かれたものであった。

　では，引用がなされているコンテクストを確認しながら，引用箇
所をみてみよう。まず，本書は全体として，若者たちが医学や修辞
学，天文学，地理学といった理性を働かせて修得する学問に取り組
むべきであると主張している。金儲けや美しさを手に入れるのは二
の次にすべきであり，魂を磨く学問，善き生き方につながる学問に
こそ取り組むべきというのである。反対に，用心をして避けねばな
らないものとして槍玉に上がっているのが，ほかならぬスポーツで
ある。ガレノスの主張に従えば，スポーツのために身体を訓練する
ことなど愚かしい。失敗すれば悲惨なことになるし，成功しても特
段何も良いことはない。医学や修辞学のような学問に従事し，魂を
磨けば，人間に備わった神々にも似た性質を高めることができる。
スポーツなぞに勤しんだところで，せいぜい野獣と同様の性質を得
るにすぎず，しかも結局，力では獅子や象にも敵わないし，速さで
はウサギにも追いつけない。そう主張したのちガレノスは，スポー
ツ愛好派の反論を想定し，（スポーツを支持する）世の一般的な意
見に惑わされてはならないと言って，エウリピデスの言葉を借りて
こう語る。

史　料

　ではお聞きなさい，エウリピデスがスポーツ選手についてどの
ように考えているのかを。
　　……というのも，ギリシア中に悪しきものは数あれど，スポーツ
　選手の奴らより，悪しきものは何もなし。奴らはそもそも，良い
　暮らし方を学んだりしないし，実践などできもしない。というのも，
　いかにして，顎の奴隷，胃の腑に負けるような男が，父をも凌ぐ
　富を手にできようか。さらに彼らは貧乏でいることも，不運に耐
　えることもできはしない。彼らは良き習慣を身につけておらず，
　困難に陥ってどうしようもなくなる。
　また彼らの競技のそれぞれが無益無用であることについても，
お望みとあらば，エウリピデスの発言をまたお聞きなさい。
　　というのも，いかなるレスリングの達人が，いかなる韋駄天が，
　あるいは円盤投げ選手，あるいは顎に見事なパンチをお見舞いす
　る奴が，栄冠を授与されるのにふさわしい，祖国にふさわしいと
　いうのだろうか。

ガレノス

古代ギリシアの医者として日本でよ
く知られているのはヒポクラテスか
もしれないが，ガレノスもまたロー
マ帝政前期に活躍した古代の医者・
医学者としてよく知られる人物であ
る。ガレノスの出身地ペルガモンは
医神アスクレピオスの有名な聖地が
あり，ガレノス自身の人生にも多大
な影響を与えたことだろう。現場で
の経験も豊富で，剣闘士養成所の医
師やローマ帝国遠征軍の軍医を務め
るなどした。きわめて多くの医学書
を残しているが，他にも哲学や建築
など種々の分野で執筆活動に従事し
た。ガレノスの作品はイスラーム世
界，中近世ヨーロッパ世界の医学・
身体観に甚大な影響をおよぼしてお
り，それぞれの時代・地域における
「ガレノス主義」「ガレノス受容」が
研究対象となるほどである。上の図
は1865年にパリでつくられたリト
グラフ。

またもしもこれらよりさらに詳しいことを聞きたいのなら，また彼の発言をお聞きなさい。

　　彼らは敵の軍勢と戦うのだろうか，両手に円盤を持って？　あるいは拳で，楯を叩き割り，敵の軍勢を祖国から追い払うのだろうか？　刀剣を前に，誰一人，そんな愚かなことはしやしない。

　さていったい私たちは，エウリピデスや同じような人々の意見を却下して，哲学者たちに判定を任せるべきなのだろうか。しかし誰をとっても皆，異口同音にこの仕事〔スポーツ〕はひどいと認めているのである。

　　　　　　　　　　　　　　（ガレノス『医学の勧め』10節）

　ガレノスの引用は，このような具合である。さてガレノスは，元のテキストをどのように「引用」しているだろうか。先ほど我々がしたように，ジャンルやコンテクストの検討をすることもなく，エウリピデス『アウトリュコス』の一節を，あたかもこのセリフ自体がいにしえの賢人（エウリピデス）の名言であるかのように，説明抜きに引用している。そして引用箇所の続きの部分，すなわち賢い知識人こそ国家に多大な貢献をするのだという箇所は，文脈に沿わないためか，スッパリと切り取られている。もしかすると，スポーツが無用であることを訴えているガレノスにとっては，知識人の貢献こそ評価されるべきだという意見にまで言及する必要はなかったのかもしれない。いずれにせよ，少なくともエウリピデスの元々の意図（と私たちが想定したもの）は消え去ってしまっている。断片資料が引用者の意図により歪められる可能性を示しているともいえるだろう。

　もう一つ興味深いことに，この部分だけに注目してみると，ガレノスはエウリピデスを引用して，「スポーツなど戦場では役立たない」と主張し，軍事的な観点からスポーツ批判を展開しているようにもみえる。たしかにこのような引用をしている以上，そういう意図もあるかもしれない。しかしながら『医学の勧め』全体をよくみてみると，ガレノスのスポーツ批判はもっぱら別の方向を向いているように感じられる。すなわち，ガレノスは「スポーツ選手は血や肉のことばかりに気を取られ，魂（精神，人間の徳）には気を使わない。」「スポーツ選手はいにしえの名医ヒポクラテスの助言とは反対に，過剰な練習はするし，腹に目一杯食べ物を詰めこんで，健康にも配慮しない。」「スポーツはやめたあとの劣化が激しく，決して長生きはできない。」「スポーツで鍛えるといっても，鍛えた体も全く美しくない。」「たしかに強さは身に付けるけれどもいったい農業に役立つのか，激しい風雨に耐えられるのか」と言って，知性の欠如

や不健康といった側面から徹底したスポーツ批判をするものの，戦場で軍事的に役立たないという点については，もっぱらエウリピデスの引用に頼るばかりである。つまり，ガレノスはあのような引用をしておきながら，どうやら「スポーツが戦場では役に立たない」ということについて，あまり立ち入った議論をしていない，場合によっては，具体的な議論を巧みに避けていると考えることもできそうだ。

■ ローマ帝国下のギリシア・スポーツと軍事

それにしても，いったいあれだけ徹底したスポーツ批判をするガレノスが，なぜ「スポーツが戦場では役に立たない」ということを，立ち入って具体的に論じようとしなかったのだろうか。ここで再び同時代史料を確認してみることとしたい。

まず考えておきたいのは，これがガレノスの独特な態度にすぎないのか，それとも同時代のギリシア系知識人におよそ共通する要素を含んでいることなのか，ということである。そこで，同時代のギリシア系知識人の書物をひもといてみると，残された資料を手がかりにする限り，やはりそうした批判はほとんど確認できない。例えばガレノスより少し前，後1，2世紀に活躍した，『英雄伝』でも名高いプルタルコスなどは，『食卓歓談集』という作品のなかで，スポーツにはその起源から考えて軍事的な要素があるというようなことを示唆している。しかしながら「スポーツ選手が現実の戦場では役に立たない」といったようなことは，一切述べていない。また後2〜3世紀に活躍したフィロストラトスという人物は，『体育論』という作品のなかで次のような主張をしている。

ViewPoint

スポーツと軍事の関係について，ガレノスの発想が例外的なのか，一般的なのか，同時代の別の文献と比較して考察してみよう。

史　料

彼ら〔いにしえのスポーツ選手〕は病気になることもなく鍛錬を続け，なかなか年老いることもなかった。8オリュンピア期〔1オリュンピア期は4年間〕にわたって競技に参加する者もあれば，9期の者もあり，重装歩兵としての戦いも見事であった。彼らは市壁を守るべく戦闘を行い，そこでも倒れることなく，褒賞と戦勝記念柱とを求めて，さらに戦争をスポーツの訓練に，スポーツを戦争の訓練とした。

こうした状況が変化し，かつては兵士だったスポーツ選手が，今や戦争を知らないものとなり，活力がみなぎっていたものが緩慢なものとなり，しまった身体が緩んだ体となり，シチリア風の魚食が優勢になると，競技場は衰退してしまい，体育術に阿諛追従の術が導入されると事態はいっそう酷いものとなった。

（フィロストラトス『体育論』43-44 節）

　フィロストラトスは，なんと前5世紀のエウリピデスとも異な
り，スポーツ選手が軍事的に貢献したと述べている。しかし，そ
れははるか昔のことだとしており，他の箇所で列挙する実例も，
いつのことかわからない神話のなかの話だったり，紀元前5世紀
の話だったりする。そして「（衰退してしまったスポーツ選手た
ちは）今や戦争を知らない」とは述べるものの，同時代の軍事活
動に貢献できるかどうかということについては何一つ具体的な議
論をしていない。ローマ帝政期のギリシアにおけるスポーツ批評
を眺めてみると，全般にいって，スポーツを現実の軍事的貢献具
合から批判するというような姿勢はほとんど確認できない。そこ
にはどのような背景を想定することができるのだろうか。

　手がかりを探るため，ギリシア人と軍事貢献に関する同時代の
全般的状況を確認していくこととしたい。すでに述べているよう
に，この時期，ギリシア世界はローマ帝国内の一地域となってい
た。地中海周辺地域をすっぽりと領域に収める巨大な帝国を築い
たローマは，前1世紀に帝国が成立したのちも，常に最前線で戦
争を継続していた。しかし，地図をみてもらえばおわかりのよう
に，特にエーゲ海周辺に位置する旧来からのギリシア文明圏は，
軍事上の前線からも離れ，およそ戦争とは縁遠い，比較的平和な

ViewPoint

スポーツと軍事の関係はローマ帝国
時代までに変化していた様子。どん
な背景があったのか，特に軍事的な
環境から考えてみる。

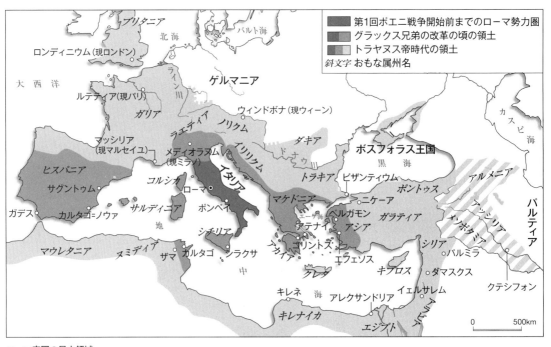

ローマ帝国の最大領域

時代を迎えていたといえるだろう。軍事遠征に参加したギリシア人がいたことも碑文などから知られているが、残存史料による限り、例外的なことであったように思われる。無論、ギリシアの都市が軍事的な脅威に晒されることも、基本的には滅多にないような世界だったと考えられる。こうした世のなかであれば、軍事的な功績を誇ることもあまりできなかっただろうし、そこに特別な重要性が認められることも稀だったのではないだろうか。そもそも軍事的な功績を誇ることができないような世界であれば、「一流スポーツ選手といえども、戦場では役に立たない」などと批判してみても、あまり意味がなさそうである。

土器に描かれた重装歩兵の戦闘場面
（前650〜前640年頃）

　ひるがえって考えてみると、前古典期、古典期のギリシア世界は、冒頭でも述べたように、独立した都市国家が林立する世界であった。ギリシアの諸都市はそれぞれ、ときに友好関係を築き、互いに同盟関係を結び、ときに反目をして、戦争に至ることもしばしばであった。そしてそれらの都市の防衛は、主にそこに居住する市民自身によって担われていた。市民たちは騎兵、それから特に重装歩兵などとして戦場で国家のために貢献するのが常識だったのである。当時の戦争の頻度を測ることは容易ではないが、少なくともアテナイやスパルタといった大国であれば、古典期には、およそ自国あるいは同盟国の防衛のために、およそ恒常的な戦争状態にあったといっても過言ではない。したがって、当然ながら、戦場での貢献は都市内で圧倒的な価値をもっていた。この時代には、そうした軍事的貢献が、誰にでも理解できる価値基準として存在していたのである。それゆえにこそ、エウリピデスの時代には「一流スポーツ選手といえども、戦場では役に立たない」という批判によって、スポーツ選手を貶めることもできたのであろう。エウリピデスの時代から数百年ののち、ガレノスの時代のギリシアでは、都市内のエリートにそうした軍事的貢献が求められることは、およそなくなっていた。軍事的貢献を誇ることにあまり価値がおかれない社会になっていたのである。スポーツは何にしても無益無用と主張したいガレノスが、エウリピデスの作品を引用しながらも、現実の軍事的貢献についてさして掘り下げなかった理由は、このような環境の変化に求めることができるのではないだろうか。他にも理由はいろいろと考えられるが、少なくとも「パークス・ロマーナ（ローマの平和）」が、ギリシア人のスポーツの見方を変えた一因であったといえるのかもしれない。

　以上、古代ギリシアの「断片」史料の見方を駆け足で追体験して

ViewPoint

ローマ帝国支配下のギリシア世界は、軍事的脅威があまりなく、軍事的貢献を誇るような環境ではなくなっていた。だからスポーツ選手を批判する場合にも、軍事的貢献の欠如が引き合いに出されることはなくなっていたらしい。

いただいた。断片史料に限らず，史料そのものの文脈を探り，同時代の状況に照らしてみることで，その時代のリアリティに迫ることができる。さらに「断片」は，それ自体は短く，やや頼りない資料ではあるが，「引用」に着目することで別の見方もできるということが，いくぶんかでもおわかりいただけただろう。引用者が情報をどう切り貼りするのか，引用の仕方には同時代の歴史的背景が影響をおよぼしているのではないか。そんなふうに考えてみると，歴史探究の仕方も広がりをみせてくれるのではないだろうか。

読書案内

桜井万里子・橋場弦編『古代オリンピック』岩波書店　2004年

佐藤昇「体育競技への眼差しと軍事——変わりゆくギリシア世界の中で」『西洋古典学研究』69号　2022年

丹下和彦「4番目の劇——エウリビデス『アルケスティス』考」『研究論集（関西外国語大学）』87号　2008年

橋場弦・村田奈々子編『学問としてのオリンピック』山川出版社　2016年

マターン，スーザン・P.（澤井直訳）『ガレノス——西洋医学を支配したローマ帝国の医師』白水社　2017年

図版出典

アフロ提供	10上下, 11下, 12上
ニューヨーク公共図書館所蔵	11上, 19
ペンシルベニア大学考古学人類学博物館所蔵	12下
メトロポリタン美術館所蔵	13
ヴィラ・ジュリア国立博物館所蔵／ユニフォトプレス提供	23

史書・伝承・史実

5世紀の倭王と地域

古市　晃

■ 小説「藪の中」と事実への接近

　今からおよそ百年前の1922年，小説家，芥川龍之介は，「藪の中」という短編を発表する。『今昔物語』を素材として，藪の中でみつかった男の死体をめぐって，尋問された人びとの証言と当事者たちの独白によって事件が語られてゆく。だが，結局真相はわからずじまいで物語は終わる。この不可思議な筋書きについては様々な解釈が可能だが，さしあたり筆者は，次のように理解している。事実とは，それを体験した人びとの捉え方によっていくとおりにも形を変えて映じるもので，それらの解釈を通じて事実に近づくことには，途方もない困難が伴うものである，と。

　似たような話が，歴史のなかから事実を明らかにする作業についてもいえるだろう。一つの対象を検討する時，研究者はたいてい，性格の異なる複数の資料を比較しながら事実を明らかにすることに務める。こうした作業は，そのテーマが主観的な願望ではなく，客観的な裏付けを得たものであることを示すために必要とされる。

　その作業に用いられる資料は，それを作成した人びとの主観の入る余地のないものほど信頼できるとされる。近代歴史学のスタンダードとなった実証主義では，それまでの歴史学が，年代記などの二次資料を用いた国家，政治家を中心に扱ってきたことを批判して，作者による恣意性の入る余地の少ない，文書や帳簿などの一次資料を重視すべきことを説いた。

　実証主義は，今日においても資料を扱う際の基本的な手法である。ただ，いかなる資料であっても，それが人間の手によるものである以上，なんらかの目的をもってつくられているはずで，完全に客観的な資料など存在しない。こうした理解を突き詰めてゆくと，私たちが通常考える事実とは，言葉や文字の上に存在するだけで，過去のなかから客観的な事実を明らかにすることなどできないのだ，という考え方も生まれてくる。

　言語論的転回と呼ばれる，歴史的事実に対するこうした懐疑的な見方を採用するかどうかはともかくも，少し考えれば，過去の事実

ViewPoint

過去の事実を明らかにする作業とはどんなものなのか，身近な事例と関わらせて考えてみよう。

を明らかにするという，歴史学にとっては基本的な営為ともいえる作業すら，決して簡単ではないことがおわかりいただけるだろう。

　まして古代のことになると，信頼できる史料が残っている度合いは，新しい時代に比べると格段に少なくなる。ここで扱うのは8世紀，奈良時代につくられた年代記（『古事記』『日本書紀』）や地誌（風土記）に記された，実年代にあてはめれば5世紀に遡る可能性がある伝承である。そのなかから，果たして歴史的事実を見出すことができるのかどうか，読者の皆さんとともに考えてみたい。なお5世紀には，天皇の称号はまだなく，倭王や大王（おおきみ）の号が用いられていた。ここでは，天皇名に関わるところでは天皇の語を使用し，歴史的な検討を行う際には倭王・大王の語を使用することをお断りしておきたい。また人名，地名の表記は史料によってかなり異なるが，ここではなるべく統一して用いている。

■ 古代伝承としてのオケ・ヲケ王物語

　ここで取り上げるのは，オケ・ヲケ伝承と通称される，皇位継承をめぐる伝承である。時は5世紀後半，古墳時代中期。履中（りちゅう）天皇の子，市辺押磐王（いちのべおしはのみこ）がライバルの雄略（ゆうりゃく）天皇によって暗殺された。その子どもたち，オケ（億計王（おけのみこ）。のちの仁賢（にんけん）天皇）・ヲケ（弘計王（をけのみこ）。のちの顕宗（けんそう）天皇）の兄弟が逃避行の末，播磨の地方豪族に仕えて潜伏を余儀なくされるのだが，やがて訪れた皇位継承の危機に際して見出さ

史　料

おけ・ヲケ伝承の構成

地域	共通の要素	古事記	日本書紀	播磨国風土記
近江	市辺押磐王殺害	佐々貴山君韓侍の勧誘	佐々貴山君韓侍の勧誘 佐伯部売輪の忠節	殺害記事のみ
播磨	オケ・ヲケの逃走	山代の猪甘の老人の妨害	なし	なし
		なし	日下部連使主・吾田彦父子の忠節 丹波から播磨へ　使主の自殺	日下部連使主の忠節・自経
	オケ・ヲケの潜伏	播磨国の志自牟に仕える	吾田彦の忠節 縮見屯倉首，忍海部造細目に仕える	志深村首，伊等尾に仕える
	オケ・ヲケの発見	新室宴にて山部連小楯による 忍海郎女の歓喜	新室宴にて小楯による 清寧（白髪王）の歓喜	新室宴にて小楯による 手白髪命の歓喜
		なし	宮の所在	大和からの帰還，宮の所在
		なし	なし	国造許麻の娘，根日女への求婚
大和	父の遺骨探索	志毗臣との対立・誅殺	佐伯部の褒賞	なし
		置目の功業，韓侍の懲罰	置目の功業 韓侍の懲罰 倭侍の褒賞	なし
		猪甘の老人の断罪	小楯の褒賞	なし
	雄略陵の破壊	兄，仁賢の諫止	兄，仁賢の諫止	なし

※人命・地名の表記はなるべく統一した。

れ，都に戻って即位するという物語である（まずヲケが即位し，次いでオケが即位する）。

こうした劇的な展開を含む筋書きのためか，オケ・ヲケ伝承は，古代伝承のなかでもよく知られる部類に入る。ただ王家の子どもが父の死によって辛酸をなめるものの，復権して皇位につくというのは，世界各地に分布する貴種流離譚と共通する側面をもつ。それゆえに史実性を疑う説も根強い。事実としては，日本の古代では都を逃れた王族が君主になった事例は天武天皇のほかには知られていないし，地方豪族の下僕に身をやつすのも，できすぎた話の印象を受ける。オケ・ヲケという対をなす二人の名前自体，実在した人物としてよいのか，疑問を抱かせる。ただ和歌山県の隅田八幡神社に伝わる人物画像鏡の銘文には，503年と推定される癸未年に実在した，日十大王の名が記されている。日十大王をオケにあてる説が有力だが，古代ではオとヲの音は区別されていたことから，ヲケにあてる説もありうる。いずれにしても，実在した日十大王をモデルとして，オケ・ヲケ兄弟が造作された可能性を考えることができる。ひとまず，このことを確認したうえで，オケ・ヲケの伝承を読み解くことにしよう。

和歌山県隅田八幡神社人物画像鏡　下部は外縁部の文字を展開したもの。「日十大王」とある部分に注目。

■ 『古事記』のオケ・ヲケ伝承

オケ・ヲケ伝承は，『古事記』『日本書紀』『播磨国風土記』という，3種の書物に記されている。『古事記』は712年成立，『日本書紀』は720年成立で，いずれも天皇の系譜や事績，陵墓の所在，豪族の伝承などを記す。風土記は713年に作成が命じられた諸国の地誌で，『播磨国風土記』もその頃につくられたと考えられている。3種の異なる書物に記された伝承ということ自体，珍しいことなのだが，一方で，この頃は古代国家が完成する時期にあたることから，3種ともに天皇による支配の確立をめざすためにその由来を説いたという点では共通しており，相違点よりも共通点の方を重視すべきとの見方もある。

いずれの立場を取るにしても，まずは書物ごとに内容を確認し，それぞれの共通点と相違点を見極める作業が必要になる。『古事記』からみてゆくことにしよう。

伝承の発端は，近江（滋賀県）の豪族の発案で，雄略天皇と市辺押磐王の2人が，近江で狩猟を行うことに始まる。雄略は，狩猟の場で市辺押磐王を殺害し，そこからオケ・ヲケ兄弟の逃避行が始まる。兄弟は山城（京都府）で猪甘という老人に食料を奪われるなど

の迫害を受けるが，やがて播磨（兵庫県）に身を隠し，志自牟という豪族に仕えることになる。その後，播磨に派遣された山部小楯という中央の豪族が兄弟の素性を知り，朝廷に報告する。朝廷では雄略が逝去し，その治世を継いだ清寧天皇もまた逝去したため，天皇になるべき人物が絶えてしまったところだった。そこで兄弟は都に戻り，まず王族であることを名乗り出た弟が即位して顕宗天皇となる。2人は近江で父の遺骨を探し，その発見に功のあった老女（佐々貴山君の祖，置目）を優遇し，逆に父暗殺のきっかけをつくった豪族を処罰する。また猪甘とその一族も処罰する。顕宗はさらに，雄略の陵墓を破壊しようとするが，兄の忠告によって思いとどまる。

　このあらすじの多くは，『日本書紀』『播磨国風土記』にも共通している。『古事記』独自の要素といえるのは，猪甘による兄弟への迫害とその後の処罰の部分である。猪甘は山城の苅羽井というところで2人の食料を奪うのだが，ヲケは即位後，猪甘を飛鳥川の河原で処刑し，その一族の膝の筋を断ち切る罰を与える。膝の筋を切られると正常に歩くことができなくなるが，これ以降，猪甘の子孫たちは，都に上る時には必ず足を引きずって歩く所作を演じるようになったことが記される。

　猪甘とその一族に対する処罰が，本当に行われたのかどうかはわからない。わかっていることは，『古事記』がつくられた奈良時代初めからそれ以前，飛鳥時代に，山城国の猪甘一族（猪甘はイノシシの飼育にあたる人びと）が，都に入る際に足を引きずる所作を演じており，『古事記』はそれに基づいて記事をつくった，ということである。

　足を引きずる所作とは，猪甘一族が宮廷で奉仕の所作を演じる歌舞があったことを想像させる。古代の宮廷では，ある集団が祖先の所業にこと寄せて服属の所作を演じる歌舞が存在した。隼人と呼ばれる，九州地方南部を出自とする人びとは，宮廷でイヌの吠える声を模す所作（吠声）を演じていたが，それは彼らの祖先が天皇家の祖先に反抗したことによると説明されている（いわゆる海幸・山幸伝承）。

　『古事記』のオケ・ヲケ伝承とは，宮廷で演じられた歌舞の要素を含んでいたといえる。こ

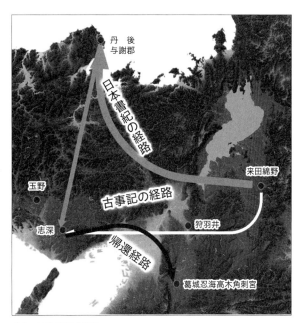

オケ・ヲケ伝承関係図

のことは，『古事記』のほかの部分からも指摘されてきた。さらに付け加えるならば，オケ・ヲケが播磨で仕えたとされる志自牟とは，本来は人名ではなく，縮見という地名である（兵庫県三木市志染）。これもまた，『古事記』の伝承が，播磨から遠く離れ，かつ地域社会とは隔絶している宮廷でつくられたためと考えれば合点がゆく。

　いいかえるならば，『古事記』のオケ・ヲケ伝承は，宮廷の人びとの視線によって記された伝承なのである。その宮廷とはどこなのか。猪甘が罰せられた地が飛鳥川とされるのは，顕宗天皇の宮が飛鳥と伝承されているためだが（近飛鳥八釣宮），実際には，もっと古く遡る宮が舞台となっていた可能性が高い。ヒントになるのは，『古事記』のこの伝承が，誰を中心に語られているか，である。

　伝承の主人公は当然，オケ・ヲケである。しかしこの2人とは別に，『古事記』のなかでは，忍海郎女（飯豊青女王などの別名ももつ）という女性が重要な役を演じている。忍海郎女は市辺押磐王の妹，つまり2人の叔母にあたる人物で，清寧天皇が逝去して以後，葛城の忍海の王宮で天下を統治したことが記される。重要なのは，播磨で2人がみつかった際，忍海郎女はそのことを喜び，宮に上らせたと記されていることである。

　『古事記』のオケ・ヲケ伝承の，2人が発見されるまでの部分は，忍海郎女の視線で描かれているわけである。その舞台とは，葛城の忍海の王宮であった。

■ 『日本書紀』のオケ・ヲケ伝承

　『日本書紀』のオケ・ヲケ伝承についてもみてみよう。あらすじ自体は，『古事記』と大きくは変わらない。独自の要素としては，市辺押磐王が暗殺された際，佐伯部仲子という忠臣がともに殺され，のちにその子孫が褒賞された話，オケ・ヲケが播磨に逃走する際，それを助けた日下部使主という臣下が，播磨まで2人を引率したあと，追い詰められて自殺したという話がみえる。それぞれ，この伝承を伝えた佐伯氏，日下部氏の先祖の功業を伝える物語としての部分だが，これについてはあとで触れよう。

　『日本書紀』には，『古事記』にみえるような演劇的な要素は含まれず，事件が起こった順序に従って淡々と記されているようにみえる。これは，『日本書紀』が採用した，編年体という，時代順にできごとを記してゆく史書のスタイルによるものである。ここで着目したいのは，『古事記』のところで取り上げた，忍海郎女の扱い方の違いである。

一見客観的に事実を伝えているようにみえる史料でも，それが何を伝えるためにつくられたものであるのかを考えることによって，その史料の性格をより深く考えることができるようになる。

忍海郎女は『日本書紀』にも登場し，やはり天皇の統治を代行した人物として重要な役割を果たしている。しかし『古事記』では，忍海郎女は清寧天皇逝去後の天下統治を代行し，その時にオケ・ヲケが発見されるのに対し，『日本書紀』では，清寧在世中にオケ・ヲケが発見され，2人が皇位を譲り合った結果，忍海郎女が天下統治を代行したと記されている。

一見，些細な違いにすぎないように思えるが，そうではない。オケ・ヲケ発見のきっかけとなった山部小楯の播磨への派遣に始まり，2人の帰還に至るできごとの大半が，『古事記』では忍海郎女の葛城の忍海宮を舞台として記されるのに対し，『日本書紀』ではすべて清寧天皇在世中のできごととして記される。つまり，『古事記』が清寧逝去後とする伝承を，『日本書紀』ではその在世中とすることで，物語が清寧の視線によって描かれていることを印象づけているのである。

ここには，『日本書紀』が採用した，皇位継承についての方針が影響を与えている。『日本書紀』には，初代神武天皇から第41代の持統天皇に至る皇位継承の次第が記されている。その継承の基本的な形は，男系の血縁による直系継承であり，それが不可能な場合にのみ女性天皇が即位する。しかしそれは一時的な措置にとどまり，その後は再び男性天皇に戻っている。奈良時代の朝廷では，天皇の地位は男系の血縁原理により男性が担うべきもの，という観念が存在していた。こうした観念は『古事記』にも存在したが，『日本書紀』はさらにそれを徹底させているわけである。

そうした立場からすれば，忍海郎女のような人物が，天皇にかわって統治を行うという行為は，受け入れがたいものであったに違いない。『古事記』に従えば，清寧天皇後の逝去によって皇位継承の混乱が生じ，それを終息させるために登場した忍海郎女は女性天皇といって差し支えない人物であり，その後，彼女の主導のもと，オケ・ヲケが皇位継承者に選ばれたことになる。『古事記』と『日本書紀』のどちらが正しいのかは改めて考えるとしても，『日本書紀』のオケ・ヲケ伝承には，『日本書紀』の歴史観が強く投影されていることが確認できる。

『日本書紀』でもう一つ，注意しておきたいことがある。それは，伝承を伝えた豪族たちの主張が，明確にあらわれている点である。もっともこれは，『日本書紀』だけの特徴ではない。『古事記』にみえる，近江の豪族による狩猟の提案と市辺押磐王の遺骨の探索の話は，佐々貴山君氏という豪族の祖先の物語を取り入れたものである。

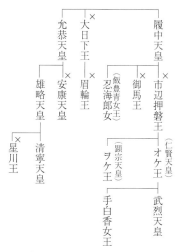

関係略系図
×は殺害された人物　キョウダイ関係は必ずしも正確ではない。

Column

『日本書紀』の皇位継承観念

天皇であることの正当性は，天上界の主，天照大神の子孫であることに求められる。天皇の血筋は男系によって伝えられ，しかも一度も絶えることがない特別な地位であることが強調されている。こうした継承の方法は，近代に入ると万世一系の名で呼ばれるようになる。ただこうした立場から距離をおくならば，忍海郎女を天皇とみることはそれほど不自然なことではない。中世成立の歴史書のなかに，忍海郎女を「飯豊天皇」とするものがあることは興味深い。

また，播磨でオケ・ヲケを見出した山部小楯の伝承も，その子孫の山部氏が伝えた記録である。『古事記』や『日本書紀』などの歴史書は，天皇の統治の物語を編むにあたり，豪族たちが伝えた祖先の伝承を多く取り入れていたのである。

ただ『日本書紀』にみる豪族たちの祖先の伝承には，『古事記』に比べると，なぜその伝承が伝えられたのか，その目的が明確に記されている。山部小楯の話は，『古事記』では小楯がオケ・ヲケを見出して都へ迎える手はずを整えるところで終わるのだが，『日本書紀』では，小楯がその功績によって山林資源の管理者（山官）に任命されたことを記す。近江の豪族の伝承も，『古事記』では市辺押磐王暗殺のきっかけとなった，狩猟を提案した人びとが処罰されたことを記すのみであるのに対して，『日本書紀』ではそれに加え，王の遺骨を見出した老女，置目の功績によって，その子孫に佐々貴山君氏の氏姓が与えられたことを記している。『日本書紀』のオケ・ヲケ伝承は，それに関わった豪族たちの天皇に対する奉仕の起源であることが強調されているところに，もう一つの特徴があるといえる。

■ 『播磨国風土記』のオケ・ヲケ伝承

『播磨国風土記』のオケ・ヲケ伝承は，美嚢郡志深里条に記される。風土記は各地の地名の由来や産物などを記し，朝廷に報告する公文書として作成されたものだから，その目的は播磨国に関わるできごとをまとめるところにある。したがって，播磨に直接関わらない市辺押磐王殺害事件については，ごく簡単に触れるのみである。伝承は，その後，日下部使主に連れられたオケ・ヲケがこの地に逃れ，オケ・ヲケがこの地の豪族に仕える身となるところから詳しく記される。物語の主要な部分は，豪族の邸宅の新築祝いの宴席で，山部小楯が，2人が歌った歌でその素性を知り，都へ連れ帰るところにある。

ここまでは，『古事記』『日本書紀』に記されるところと大きな違いはない。しかしその後の展開は大きく異なっている。2人は都でその母，手白髪命と再会したあと，再び縮見の地に戻り，宮をつくって即位したというのである。さらに，2人がつくった4つの宮の名が記され，ミヤケをおいたところを御宅村，倉をおいたところを御倉尾と名づけたとして，伝承を結ぶ。

ミヤケは，6世紀に朝廷が各地に設置した支配拠点である。『播磨国風土記』のオケ・ヲケ伝承は，縮見におかれたミヤケとその倉

ViewPoint

『日本書紀』も『播磨国風土記』も，縮見ミヤケの起源を説くところにかなりの労力を費やしている。それはなぜなのか。

の起源を語る物語として締めくくられている。

　問題は，2人が天皇として統治した場所が，大和や河内などの王宮の地ではなく，播磨とされているところである。こうした事例はほかになく，事実とは考えられない。2人が都で再会した母が手白髪命というのもありえない話である。手白髪命とは，のちにオケの娘として生まれる手白香女王にあたると考えられるからである。

　このように，『播磨国風土記』独自のオケ・ヲケ伝承には，不自然な点がいくつもある。しかし，こうした点にこそ，『播磨国風土記』のオケ・ヲケ伝承が，播磨の地域社会で独自に展開した伝承を採録したものであることが示されている。朝廷には古くから天皇の系譜に関する情報が保管されていたはずで（その情報が事実かどうかは別の話だが），娘を母と取り違えることは，その情報を知るものであればありえない誤りである。播磨で統治した天皇がほかにいないことを考え合わせるならば，荒唐無稽にみえるこれらの記述は，宮廷とは異なる播磨の地で独自に発達した伝承だから，と考えれば納得できる。これまでに，伝承の前半が『古事記』『日本書紀』と共通することなどから，『播磨国風土記』のオケ・ヲケ伝承も中央からもたらされたものとする見解があったが，それは必ずしも正確な見方ではないといえるだろう。正確には，『播磨国風土記』のオケ・ヲケ伝承には，たしかに中央からもたらされた知識によって記された部分もあるが，一方で播磨独自の情報によって記された部分もある，というべきなのである。

　『古事記』『日本書紀』と共通するオケ・ヲケ伝承が『播磨国風土記』に記された時期は，その下限を，風土記が編纂された奈良時代前半とすることができる。では，播磨独自のオケ・ヲケ伝承とは，いつ，誰が関わってつくりあげられたのだろうか。

　このことを考えることは，3つの書物によって伝えられてきたオケ・ヲケ伝承のなかに，史実が含まれているのかどうかを問うことにほかならない。これまでにみてきたことは，オケ・ヲケ伝承が事実かどうかをいったん棚上げして，書物ごとの特徴を明らかにする，というものであった。その結果，『古事記』のオケ・ヲケ伝承は，宮廷，わけても2人の叔母，忍海郎女の葛城の忍海の王宮からの視点で捉えられたものであること，『日本書紀』の場合は，天皇の地位が男系の血縁によって円滑に継承されたことを印象づける物語として構成されていること，またそこには伝承に関わった氏族の功績が強調されていることが明らかになった。『播磨国風土記』については，前半は中央の伝承に基づきつつ，地域社会独自の情報を含む

ことをみた。

　芥川の「藪の中」に即していえば，3つの史書はオケ・ヲケの苦難とその後の復権，という同じ素材に基づいて語りながら，それを語った目的はそれぞれ異なる，ということになる。オケ・ヲケ伝承から史実を見出そうとしても，それは「藪の中」に終わるのかどうか。それを明らかにするためには，伝承を規定する外枠ともいうべき，5世紀から6世紀の列島社会をとりまく政治的状況を見渡しておく必要がある。

■ 「藪の中」をのぞき込む──5世紀の権力闘争とオケ・ヲケ伝承

　オケ・ヲケの父，市辺押磐王を殺害したと伝えられる雄略天皇は，その名，ワカタケルを刻んだ刀剣が現在の埼玉県，熊本県でそれぞれ一例出土しており（稲荷山古墳，江田船山古墳），その支配が列島の東西におよんでいたことが知られている。また中国に対しては，倭王武として南朝，宋の皇帝に上表文を送り，倭国（日本の古い呼び方）と朝鮮半島の一部におよぶ支配権を主張している。

　これらのことから，雄略が統治した5世紀後半の列島社会では，倭王が，専制的な君主へと飛躍を遂げた段階と評されることが多い。それが正しいかどうかはあとで考えることにして，雄略について，もう少し詳しくみておきたい。雄略は，『古事記』『日本書紀』の系譜によれば，允恭天皇の子とされる。一方の市辺押磐王は，允恭天皇の兄，履中天皇の子とされる。履中と允恭の父は，仁徳天皇。雄略は，従兄弟にあたる市辺押磐王を殺害したことになるわけである。

　雄略が殺害した王族は，市辺押磐王にとどまらず，都合4名の王族が犠牲となったことが記される。粛清の対象は臣下にもおよんでいることから，史書では雄略がたぐいまれな暴君として描かれていることになる。

　しかし雄略は，手当たり次第に人を殺害していたわけではない。王族に関していえば，その対象は仁徳から履中の血を引く王族に限られる。さらに，雄略を含む倭の五王（讃，珍，済，興，武）による使者の派遣を記録した『宋書』には，雄略が属する允恭天皇のグループ（済，興，武）と，仁徳天皇に始まる天皇のグループ（讃，珍）の間には，血縁関係が記されていない。さらに，2つのグループの間では，正常な婚姻関係がうまく成立せず，相手のグループから王女を強奪したり，同じグループの王族同士で不自然な近親婚を繰り返したりしことを示す伝承が存在する。これらのことから，5世紀

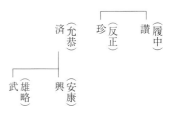

『宋書』の倭の五王

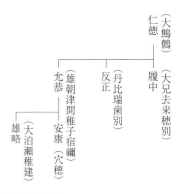

記紀の王統譜

の倭王を出す王族は，仁徳系と允恭系の，血縁関係を異にする２つのグループで構成されていたと考えることができる。雄略をはじめとする５世紀の王族は，決して安定した権力のうえに君臨していたわけではない。オケ・ヲケ伝承は，５世紀後半の王族たちが直面していた，きびしい対立状況を前提として理解する必要がある。

■ 王統の対立とオケ・ヲケの復権

　仁徳のグループに属する王族たちを粛清した允恭のグループだが，その権力も長くは続かない。雄略が逝去すると，その子，清寧には子がなく，後継者は断絶してしまうのである。忍海郎女の天下統治とオケ・ヲケの復権は，このタイミングでなされる。繰り返しになるが，忍海郎女は市辺押磐王の妹であり，オケ・ヲケは市辺押磐王の子である。つまり忍海郎女およびオケ・ヲケたちの復権は，允恭のグループの血統断絶と軌を一にしていることになる。

　このようにみた場合，『日本書紀』が描くような，清寧の治世下に，対立する王族であるオケ・ヲケが見出され，次いでその叔母，忍海郎女が天下の統治を代行するような状況が，およそ生まれるはずがないことが理解できるであろう。実力行使による権力交代があったのなら話は別だが，『古事記』も『日本書紀』も，そのようなことは記していない。もちろん，史書に記されない闘争を想定することも可能だが，この段階では，仁徳天皇のグループの男性王族は，確認できる限りすべて雄略によって殺害され，残っていなかったのだから，軍事力の行使はやはり想定しづらい。

　そうであるならば，倭王の地位につく王統の交代は，清寧の逝去後，両王族に後継者となりうる男性の王族がいないことが確認された段階で，忍海郎女が事実上の皇位につく形で行われたと考えるのが自然である。彼女以外に倭王の地位につくべき人物は，いなかったのであろう。

　こうしてみると，忍海郎女の葛城の王宮からの視線でオケ・ヲケの復権を描く『古事記』の伝承は，単なるフィクションとはいえず，５世紀末の王統交代劇を意外にもリアルに伝えているといえる。おそらく忍海郎女の統治は当初から予定されたものではなく，いずれは男性が倭王の地位につくことが要請されていたのであろう。この時代，古墳出土の人骨などから，女性のリーダーがいたことが確認できるし，倭王にしても，遡れば３世紀の女王，卑弥呼（ひみこ）や台与（壹与）などの事例もあるが，現在判明する限り，男性が務めるのが基本であった。清寧逝去の段階で，仁徳系の男性王族は，

オケ・ヲケしか残されていなかった。

　すでに述べたように，オケ・ヲケが伝承どおり存在した可能性は低い。オケ・ヲケのモデルとなったのは，日十大王として記される，1人の王である。この人物が葛城の王宮で忍海郎女の庇護下にあり，やがて彼女から倭王の地位を継承した――これがオケ・ヲケ伝承成立の背景にある，事実なのではなかろうか。

　この見立ては，5世紀の倭王を支えた最大の勢力，葛城氏に着目することによっても裏づけることができる。葛城氏は，仁徳天皇以来，仁徳のグループの倭王，王族のキサキを繰り返し出してきた。市辺押磐王や忍海郎女の母，つまり履中天皇のキサキは葛城氏出身と伝承され，市辺押磐王のキサキ，つまりオケ・ヲケの母も同様である。

　一方，雄略をはじめとする允恭系の王族たちは，允恭以来，雄略に至るまで繰り返し葛城氏を弾圧している。雄略は葛城氏出身の女性をキサキとしたが（韓媛），それは彼女の父，円を殺害し，所領もろともに娘を強奪したものと伝えられ，正常な婚姻とはいえない。

　つまり，忍海郎女が統治を開始したことは，葛城氏にしてみれば，彼らを弾圧した王族が断絶し，親密な関係にあった仁徳系の王族とともに久しぶりに復活の機会を得たことを意味している。その王宮が葛城の地であったことは，これも自然なこととして理解できる。『古事記』のオケ・ヲケ伝承には，フィクションだけではなく，史実の核となる要素が存在していたのである。

■ なぜ播磨なのか

　だがこれだけでは，まだオケ・ヲケ伝承と史実の関係のすべてを解明したことにはならない。伝承の舞台として重要な役割を果たしているのは，播磨である。なぜ播磨を舞台として，オケ・ヲケの物語が展開したのか。このことを明らかにしないままでは，藪の中をのぞき込んだことにはならない。

　ここでもまた，雄略後の政治状況が重要なヒントを与えてくれる。雄略から清寧へ，という皇位継承は，スムーズに行われたのではない。雄略の死後，雄略と吉備（現在の岡山県と広島県東部）出身の女性の間に生まれた星川王が後継者の地位をめざして乱を起こし，鎮圧されるという事件があった。星川王は母とともに反乱を起こすのだが，清寧の軍により鎮圧されて殺害される。その時，母の出身である吉備の上道氏が，星川王を支援するために水軍を進発させていたが，乱の失敗を知り引き返す。その際，清寧は上道氏の行いを

責め，彼らが保有していた山部を奪ったと記される。山部とは，山林資源の管理を行う人びとをいう。

　吉備の勢力とは，5世紀には天皇陵古墳とほぼ同じ規模の古墳をつくり，朝鮮半島諸国とも独自に交渉を行うだけの実力を有する大勢力で，その支配は播磨にも到達していた。清寧によって奪われた吉備の山部とは，播磨に存在したことが指摘されている。播磨には，実際に山部が多く分布していた。星川王の乱を契機として，倭王は吉備の勢力を奪うことに成功したといえる。

　ここに，オケ・ヲケ伝承との接点が生じる。『日本書紀』のオケ・ヲケ伝承は，氏族の功績を強調したものであった。そのなかで山部小楯は，「山官」に任じられることでその功績をたたえられる。山官とは，山部を統括して山林資源を管理する官職にほかならない。さらに興味深いことに，その副官としてみえるのが吉備氏なのである。小楯が播磨に派遣されていることと，山官の職務を吉備の勢力が支えていることを合わせ考えるならば，小楯が任じられた山官とは，まさに播磨の美嚢郡を拠点とするものであった可能性が高い。播磨は豊かな山林に恵まれ，遣唐使船をはじめとする外洋航海のための船舶や寺社の建築用材として利用されてきた歴史をもっている。

　小楯が当初，播磨に派遣された目的について，『播磨国風土記』が小楯を「播磨国の山林の管理者」（原文は「針間国の山門の領」。針間は播磨の古い表記）と述べていることは，『日本書紀』のこの部分の正しさを裏づける。小楯が播磨に派遣されたのは，倭王が吉備から奪った山部を管理するという，明確な目的があったわけである。このことは，オケ・ヲケ伝承の成立する時期が，5世紀後半に遡ることを示すものといえる。

　もうひとつ，日下部使主の物語についてもみておきたい。使主について，『日本書紀』は明確な形ではその功績について触れていないが，その物語にも，史実と触れあう重要な手がかりがある。使主はオケ・ヲケを連れて播磨に到達する以前，いったん丹後の与謝郡（現在の京都府与謝郡付近）を経由するが，実は与謝郡は日下部氏の有力な拠点の一つで，使主がそこを潜伏先として選んだとされることには，ある程度の説得力がある。

　一方，使主たちが最終的にたどり着いた播磨国美嚢郡の縮見の地には，日下部氏の姿は直接にはみえない。しかし，『播磨国風土記』が美嚢郡と縮見の地の由来を，ともに履中天皇がこの地を巡行したことに仮託して記していることが手がかりとなる。日下部氏は河内の日下宮やそこを拠点とする王族たちに仕える人びとで，履中はそ

ViewPoint

縮見にミヤケがおかれたことと、播磨が豊かな山林資源に恵まれていたことの間には、どのような関係があるのだろうか。

Column

王宮所在地をどう探すか

5世紀や6世紀の天皇がどこを拠点としていたか、つまりどこに王宮を構えていたかを考えるには、かつては『古事記』『日本書紀』に記された王宮名を手がかりにするしかなかった。しかしそれらの王宮名は、飛鳥時代につけられた造作であることが明らかになっている。何かほかの方法で彼らの拠点を明らかにする方法はないのであろうか。そこで注目されるのが、王名に地名を反映したものが多い、という点である。5・6世紀の王名のうち、かなりの部分が王宮名に因んだものであることが判明している。履中天皇の場合、その実名、大兄去来穂別は、河内国にあった王宮、日下宮に隣接する大戸の地に因むものであった。

の日下宮を拠点としていたと考えられるからである。履中の巡行伝承の存在は，日下部氏が縮見の地に深く関わっていたことをも示している。つまり日下部氏は，丹後，与謝郡と播磨，美嚢郡の双方に拠点をもっていたことになる。

　このことは，使主が実際にオケ・ヲケを連れて丹後から播磨を移動したことを示すものでは，もちろんない。そうではなく，日下部氏が祖先の功業を語る素材として，オケ・ヲケの物語を利用したのであろう。さらにそれを利用して独自のオケ・ヲケ伝承をつくりあげたのが『日本書紀』という関係を考えることができる。

　縮見の地に，日下宮に仕える人びとがおかれたのはいつのことなのだろうか。履中の在世期間は5世紀前半と考えられ，河内の日下に王宮がおかれたのもほぼ同じ頃と考えられる。縮見には，履中の父，仁徳天皇（実名は大鷦鷯）に仕える鷦鷯部氏もいたので，5世紀前半には，縮見が倭王にとって重要な支配の拠点であることが認識されていたのであろう。

　以上に検討してきたことを総合することで，5世紀の播磨，とりわけ縮見の地がどのような政治的意味合いをもっていたのかが明らかになってくる。5世紀前半以来，縮見は倭王の重要な支配拠点として位置づけられていたが，一方で西からは吉備の勢力による播磨の支配が進んでいた。しかし雄略の逝去後に勃発した星川王の乱をきっかけとして，吉備は弾圧される。吉備にかわり，播磨の山林資源掌握のために派遣されたのが山部小楯であり，その前進基地としての役割を担ったのが縮見である。縮見の近くを流れる加古川は，播磨を東西に分ける大河である。その加古川を境界として，倭王と吉備の勢力がその勢力範囲を確定させたとする伝承があることは，非常に興味深い（『古事記』開化天皇段）。

　オケ・ヲケ伝承は，5世紀後半における倭王の勢力と，倭王に対抗できる実力をもった吉備の勢力がぶつかり合う，ホットスポットといえる地の伝承として伝えられているのである。

■ 中央支配権力と地域社会の結節点

　これまでの検討を通じて，オケ・ヲケ伝承がなぜ播磨に残されたのか，その理由がかなり明らかになってきた。しかし縮見の地にさらに着目するならば，オケ・ヲケと縮見の関係を，より直接的に見出すことが可能である。

　2人の庇護者である忍海郎女の宮は，その名が示すとおり大和の葛城の忍海の地にある。一方，播磨の縮見で2人が仕えた地域の有

力者について，『日本書紀』はその名を忍海部造細目と記す。忍海部とは，日下部と同じく，忍海の宮，またそこを拠点とする王族に仕える人びとをさす。同じ人物のことを，『播磨国風土記』は「志深村の首，伊等尾」と記す。村の首とはこの場合，村長というほどの意味である。イトミはホソメと同じように，この人物の切れ長の目をたたえる美称であろうか。いずれにしても，『日本書紀』と『播磨国風土記』を合わせて読み解くことで，縮見の地の有力者が，倭王やその宮に仕える立場を与えられていることがわかる。細目＝伊等尾の存在は，縮見が，忍海宮および忍海郎女と直接結びついていたことを示しているのである。大和から縮見に向かうルートにあたる明石郡には，現在，押部谷の地名が残っていることも（現在の神戸市西区押部谷町），そのことの裏付けとなるかもしれない。

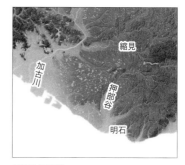

縮見と押部谷

　忍海をはじめとする葛城の地は，忍海漢人，韓鍛と呼ばれた，朝鮮半島から渡来した技術者集団の拠点でもあったが，こうした氏族が播磨や美嚢郡にも居住していたことが確認できる。これもまた，忍海の地と縮見の地の強い結びつきを示す事例である。仁徳や履中と同じように，忍海郎女の時にもまた，縮見の地は改めて支配拠点として重視され，その彼女や忍海の王宮に仕える人びとが設定されるに至ったと考えることができる。ほかにも，縮見につくられた6世紀後半の古墳，窟屋1号墳（円墳）からは，おそらく木棺に用いられたと考えられる忍海産の鉄釘がみつかっており，2つの地域の結びつきが実際に存在していたことを裏づけている。

　改めて，書物に記された伝承と史実の関係に踏み込んでみよう。『古事記』におけるオケ・ヲケ伝承には，忍海郎女の忍海の王宮からの視線で語られている部分がある。そのことと，5世紀後半の史実としての，忍海郎女による縮見の地の掌握とは，みごとに対応しているといえないだろうか。ここに，オケ・ヲケ伝承とは，5世紀後半の王統の変化と，倭王による地域支配の深化を反映した，希有の伝承ということができる。

M50　　M51

窟屋1号墳出土の忍海産鉄釘

■ 「藪の中」にどう向き合うか──歴史家の仕事

　今回取り上げた，3つの書物に記されたオケ・ヲケ伝承は，書物それぞれの構想に応じて解釈され，組み替えられたもので，事実そのものをあらわしているとはいえない。それどころか，書物に込められた主張のために，事実とは無関係な文脈──例えば天皇の地位の円滑な継承など──におき直されていることすらある。

　しかしそれらの素材として用いられた史料──例えば宮廷の記

録や山部氏の記録など——の性格を明らかにしつつ，書物のほかの部分や外国の史書や出土した文字史料など，ほかの史料との比較によって浮かび上がってくる史実のなかに改めておいてみるならば，史実としての意味を語る独自の意義を有していることが明らかになってくる。

　このように考えてよければ，私たちはオケ・ヲケ伝承の「藪の中」を，それなりにのぞき込むことができたといえるのではなかろうか。もちろん，それはその時代に存在した膨大な事実のなかの，ごく限られた部分にすぎない。しかしそれにしても，書物の目的によって改変された伝承を通じて，その古層に，書物の成立時期をはるかに遡る段階の史実が潜在する可能性があることが明らかになったのは，大きな成果といえる。もちろん，その一方には，いくら検討を重ねても，結局のところ核心に到達できない伝承もたくさんあることを忘れてはならないだろう。

　もうひとつ，忘れてはならないのは，過去を研究する私たちにしても，現在を生きる人間としての特定のバイアスを逃れることはできないということである。世代や地域など，研究する側の属性によって，過去に対する解釈が変化してゆくことを避けることはできない。その意味では，過去を明らかにする行為が，「藪の中」に類する行為になってしまうこともまた，避けられない。

　そうであるならば，過去を解釈する作業は，しょせん，定まることのない事実を追い求める無意味な営みなのだろうか。このことは，これからも考え続けるべき課題だろう。筆者自身はさしあたり，過去の事実を明らかにする試みが続けられること自体に意味がある，と考えている。歴史は長く，人の一生は短い。世代をこえて過去を明らかにする営為が続けられることによって，私たちは過去の人々が生きてきた痕跡を知り，また私たちがよりよく生きるために，「藪の中」を素通りするのではなく，のぞき込もうとし続けるところに，歴史家の存在意義はあるのだと思う。

読書案内

大橋信弥『日本古代の王権と氏族』吉川弘文館　1996 年

小林敏男『古代王権と県・県主制の研究』吉川弘文館　1994 年

古市晃『倭国　　古代国家への道』講談社　2021 年

山尾幸久『日本古代王権形成史論』岩波書店　1983 年

古市晃「日本古代における伝承と史実の間──オケ・ヲケ伝承を手がかりに」『纏向学研究』（10）　2022 年

図版出典

隅田八幡神社所蔵／ DNP 提供	28 上
奈良国立博物館の特別展示図録『発掘された古代の在銘遺宝』毎日新聞社　1989.	28 下
兵庫県教育委員会『兵庫県文化財調査報告 353：窟屋 1 号墳』兵庫県立考古博物館　2009.	39

ある公主の不運

プリンセス

中国唐代の和蕃公主

村井　恭子

■ はじめに

　中国王朝では皇帝の娘を一般に公主と呼ぶ。唐代の公主は驕慢・放恣で有名であり，その様子が多くの史料に残されている。

　唐代で最も有名な公主は，高宗（在位 649〜683 年）と則天武后（624〜705 年）の愛娘太平公主（?〜713 年）であり，一万もの封戸を有し，その財力と権勢は当時の政治をも左右するほどであった。このため「牝鶏司晨」（めんどりが朝を告げる＝女性が権勢を振るう）を忌避する男性儒者からは，母の則天武后と並ぶ「悪女」と評されている。ほかにも公主の話題は尽きない。例えば，永福公主は父の宣宗（在位 846〜859 年）と食事中に癇癪を起こして箸をへし折ったので，宣宗は「こんな性格では嫁にもらってくれる士大夫などいようか」と嘆き，予定していた彼女と臣下との結婚を中止してしまった（『資治通鑑』巻 249）。同じく宣宗のとき，公主の婿捜しのため，詔を下して才能ある官僚を選出させようとしたところ，多くの官僚たちは避けたという（『旧唐書』巻 149 丁琮伝）。また，『唐会要』巻 6 公主に「旧例では，公主が臣下に嫁ぐと舅と姑が逆に嫁に対して拝礼を行い，嫁の公主は拝礼されても答えることはなかった」とあるように，嫁ぎ先でも公主という高貴な立場であることは変わらなかった。たまたま嫁として舅・姑に恭しく仕える公主がいれば，「美談」として記録に残ったのである。あるいは夫に見向きもせず愛人を囲ったり，何度も再婚したりした公主もいた。これは「貞女は二夫を更えず」（『史記』巻 82 田単列伝）など儒教で理想とされた女性のありかた（婦徳）に反する行為であった。

　こうした唐代公主のなかでもやや特殊な地位にあるのが和蕃公主である。中国王朝は様々な形で周辺諸国との関係を取り結んだが，その一つに中国皇帝と外国の君主との間で皇族（王族）の女性をやりとりして擬似姻戚関係を結ぶ「和親」という方式があった。中国では早くも紀元前に前漢と匈奴・烏孫との和親関係が結ばれている。唐代ではこのような女性たちを和蕃公主と呼んだ。彼女たちは両政権のトップを姻戚関係で結ぶ媒介者であるとともに，自政権か

表 1　唐代和蕃公主の出嫁事例

No.	年代（西暦）	公主	血統	出嫁先	出典（※備考）
1	貞観 14 (640)	弘化公主・李氏	宗女	吐谷渾	『旧唐書』・『新唐書』吐谷渾伝
2	貞観 15 (641)	文成公主	宗女	吐蕃	『旧唐書』・『新唐書』吐蕃伝
3	永徽 3 (652)	金城県主・李氏	宗女	吐谷渾	『新唐書』吐谷渾伝，「大唐金城県主墓誌銘」　※可汗の子に嫁ぐ。
4	景雲元 (710)	金城公主・李氏	宗女	吐蕃	『旧唐書』・『新唐書』吐蕃伝
5	先天 2 (713)	南和県主・李氏	宗女	突厥	『冊府元亀』巻 979 ※可汗の子に嫁ぐ。
6	開元 5 (717)	固安公主・辛氏	宗女	奚	『旧唐書』紀，『新唐書』奚伝
7	開元 5 (717)	永楽公主・楊氏	宗女	契丹	『旧唐書』紀，『新唐書』契丹伝
8	開元 10 (722)	東光公主・韋氏	宗女	奚	『旧唐書』・『新唐書』奚伝
9	開元 10 (722)	燕郡公主・慕容氏	宗女	契丹	『旧唐書』紀，『新唐書』契丹伝
10	開元 10 (722)	交河公主・阿史那氏	臣下女	突騎施	『旧唐書』・『新唐書』突厥伝
11	開元 14 (726)	東華公主・陳氏	宗女	契丹	『旧唐書』紀，『新唐書』契丹伝
12	天宝 3 (744)	和義公主・李氏	宗女	寧遠国	『新唐書』寧遠伝
13	天宝 4 (745)	静楽公主・独狐氏	宗女	契丹	『旧唐書』紀，『新唐書』契丹伝
14	天宝 4 (745)	宜芳公主・楊氏	宗女	奚	『旧唐書』紀，『新唐書』奚伝
15	天宝中	不明	宗女	于闐	『旧唐書』・『新唐書』尉遅勝伝
16	乾元元 (758)	寧国公主・李氏	粛宗女	ウイグル	『旧唐書』迴紇伝，『新唐書』回鶻伝
17	乾元 2 (759)	小寧国公主・李氏	宗女（粛宗姪）	ウイグル	『旧唐書』迴紇伝，『新唐書』回鶻伝　※寧国公主の出嫁に同伴し，寧国公主の帰国後，可汗の妻となる。
18	大暦 4 (769)	崇徽公主・僕固氏	臣下女	ウイグル	『旧唐書』僕固懐恩伝，『新唐書』回鶻伝
19	貞元 4 (788)	咸安公主・李氏	徳宗女	ウイグル	『旧唐書』関播伝，『新唐書』回鶻伝
20	長慶元 (821)	太和公主・李氏	憲宗女	ウイグル	『旧唐書』迴紇伝，『新唐書』回鶻伝

※ 1　主に崔明徳著『中国古代和親史』（人文出版社　2005 年，656 〜 659 ページ）と藤野月子著『王昭君から文成公主へ』（九州大学出版社　2012 年，10 〜 12 ページ）を参照して作成。

※ 2　遊牧勢力・首長が中国内地に移動したあとの婚姻の事例，一旦決定された婚姻が実現しなかった事例は含めない。

※ 3　波線より上が安史の乱勃発（755 年）前，下が勃発後の事例。

ら相手側に差し出された人質でもあったため，身分や血統など相応の「価値」を有する女性でなければならなかった。

　実のところ，和親のような政略結婚によって国家・政権同志が関係を保つというやりかたは，人類史上どの時代・どの地域においてもみられる状況である。例えば日本の戦国時代のお市の方（？〜1583 年）や18 世紀ヨーロッパのマリ・アントワネット（1755 〜 93 年）もそのような状況でやりとりされた女性たちである。ただし，一見すれば普遍的な現象においても，個々の歴史的状況にはその時代・その地域なりの政治・文化・思想・価値観などが反映されるものである。こうした具体的状況にこそ人間世界の面白さがあり，その具体的状況を示すものが歴史史料なのである。

以下，唐代和蕃公主の関連史料を，①全体の状況と②個別の事例
の二つの方向からみていきたい。

■ 唐代和蕃公主出嫁の全体の状況
──傾向・性格・変化

　唐代の国際関係についてみる場合，まずは安史の乱（755～763年）
を境に前期と後期に分ける必要がある。唐の勢力範囲の変化をみれ
ば（右ページ参照），前期は中央アジアにもおよぶ広大な領域を有し，
その国際的地位も高かったことが看取できる。しかし後期では唐領
域は大幅に縮小し，その国際的地位もまた前期に比べて下降したこ
とがうかがわれる。では，和親の状況はどのように変化しているだ
ろうか。前ページの唐代和蕃公主の外国・政権への出嫁事例の一覧
表（**表1**）をみてみよう。

　表からわかることは，まず，①全体を通じて公主たちの嫁ぎ先は
ほとんどが西方・北方の遊牧系の政権であり，朝鮮半島や東南アジ
アの農耕系諸国には送られていないこと，②唐から公主を送り出し，
遊牧政権側が受け入れるという一方通行の形式であることがみてと
れる（例外としては，唐代後半期にウイグル葛勒可汗（かつろく　カ　ガン）の養女が唐の
親王に嫁いだ例が1回ある）。さらに，③唐前期では和蕃公主は宗
室の娘（宗女）が選出されて遊牧諸勢力に送り出されているのに対
し，④後期では対象がウイグルに限られ，皇帝の実の娘（真公主）
を嫁がせることが基本路線となっている。

　①については明確な理由がわかっていない。古来より中国王朝に
とって軍事的脅威となったのが遊牧民であり，唐は漢が匈奴・烏孫
に対して行った和親政策の伝統を踏襲した可能性もある。②は，遊
牧政権側が和蕃公主を受け入れるメリットを考えねばならない。彼
らは和蕃公主を得られれば，唐との政治的関係強化のほか，唐から
の莫大な持参金（化粧料）や折々の賜り物を得ることができたので
あり，公主はその身をもってこれらを保証する存在だった。とりわ
け唐優位の国際情勢下では，遊牧政権側にとって唐との政治的関係
強化は，近隣のライバル勢力への牽制にもなったうえに，公主を妻
にもつことは自勢力内部における君長の権威強化にもつながった。
例えば，公主を与えられなかった東突厥の毗伽可汗（とっけつ　ビルゲ　カ　ガン）（在位716～
734年。可汗は王号）は，唐玄宗（在位712～756年）が派遣した使
者に対して**46ページ史料1**のように不満を漏らしている（以下史
料はすべて拙訳。読みやすさに配慮し意訳している。〔　〕内は訳
者による補足・解説）。

7 世紀のユーラシア東部（唐前期）

凡例:
- □ 都護府
- ▢ 高祖時代の唐
- ▨ 高宗時代の唐（699年頃）

9 世紀前半のユーラシア東部（唐後期）

史料1

　吐蕃とは狗の種族であり，奚・契丹はもともと我が突厥の奴隷であった。このような者たちでさえみな公主を迎えている。突厥は何度も求婚しているのに，我々だけが許可されないのはなぜなのか。私は唐から異民族に嫁ぐ公主はみな天子〔中国皇帝〕の実の娘ではないと知っているが，今どうしてその真偽を問題にするだろうか。ただ，我々が何度も公主を求めているのに得られないということが，周囲の勢力に対して恥ずかしいのだ。⁽¹⁾

（『資治通鑑』巻212）

(1) 吐蕃狗種，奚・契丹本突厥奴也。皆得尚主。突厥前後求婚，独不許，何也。且吾亦知入蕃公主皆非天子女，今豈問真偽。但屢請不獲，愧見諸蕃耳。

　毗伽可汗の言葉からは，唐が諸勢力間の関係をみながら公主を与える相手を慎重に選択し，自国に有利な国際関係を構築している様子がうかがえる。また，遊牧政権側も唐と和親を結ぶことが重要なのであって，公主が皇帝の実の娘でなくとも問題としなかったのである。このように和蕃公主は唐から遊牧政権側に対して一種の「恩寵」という形で与えられていた。

　和親は国策のもとに行われる政略結婚であるため，和蕃公主の嫁ぎ先での地位や待遇は，唐の国際的な地位や国際関係・政局に影響を受けた。唐と嫁ぎ先の政権との和平が何らかの事情で破綻すると，和蕃公主は非常に危険な状況に陥った。例えば静楽公主（**表1のNo.13**）と宜芳公主（**表1のNo.14**）は，嫁ぎ先の契丹と奚が唐に反旗を翻した際に殺害されている。一方，成功例としては吐蕃（チベット）のソンツェンガンポ（在位593〜640，643〜649年）に嫁いだ文成公主（**表1のNo.2**）がおり，中国の文化や制度をチベットに伝え，唐・吐蕃の和平に尽力した。③の宗女が選ばれる理由には，第一に実の娘を危険にさらすことを忌避した皇帝の心情が挙げられる。また，唐前半期においては複数の勢力に対し積極的に公主たちを送り出しており，相応の人数が必要であった。それに加え，和蕃公主には嫁ぎ先において両勢力間の和平および唐優位の関係を成り立たせるよう立ち回る必要があり，彼女たちにはそれに見合う才知と胆力，そして祖国への厚い忠義心が求められた。このため，広く宗室から才女が選抜されたと考えられる。

　唐後期になると，和蕃公主の出嫁の意味は変化する。755年に勃発した安禄山の反乱をきっかけに，ユーラシア東部の形勢は吐蕃・ウイグルが台頭し，唐の国際的地位が低下する状況となった。この形勢において，唐が最も恐れたことはウイグルと吐蕃の連携だった。このため，唐は真公主をウイグル可汗に差し出し，ともに吐蕃を牽制する同盟を結んだのである。つまり④は，唐の地位低下の背景か

文成公主像（ラサ，ポタラ宮）

ら，和蕃公主は「人質」の要素がより強い状況となったことを示している。また，真公主を差し出すよう要求したのはウイグル側であった。その背景の一つには，唐から得られる経済的利益があった。皇帝の実の娘ともなれば，その持参金は宗女のそれよりも跳ね上がったとみてよい。実際，憲宗（在位805～820年）のとき，ウイグルからの和親要請に対して唐側はその資金繰りに苦しみ，結局ウイグルに和親の延期を要請する使者を派遣している。さらにウイグルは絹馬交易を通じて唐から安定した絹の供給を求めており，公主の存在はより優位に交渉を行う保証となったのである。

■ 唐代最後の和蕃公主──太和公主の出嫁

　以下，具体的な事例を通じて和蕃公主をめぐる状況についてみていくことにしたい。ここで取り上げるのは唐代最後の和蕃公主となった太和公主（43ページ表1のNo.20）である。

　太和公主は，唐第11代皇帝憲宗の娘で，第12代皇帝穆宗（在位820～824年）の妹にあたる。ウイグルは808年に前代の咸安公主（表1のNo.19）が死去すると，唐に対して何度も次の公主を求めていた。憲宗の治世では上述のように財政難もあり，公主を送り出さずに終わったが，穆宗が即位するとウイグルの要請に応えざるをえなくなった。そこで穆宗は太和公主を保義可汗（在位808～821年）の可敦（可汗の正妻の称号）に選定した。ところが，保義可汗は妹の永安公主を求め，彼女はお役御免となってしまったのである。その後，永安公主の嫁入り前に保義可汗が死去し，つぎの崇徳可汗（在位821～825年）が和親の継続を要求してきた。そこで穆宗は再度太和公主を指名し，崇徳可汗に嫁がせることにしたのである。

　嫁送りの道中にもいくつか問題があった。長安からウイグル可汗の牙帳（宮殿にあたるテント）までの間にはゴビ砂漠が横たわっており，道のりは遠く厳しかった。そのうえ，唐・ウイグルの同盟を敵視する吐蕃の妨害にも警戒せねばならなかった。実際，太和公主の出嫁が決定すると，それを聞きつけた吐蕃は唐の青塞堡に侵攻して圧力をかけてきた。このため唐とウイグルはともに軍隊を大々的に出動させて吐蕃の妨害から彼女を護衛しつつ，崇徳可汗のもとへ送り届けたの

ViewPoint

いわゆる「華夷思想」・「中華思想」の文化背景から，前近代中国の史料は中華皇帝を必ず最上位に位置づけて書写するため，唐後期においてもなお「迴鶻請和親（ウイグルが和親を請う）」と，下位のウイグルの求めに対し上位の唐が「恩寵を与える」という表現となっており，歴史の実情と史料表記との乖離にはいささか注意が必要である。歴史史料の読解には，当該地域・時代の書写文化を知っておくことも重要である。

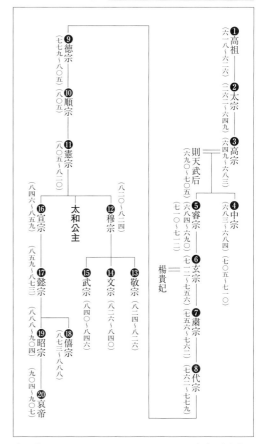

唐の系図　　　　　　　　　　　　※（　）は在位期間

である。

太和公主の到着後，崇徳可汗との婚礼の儀式が挙行された。その様子については以下の史料をみていただきたい。

史料2

〔太和公主の一行が〕ウイグルの宮廷に到着すると，吉日を選び太和公主を冊して（正式に）ウイグル可敦とした。崇徳可汗は先に楼にのぼって東向きに座り，毛氈の幄を楼下に設置してそこに公主を座らせた。多くの胡人に命じて公主に胡族の礼法を教えさせた。公主は初めて唐の衣服を脱いで胡服を身につけ，一人の嫗がこれに介添えした。〔公主は〕楼の前に出て，西に向かって拝礼した。可汗は座ったままこれをみつめた。公主は再び拝伏し，これが終わるとまた毛氈の幄のなかに入り，先に着た衣服を脱ぎ，可敦の衣服を身につけた。通裾の大きな襦はみな茜色で，金の飾冠は角の前指のようであった。その後，〔公主は〕楼〔の前〕に出て可汗に対し拝伏したが，これは最初の拝礼と同様であった。ウイグルの人々はまず，大きな輿を設け，曲辰〔ついたて〕の前に小座を設け，接待役が公主を案内して輿にのせ，ウイグル九姓の大臣たちが分担してその輿を担ぎ，太陽の運行の方向に従い九回右に回った。それから公主は輿から下りて楼に登り，可汗とともに東向きに座った。このあと臣下が〔可汗に〕謁見し，また可敦にも拝礼した。可敦は自分自身の牙帳を有し，二人の大臣に帳内へ出入りすることを命じた。(2)

（『旧唐書』巻195 廻紇伝）

記録によれば，婚礼の儀が終わって唐の使節一行が帰国するにあたり，太和公主は彼らのために宴を開き，別れを惜しんでその日一日悲しみ泣いたという。

■ ウイグル国内の政変と可汗の交代

824年に崇徳可汗が死去すると，従父弟の葛薩テギン（テギンは官名）が即位したため，唐は翌年に昭礼可汗（在位824〜832年）という名号を贈った。しかし，昭礼可汗はその後部下に殺害され，つぎに従子の胡テギンが彰信可汗（在位832〜839年）として即位することになった。では，太和公主の地位や待遇はどうなったのだろうか。

中国王朝であれば，皇帝が先に死去すると皇后は皇太后という地位に即き，皇太子・皇太子妃が新皇帝・新皇后に即位するという手順となる。しかし，ウイグルのような遊牧社会ではこれとは全く異なっていた。おおむね寡婦となった可敦は新可汗に再嫁することになるのである。実際に，咸安公主（43ページ表1のNo.19）はまず

10世紀のウイグル貴婦人（楡林窟第16窟北壁供養人像）

(2) 至虜庭，乃択吉日，冊公主為廻鶻可敦。可汗先升楼東向坐，設氈幄於楼下以居公主。使群胡主教公主以胡法。公主始解唐服，而衣胡服，以一嫗侍。出楼前西向拝。可汗坐而視，公主再俯拝訖，復入氈幄中，解前所服而披可敦服。通裾大襦，皆茜色，金飾冠，如角前指。後出楼俯拝可汗如初礼。虜先設大輿，曲辰前設小座，相者引公主升輿，廻紇九姓相分負其輿，随日右転於庭者九。公主乃降輿升楼，与可汗倶東向坐。自此臣下朝謁，并拝可敦。可敦自有牙帳，命二相出入帳中。

天親可汗（頓莫賀達干，在位779～789年）に嫁ぎ，天親可汗の死後，後継者となった三人の可汗に順次再嫁している。つまり，太和公主もまた崇徳可汗が死去するとその後の可汗たちにつぎつぎと嫁いだのである。

　これはレヴィレートと呼ばれる婚姻習慣で，遊牧社会では相互扶助のために行われたのだが，中国のような儒教社会では父の妻妾を息子が娶ることは禁忌とされた。また上述のように女性の再婚は婦徳に反するという認識も存在した。例えば古く匈奴に嫁いだ漢の王昭君をみれば，夫である呼韓邪単于（在位前58～前31年，単于は王号）の死後，呼韓邪単于と匈奴人妻との間にできた息子が新単于となり，王昭君はこの新単于に再嫁することになった。このため彼女は漢皇帝に上書して帰国を請願している。しかし国策の遂行のために帰国は許されず，最終的に彼女は新単于に再嫁してその子どもも産んだのである（『後漢書』南匈奴伝）。

　唐代の公主がいくら再婚したり愛人を囲ったりしたといっても，異郷の地でレヴィレートの習慣を強制されるのは，本心では望むところではなかっただろう。太和公主をはじめ唐代の和蕃公主たちは，しばしばこのような文化のギャップに遭遇することになったのである。

■ ウイグル帝国の崩壊

　ウイグルは昭礼可汗以降，国内が混乱していた。839年には，ウイグル宰相掘羅勿の反乱のために彰信可汗が殺害されてしまい，つぎに厖馼テギンが可汗に即位した。記録によれば，この頃ウイグルは連年にわたる飢餓・疫病・大雪に苦しめられていたという。

　840年，ウイグルは北方遊牧民キルギスの侵攻を受けた。唐が可汗の名号を贈る暇もなく，厖馼テギンは殺害された。ウイグルの人々は有力者に伴われる形でいくつかの難民集団となって四散し，帝国は滅亡した。その間，太和公主も一時キルギスに捕らえられたが，ウイグル側がまた奪い返すという状況に巻き込まれていた。

　唐にとって大きな問題となったのは，この難民集団のうち，烏介可汗率いる10万人規模の最大集団が唐領域へ向かって南下してきたことであった。唐側は，難民の一部が唐の北方辺境にあらわれた際，ウイグルの状況について当初は全く察知していなかったとみられる。しかし，使者のやりとりや斥候からの情報を得て，唐側はようやくウイグル本国の滅亡および烏介可汗ら難民集団が太和公主の身柄を盾に取り，食糧など唐の救援を求めていることを知った。さ

らに，南下してきた難民集団と唐の北方領域に居住する遊牧部落との間で衝突が発生し，にわかに辺境地帯は一触即発の状況となった。

　唐では穆宗が824年に死去したのち，敬宗（在位824～826年）・文宗（在位826～840年）を経て太和公主の甥にあたる武宗（在位840～846年）が即位したところであった。武宗は地方長官だった李徳裕を長安に呼び戻して宰相とし，大きな権限を与えてこのウイグル問題への対処にあたらせた。

　唐は当初，情報不足のほか，同盟関係・太和公主の安否などの問題から，烏介可汗らウイグル集団に対して食糧支援を行った。しかし，ウイグルの度重なる略奪行為により北辺地帯の秩序維持が脅かされたため，842年，旧暦でいえば会昌2年8月より唐はウイグルを「敵」と認定し，討伐に向けて方針を転換した。国は滅び，北辺で略奪行為におよぶ難民集団は，唐からすればすでに同盟の相手たりえず，侵入者として排除すべき対象となったのである。しかし，唐がウイグルに対し本格的な戦闘を開始するには，まず皇帝武宗の叔母である太和公主の身柄を奪還せねばならなかった。

■ 太和公主の帰還，唐朝廷の態度
──『李衛公会昌一品集』から探る

　ここまでは太和公主の出嫁からウイグルでの状況を紹介したが，ここからはその帰国をめぐる史料から和蕃公主のリアリティに迫ってみたい。

　唐によるウイグルへの処置については右ページの年表（**表2**）のごとく展開した。結果を先取りすれば，宰相李徳裕による采配で，劉沔を総司令官とした唐軍はみごと太和公主を奪還し，烏介可汗の集団を壊滅させた。この間，唐朝廷では李徳裕を中心に宰相会議が何度も開かれて打開策が議論された。これについては李徳裕本人が記した関連の文章が，彼の文集である『李衛公会昌一品集』（以下『一品集』）に残っている。

　この未曽有の混乱において，唐朝廷では太和公主をどのように扱ったのだろうか。

　唐ではまず宰相たちが皇帝の命令を受けて会議を開き，重要な政治案件について討議する。そしてそこで集約された意見・方針を皇帝に提出して裁可を求めるという手続きがとられる。**史料3**は，会議で集約された宰相たちの意見を李徳裕が「一，○○○。一，△△△。一，□□□。」と箇条書きにして武宗に報告した，いわゆる朝廷内部文書である。太和公主をどうするか，宰相たちの意見はつぎのよ

表2　唐・ウイグル関係年表

年次（西暦）	月	主要事件
開成5（840）	9月末〜10月初	ウイグル帝国，キルギスの攻撃により崩壊。
		ウイグルの集団が唐北辺にあらわれ，略奪を行う。
会昌1（841）	8月	唐，巡辺使を派遣。
		北辺の軍鎮・遊牧部落がウイグル討伐の許可を朝廷に要請。
	11月	烏介可汗，太和公主を伴い南下し，唐と接触をはかる。
	12月14日	唐，使者を烏介可汗のもとへ派遣。米粟二万石を援助。
会昌2（842）	1月	ウイグル，北辺軍鎮を侵略。
	2月	烏介可汗，唐へ援助等要請。唐，使者を烏介可汗のもとへ派遣。
	3月	唐，烏介可汗のもとへ冊命の使者を派遣するも，途中で取りやめる。
		ウイグルが雲州・朔州を侵略。
	3月12日	円仁が北辺情勢について記す（**史料5**）。
	4月	ウイグルの一部が唐へ投降。
		ウイグルが振武城を占拠か（**史料6**）。
	4月16日	北辺の軍鎮・遊牧民が烏介可汗の集団と武力衝突。
	6月	ウイグルが雲州を侵略。劉沔が出撃するも敗退。
	7月	烏介可汗の集団が北辺で遊牧民を侵略。
	7月末〜8月初	烏介可汗の集団が大同盆地へ侵入し牛馬数万を略奪。また雲州城に迫る。
	8月1日	李徳裕，武宗に対し可汗討伐を要請。　→唐の方針転換。討伐へ。
	8月7〜15日頃	宰相会議を経て，李徳裕が「請密詔塞上事宜状」（**史料3**）を作成。
	8月15日	武宗の裁可を受け，李徳裕が「賜太和公主勅書 奉宣撰」（**史料4**）を作成。
	8月末〜9月上旬	唐，対ウイグル戦闘準備。劉沔らの軍隊を配陣。
	9月11日	唐，本格的に軍馬の確保を開始。
	11月	唐，太和公主のもとへ使者を派遣。
会昌3（843）	1月	武宗，正式にウイグル討伐の勅令を下す。唐軍が烏介可汗本隊に攻撃。夜襲により太和公主を奪還。ウイグル軍は壊滅し，烏介可汗は逃亡。
	2月25日	太和公主が長安に帰還（**史料7〜9**）。

うであった。

史料3

　一，この頃聞くことには，公主は常に可汗とは帳幕（テント）を別にしており，いつも可汗とは別々に唐の使者に会うとのことです。そこで我々が望みますに，〔奪回にあたっている将軍の〕劉沔と李忠順・李守志に密詔を下し，唐から公主のもとへ使者が行く際には，常に密意〔唐側の意図・計画〕をもたらし，チャンスをみて公主につぎのように諭し知らせましょう。

　「皇族の生き死にはただ国のためにあるべきで，常に計画を練り，自分でウイグルのもとから脱出して帰国せよ。可汗と行動をともにして辺境を乱すべきではない」と。

　もし万一，公主を奪回できてもチャンスがなく，長安に戻るこ

とができない場合は，しばらく公主を辺境にとどめおき，ウイグルを統制させましょう。また，もし公主の力がおよばない場合は，公主の名号に仮託して異民族たちを服従させましょう。⁽³⁾

（「請密詔塞上事宜状」李徳裕『一品集』巻13）

武宗は宰相たちの意見書（**史料3**）を裁可し，李徳裕に命令して太和公主に与える勅書（皇帝の命令文）の文案（**史料4**）を作成させた。つまりこちらは実際に太和公主が目にした文章とほぼ同じものだと考えてよい。では，この武宗からの勅書を太和公主になったつもりで読んでみていただきたい。

史料4

　勅す。叔母上は遠く絶域に嫁いで二十年余りとなります。危険や困難な状況をわたり歩き，苦しい思いをされてきた。朕（わたし）はこのことに思うたびに，まことに気が沈みます。……朕は天下を慈しみ治め，多くの人民を子のように育て，一つでも安んじることがかなわなければ，食事を済ませる間にも深く嘆きます。ましてあなたが何年も辺境を彷徨っていることについては忘れる日はありません。……

　今ウイグルの行為ははなはだ道理に背いています。辺境に住む遊牧民たちは朕が治める人々であり，その民衆や牛羊は我が国家のものです。……ウイグルは私怨にかこつけてほしいままに侵略しています。彼らの馬がみな南〔の唐〕に向いていることについて，あなたは高祖〔李淵〕・太宗〔李世民〕の威霊に対し畏れ多いとは思わないのですか。……あなたはウイグルの国母であるからには，十分ウイグルを指揮することができるはずです。もしウイグルが我が命令を受けないのであれば，唐とウイグルとの姻戚関係を破棄します。今日以後，あなたのことももう「姑（おば）」と呼ぶことはありません。もしウイグルが我が唐を頼みとし，親族でありたいと思い，あなたの命令を受けるというのであれば，すみやかに自ら秩序を保ち旧来のよしみを継続させるべきです。あなたが朕のこの勅書をもってウイグルの宰相・将軍を諭し，その分を知らしめ，彼らにさらなる非道を行わせないように望みます。……⁽⁴⁾

「賜太和公主勅書 奉宣撰」（『一品集』巻5）

いかがだろうか。太和公主は唐皇帝直系の真公主であるから，彼女に対しては細心の注意をはらった大々的な救済措置が講じられたと想像したのではないだろうか。もちろん，唐側は皇族を見殺しにすることはできないのでその救出を基本方針にしていたが，それにしても彼女に突きつけられた現実は非常に厳しいものであった。

史料3によれば，宰相たちは彼女が自力で脱出すること，ひいては彼女を辺境にとどめてウイグル難民たちを統制させることまで望んでいた。**史料4**では，甥の武宗が彼女の安否を気遣う言葉を

(3) 一，比聞公主与可汗常別居帳幕，毎見漢使，亦是別見。望密詔劉沔与忠順・守志，毎有使去，即令将密意，看方便説諭公主知「親廟子孫，只合死生為国，常須作計自抜，帰投国家，不合与可汗同行，擾乱辺界。」
如万一迎得公主，亦不得便令赴闕，須且留在辺上，制置回鶻。縦力不能及，只要仮公主名号，制服蕃人。

(4) 勅。姑遠嫁絶域，二十余年。跋履険難，備嘗屯苦。朕毎念於此，良用憫然。……朕撫臨万寓，子育群生，一物未安，終食三歎。況姑累年漂泊，何日忘懐。……
今回鶻所為，甚不循理。蕃渾是朕之人，百姓牛羊，亦国家所有。……回鶻託以私讐，恣為侵掠。毎馬首南向，姑得不畏高祖・太宗之威霊。……為其国母，足得指揮。若回鶻不能稟命，則是棄絶姻好。今日以後，不得以姑為詞。若恃我為親，稟姑教令，則須便自戢斂，以継旧歓。想姑以朕此書，喩彼将相，令其知分，更不徇非。……

並べつつも，文章の核心部分では絶縁——唐が彼女を見捨てること——をほのめかし，ある種脅迫とも受け取れるような表現で，彼女に対してウイグルの侵略行為を停止させるよう要請しているのである。

■ 日本人旅行者の手記からみる太和公主の事件 ——円仁『入唐求法巡礼行記』

　さて，この歴史的事件が発生したとき，唐の都長安に一人の日本人がたまたま居合わせていた。その名を円仁（794～864年）といい，のちに慈覚大師と呼ばれた延暦寺の僧侶である。彼は仁明天皇（在位833～850年）の承和年間（834～848年）に遣唐使とともに838年に入唐し，遣唐使一行の帰国後も唐に残留して840～845年に長安の資聖寺（**57ページ長安城図**参照）に寓居し，847年に帰国した。円仁は自身の日本出国から唐での滞在を経て帰国するまでの出来事を日記として克明に記しており，これを『入唐求法巡礼行記』（全4巻）という。李徳裕など唐の高級官僚の文集や中国王朝による公的な編纂書物とは異なり，『入唐求法巡礼行記』は一介の外国人旅行者の目からみた唐国内の様子・市井の噂話・季節の行事などが具体的に記されている点で非常に貴重な歴史史料である。

　840年にウイグル帝国が崩壊したのち，北から迫り来る難民の大集団と囚われの太和公主について，長安の人々は何を話し合ったのだろうか。円仁が書きとめた人々の噂話をみてみよう。

円仁と『入唐求法巡礼行記』

> 史料5
>
> 　ウイグル軍の兵が唐の境域を侵し，今は秦府〔振武〕というところにいる。唐側は六節度使の兵馬を動員してウイグルがいるところへ派兵したそうだ。
>
> 　はじめ，長安城内にはウイグル人が数百人いたのだが，武宗の勅令にしたがい，ことごとく斬殺してしまった。地方の諸州府でも同じようにしたという。[5]
>
> （円仁『入唐求法巡行記』会昌二年三月十二日条）

(5) 迴鶻軍兵入唐侵境，今在秦府。国家抽六節度府兵馬，遣迴鶻界。
　首，城中有迴鶻人数百，准勅尽斬殺訖。在諸州府，亦同斯格。

> 史料6
>
> 　つぎのようにいう人がいた。ウイグルの兵馬が秦府〔振武〕城に入城してそこにとどまっており，当地の節度使は逃げてしまい，新たに任命された節度使も赴任の道の途中にいて，〔ウイグルを恐れて〕敢えて入城しようとはしないとのことだ。[6]
>
> （『入唐求法巡礼行記』会昌二年四月条）

(6) 見説，迴鶻兵馬入秦府城住，節度使逃走，新除節度使在路不敢入。

　長安の人々は，やはりウイグルの大集団に対して不安を抱き，ま

た唐軍の動きにやきもきしながらこの情勢を話し合っていたことがうかがえる。さらに唐朝は国内にいたウイグル人を殺害・排除したとあるが、これらのウイグル人たちは同盟関係を結んでいたときに唐にやってきた人々である。『一品集』巻14「論回鶻石誡直状」では、李徳裕が長安在住の石誡直というウイグル側の人物が内通者となりうる可能性があるため対処すべきことを論じているから、おそらく円仁が記したウイグル人たちもまた北の烏介可汗と内応し、国内で反乱を起こす危険性があると判断されて悲惨な末路をたどったとみられる。ここから、当時の長安城内がいかに不穏な空気に包まれていたかが想像されよう。

そして円仁は太和公主についてもつぎのように記している。

> 史料 7
>
> 　二月二十五日、和蕃公主が長安城内に入城し、百官及び三千の兵馬が城外に出て、公主を長安城の通化門から迎え入れ、公主は宮殿に入り武宗と対面した。武宗は勅令を下し、公主を南内院に安置させた。
> 　太和公主というのは、太和天子がウイグル国と和親するため、ウイグルの王に嫁入りさせた女性である。今、かの国は崩壊し、兵乱が起こり、公主は唐に逃げ帰ってきたのだ。公主に随行してきたウイグル人たちは全員長安城内に入ることができなかった。ウイグル王子も公主に随行してきていたのだが、公主が道の途中で自ら王子を殺したという。[7]
>
> （『入唐求法巡礼行記』会昌三年二月廿五日条）

この状況については、中国側の公的な歴史書にも記録が残っているので比較・検討してみよう。

> 史料 8
>
> 　その月〔会昌三年二月〕二十五日、太和公主はウイグルから帰京した。武宗は詔を下し禁軍の左右神策軍から二百人ずつと太常寺の官員を出させ、儀仗を備えた天子の行列を派遣して太和公主を長楽駅から長安城に迎え入れた。その日、〔武宗は〕太和公主の称号を定安大長公主に改めた。……宰相および多くの文官武官が、〔通化門外にある〕章敬寺の門のところで整列して彼女に挨拶に参じ、それが終わると太和公主は皇族の先祖が祀られている太廟に赴き、父憲宗と兄穆宗の位牌に拝謁し、それから遠まわりして光化門より内裏に入った。……[8]
>
> （『唐会要』巻6和蕃公主雑録）

この**史料7**と**史料8**には、まず会昌三（843）年二月二十五日に太和公主が長安に帰り着き、宮殿に入り武宗と対面したことが記

(7) 二月廿五日、和蕃公主入城、百司及三千兵馬出城外、迎入通化門、入内得対。勅令安置南内院。
是太和公主、太和天子為和迴鶻国、嫁与迴鶻王。今縁彼国王法崩、兵馬乱起、公主逃帰本国。随公［主］来迴鶻人、並不得入城。迴鶻王子随公主来、公主在路自殺之。

(8) 其月〔会昌三年二月〕二十五日、公主自蕃還京。詔左右神策各出軍二百人、及太常儀仗鹵簿、従長楽駅迎公主入城。其日、改封定安大長公主。……宰臣及文武百寮于章敬寺門立班候参。参畢、太和公主便赴太廟、謁憲宗・穆宗二室、迴従光化門入内。……

されている。注目すべきは，『入唐求法巡礼行記』と『唐会要』という書物が今から1000年以上にわたり，日本と中国において別々に伝えられてきたものであるにもかかわらず，日付が完全に一致する点である。つまり，太和公主は間違いなくこの日に長安に戻ったのである。そして，官僚と兵士が東の城外（通化門は長安城東門のひとつであり，長安城の東の郊外に長楽駅がある。**57ページ長安城図参照**）で太和公主を出迎え，その後彼女が宮殿で武宗と対面したという点も大筋で一致している。この場合では，中国側の公的記録の方が詳しい状況を記すのは当然のことであるが，円仁の情報もまた正しいことが判明する。円仁は唐の官吏たちとも交流があったので，宮殿内部のことまで記すことができたのだろう。ただし，円仁は太和公主を嫁入りさせた皇帝を「太和天子」，すなわち「太和」の元号を用いた文宗だと記しているが，これは誤りで，上述したように穆宗が正しい。円仁自身か，円仁に情報を伝えた人物が勘違いしたと思われる。

　さらに，円仁の記録には公主に従って長安にやってきたウイグル人たちの処置についても言及されている。これは公的な史書にない貴重な記録である。とくにウイグル王子に対する処置は，太和公主自身が手を下したとある。これは尾ひれの付いたただの噂話である可能性も否定できないが，しかし上述のように宮殿内部の状況まで記している点からみれば，真実である可能性も十分にあるだろう。

■ おわりに──和蕃公主とは何者か

　実は**史料8**には続きがある。ここには太和公主と周囲の人々の興味深い行動が記されている。

史　料 9

　二十七日，武宗は勅を下し，「定安大長公主〔太和公主〕はウイグルから〔大変な思いをして〕帰京したのであり，悲しみ哀れまないことはない。多くの皇族・貴族が皆彼女を出迎えた。それなのに宣城・貞寧・臨貞・貞源・義昌などの公主は，みな皇族の近親であり，真っ先に彼女を慰問せねばならないにもかかわらず，何事もなかったかのように自宅にいて，ついに挨拶にもこなかった。あるべき道理からすればいささか不適切である。それぞれ罰として封絹一百匹を没収し，それで過ちの償いとせよ。陽安長公主は彼女と光順門で対面することもなく，また両日にわたって使者を遣わし彼女に会うよう催促をしたが，ずっと家にもいなかった。罰として封絹三百匹を没収する」と述べた。
　三月，中書門下が武宗に対しつぎのように上奏した。「聞くと

ころによりますと，定安大長公主は二月二十五日，ウイグルが唐
の恩に背いて辺境を侵犯したことを理由に，光順門内でかんざし
や耳飾りなどの装飾品を取り去り，服を〔質素なものに〕変えて自
分を罰するように求めましたが，陛下は〔寛大にも〕彼女の過失と
違命をお許しになり，彼女と対面してさしあげました。……」

(『唐会要』巻6和蕃公主雑録)

(9) 二十七日，勅「定安大長公主自蕃還京，
莫不哀憫。百辟卿士，皆出拝迎。宣城・
貞寧・臨貞・貞源・義昌等公主，並
宗室近親，合先慰問，晏然私第，竟
已不至，度于物体，稍似非宜。各罰
封絹一百匹，以塞愆違。陽安長公主
既不与定安光順相見，又両日就宅宣
事，皆不在家，罰封物三百匹。」
三月，中書門下奏「伏聞，定安大長
公主二月二十五日，以回紇背叛恩徳，
侵軼辺陲，于光順門内脱去簪珥，変
服請罪，陛下釈其愆負，方敢対見。
……」

　まず，国家滅亡という未曽有の混乱と戦闘状態のなかをかいくぐ
り，やっとのことで帰京した太和公主に対して，陽安長公主をはじ
め親族の公主たちが非常に冷淡な態度をとっている。これはなぜだ
ろうか。冒頭で述べたように，公主たちは驕慢だから意地悪をした
のだとしても，いったい太和公主の何が気に入らなかったのだろう
か。

　これを知る手がかりは，つぎの三月に行われた中書門下の上奏の
内容にある。すなわち，太和公主がウイグルの侵犯行為を自身の罪
であるとして罰を武宗に求め，武宗はそれを許したという状況であ
る。つまり，烏介可汗率いるウイグルの難民集団が唐の辺境を荒ら
し，唐の軍隊が出撃する事態となったことは太和公主の過失である
という認識が存在し，その認識を太和公主も武宗も共有しているの
である。

　視点を変えてみれば，唐にとってこの場合におけるもっとも理想
的な状況は，太和公主がウイグル難民を周到に統制し，唐に対して
不利益をもたらさないことであった。これこそが和蕃公主に課せら
れていた「任務」であって，結果として――現実的に可能だったか
は疑問だとしても――太和公主はそれに失敗したのである。

　要するに，彼女は「任務失敗者」として帰京してきたのであり，
陽安長公主らの冷淡な態度はこれに起因すると考えてよいだろう。
さらに，改めて**史料3**の宰相たちの提案と**史料4**の武宗の勅書を
見直せば，そもそも太和公主はそのような「任務」を負っていると
いう前提があったからこそ，彼らは一見すれば厳しいと思える要求
をしたのである。そして，太和公主もまたそのことをよく理解して
いた。つまり，彼女にとって不運だったのは，和蕃公主に選ばれた
ということよりも，ウイグルを統制するチャンスに恵まれなかった
ことにあったといえよう。

　以上から，唐後半期の和蕃公主は真公主であったとはいえ，やは
り国益のために立ち回る「任務」を負っていたことが判明する。前
近代中国においては，女性は官僚になれないのだが，和蕃公主は男
性官僚にも引けを取らない危険で重要な「役職」だったのであり，

決して国策のために異国に送り出された，ただの「かわいそうな花嫁」ではなかったのである。

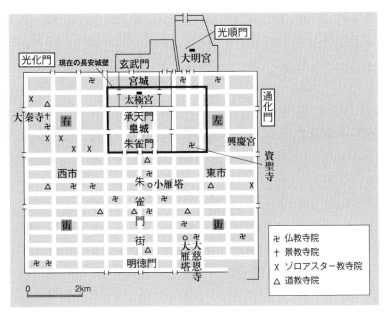

長安城図

読書案内

石見清裕『唐代の国際関係』(世界史リブレット 97) 山川出版社　2009 年

氣賀澤保規『絢爛たる世界帝国——隋唐時代』(中国の歴史 6) 講談社学術文庫　2020 年

高世瑜 (小林一美・任明訳)『大唐帝国の女性たち』岩波書店　1999 年

藤野月子『王昭君から文成公主へ——中国古代の国際結婚』(九州大学人文学叢書 1) 九州大学出版社　2012 年

森安孝夫『シルクロードと唐帝国』(興亡の世界史) 講談社学術文庫　2016 年

黎虎 (村井恭子訳)「和親女性の常駐使節としての機能 ——漢代を中心に」『神戸大学史学年報』36 号，2021 年

『騎馬民族史——正史北狄伝』(2，東洋文庫 223) 平凡社　1972 年　＊『旧唐書』・『新唐書』突厥伝とウイグル伝の日本語訳注

『入唐求法巡礼行記』(1・2，東洋文庫 157・422) 平凡社　1970 年・1985 年　＊訓読と注

図版出典

甲央，王明星 主編『宝蔵：中国西蔵歴史文物』第 1 冊，朝華出版社，2000.　46
段文傑 主編『中国敦煌壁画全集』第 9 冊 (敦煌五代・宋)，天津人民美術出版社・遼寧美術出版社，2006.　48
栃木市観光協会　53 上
安藤積産株式会社　53 下

第Ⅱ部
中近世

女奴隷から女王へ

中世エジプトの女王について年代記，地誌，文書，貨幣，碑文から考える

伊藤　隆郎

■ はじめに

　エジプトの女王といえば，誰しもまず思い浮かべるのは，クレオ
パトラ7世（在位前51〜前30年）であろう。しかし，エジプトを
支配した女性は，クレオパトラ7世だけではない。彼女が即位して
からちょうど1300年後にもまた，一人の女性がエジプトの支配者
になった。彼女の名を，アラビア語で「真珠の樹」を意味するシャ
ジャル・アッドゥッルという。

　シャジャル・アッドゥッルは，アイユーブ朝の創始者であり，十
字軍に対する戦いで有名なサラーフ・アッディーン（サラディン，
1138〜93年）の大甥サーリフに仕える奴隷であったが，彼の息子
を産んで奴隷身分から解放され，彼の伴侶とされた。そしてサーリ
フの没後に女王となり（1250年），3カ月弱で退位したものの，
1257年に死ぬまで隠然たる権力を保持し続けたのであった。

　このようにクレオパトラ7世に勝るとも劣らない波瀾万丈の人生
を送ったシャジャル・アッドゥッルであるが，日本ではあまり知ら
れていない。彼女はいったいどのような人物だったのであろうか。
また，いかにして女王にまでなったのであろうか。シャジャル・ア
ッドゥッルに関する史料はいずれも断片的で限られているが，それ
らを整合的に分析し，同時代の政治状況などに照らして論理的に考
察することで，この興味深い女性の実像に迫ってみることにしよう。

■ アイユーブ朝の内訌

　サラーフ・アッディーンの死後，彼の広大な領土は一族の間で分
割された。彼らはカイロ，ダマスカス，アレッポなどの都市および
その周辺地域を領土とする君侯国を形成し，てんでに覇を競って，
時には十字軍勢力と組むことも厭わず，合従連衡を繰り返した。

　サーリフの父であるカーミル（在位1218〜38年）は，その父ア
ーディル（在位1200〜18年）からエジプトの支配権を継承し，一
族内の最有力者であった。それでも彼が，神聖ローマ皇帝フリデリ
クス（フリードリヒ）2世（1194〜1250年）と1229年に和平を結び，

ViewPoint

女奴隷からエジプトの女王にまでの
ぼりつめたシャジャル・アッドゥッ
ルという人物について，年代記，地
誌，文書，貨幣，碑文など多種多様
な史料に基づいてみてみよう。

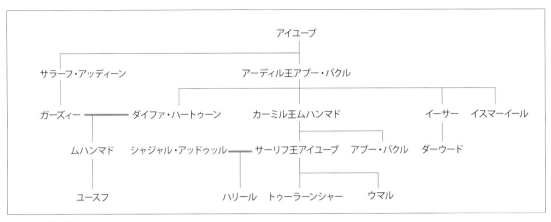

アイユーブ朝系図

シャジャル・アッドゥルの想像図

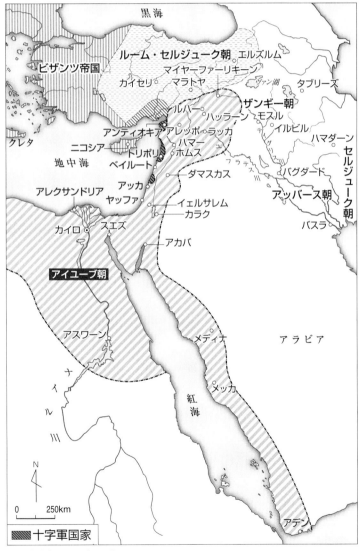

12世紀後半の西アジア・北アフリカ

十字軍から伯父サラーフ・アッディーンが奪回したエルサレムをキリスト教徒側に譲渡することにしたのは，内訌のために新たな外敵と戦う余裕がなかったことが大きくあずかっている。

■ エジプト領主になるまでのサーリフ

こうした一族内の争いは，カーミルの家庭にも影を落とさずにはいなかったようである。サーリフは1228年，彼が21歳か22歳の時に王太子に任じられたが，わずか1年後には，父カーミルの心変わりから，その地位を異母弟アブー・バクルに譲ることとなった。伝えられるところでは，カーミルの変心はサーリフに謀反の嫌疑がかけられたためであるという。カーミルの留守中に彼が奴隷軍人であるマムルークたち（詳しくは後述）を購入し，エジプト乗っ取りを計画していたというのである。忠告したのは，アブー・バクルの母親であった。実際のところサーリフが謀反まで企てていたのかどうかはわからないが，サーリフ支持派とアブー・バクル支持派の権力闘争があったことは疑いない。この権力闘争に敗れ，父に疎まれるようになったサーリフは，エジプトからジャズィーラ（上メソポタミア）に派遣され，1232年には，新たに征服したヒスン・カイファーを領地として与えられた。

シリアとジャズィーラ

その後，サーリフはジャズィーラで領土を広げたが，1238年にカーミルが死ぬと，状況が大きく変わった。当時ダマスカス領主になったばかりの従兄弟が，その地位を守ることに不安を覚え，サーリフの支配するスィンジャール（イラク北部）とダマスカスとを交換しようとサーリフにもちかけたのである。この誘いに乗ったサーリフは，息子の一人トゥーラーンシャーをヒスン・カイファーに残してダマスカスへ移り，弟のアブー・バクルからエジプトを奪う機会を窺った。ところが，サーリフがダマスカスを留守にした隙を，叔父イスマーイールと親戚のホムス（シリア西部）領主がつき，ダマスカスを占領してしまう。これに動揺したサーリフ軍は次々と彼を見放して去った。わずかな手勢とともに残されたサーリフは，1239年，従兄弟のダーウードに捕らえられ，ダーウードの支配するカラク（ヨルダン中部）に軟禁されることになった。

■ カラクでの幽閉生活

この時代に関する最も重要な史料である二つのアラビア語年代記，すなわちスィブト・イブン・アルジャウジー（1185/6～1256年）の『時代の鏡』と，イブン・ワースィル（1208～98年）の『不安の解

消』によれば，サーリフがカラクに軟禁されるに際して，同行して
いた彼の女奴隷が男子を産み，その子がハリールと名付けられたと
いう。この女奴隷こそがシャジャル・アッドゥルであり，史書に
おける彼女への言及として最も早いものである。それ以前に彼女が
いつ，どのような経緯でサーリフに仕えるようになったかは不明で
ある。もとバグダードのカリフ宮廷の女奴隷だったとされることも
あるが，後述する貨幣の銘文やフトバ（集団礼拝時の説教）におけ
る彼女の呼称のひとつが「（アッバース朝カリフ）ムスタアスィム陛
下の臣下」であることから導き出された憶説である。また，彼女の
本名も不明であり，出自もよくわからない。テュルク系とされるこ
とが多いが，アルメニア系といわれることもある。さらに，シャジ
ャル・アッドゥルがいつ奴隷身分から解放されたのかもはっきり
しない。ただし，これについては，『不安の解消』の一写本にみら
れる書き込みなどから，おそらくはハリールを産んだ直後のことで
あったと考えられる。

　カラクでのサーリフとシャジャル・アッドゥルの軟禁生活は，
さほど長くは続かず，半年余りで終わった。ダーウードがサーリフ
と共同戦線を張ることにしたからである。解放されたサーリフは改
めてエジプトをめざし，ダーウードとともに進軍した。すると，そ
の途上，思いがけないことが起こった。アブー・バクルに不満をも
つ軍人たちが彼を捕らえ，かわってサーリフにエジプトを支配する
よういってきたのである。かくして1240年，サーリフはカイロに
入城した。シャジャル・アッドゥルも彼に続いてカイロに入った
が，息子ハリールはそれからほどなくして亡くなったという。その
後，サーリフが死ぬまでの間，シャジャル・アッドゥルの消息は
残念ながら不明である。

■ エジプトの掌握

　エジプト領主になったサーリフに対し，手助けをした従兄弟のダ
ーウードは，カラクに近いシャウバクの授与や，父の旧領ダマスカ
スを取り戻すための遠征軍の提供を求めた。それらが，サーリフ釈
放時の約束だったのである。しかし，いまやダーウードを疎ましく
思うようになったサーリフは，軟禁時に無理強いされた約束だった
として，それらを聞き入れようとはしなかった。かえって彼が自分
を捕らえようとしていると聞いたダーウードはカラクへ戻り，今度
はこの間にダマスカス領主におさまった叔父イスマーイールおよび
ホムス領主と同盟を結び，サーリフに対抗することにした。

一方エジプトでは，誰もがサーリフの支配を歓迎したわけではなかった。まもなく彼は，彼にかえて叔父イスマーイールをエジプト領主にしようと謀る軍人たちがいるという噂を耳にする。用心して外出を控え，カイロの城塞に籠もり様子を探らせると，どうやら間違いないらしい。そこでサーリフは機先を制し，策謀の加担者たちを一網打尽にした。のみならず，父カーミルの代からの有力将軍や高官たちのうち忠誠心の怪しい者たちも捕えて投獄してしまった。そうして邪魔者を一掃したサーリフは，マムルークを多数購入し，彼らを登用していった。

マムルークとは，中央アジアやチェルケス地方からシリアやエジプトなどイスラーム教徒の支配地域に連れてこられた異教徒の奴隷出身の軍人である。彼らは君主や将軍らによって購入されると，アラビア語，イスラーム教徒としての教養，および弓射，槍術，馬術など武芸全般を教育された。その後，奴隷身分から解放され，馬や武具を与えられてマムルーク軍団に編入されたが，自由人となっても，もとの主人と父子的な主従関係を保ち続けた。また，主人を同じくするマムルークたちは兄弟的な同門意識をもち，党派的集団を形成した。このように主人への篤い忠誠心と強い相互の連帯意識をもっていたことが，マムルークたちが軍人として重用された理由であったとされる。サーリフが彼らを自身の政権の基盤にしようとしたのも，そのためだったであろう。加えて，この頃モンゴルの西進の影響によりキプチャク草原出身の奴隷が西アジアに多数もたらされるようになっていたことが，サーリフによる大規模なマムルーク軍団の形成を容易にしたと考えられている。

13世紀の写本に描かれたマムルーク

サーリフのマムルークたちのうちの精鋭がバフリーヤ軍団である。彼らの兵舎がナイル川（バフル）の中洲ローダ島にあったことからそのように呼ばれた。このバフリーヤたちが中心になって，のちにシャジャル・アッドゥッルを推戴し，新たな時代を始めることになるのだが，それについては後述する。

■ シリアの平定

エジプトをおさえたサーリフは，ついでシリアへ目を向けた。1243年，ダマスカス領主の叔父イスマーイールだけでなく，ホムス領主，そして叔母ダイファ・ハートゥーン（後述）の孫にあたるアレッポ領主ユースフもサーリフの権威を認め，エジプトと和平を結ぶことが取り決められた。だが，その交渉は最終段階で決裂する。

モンゴルに敗れ，この頃ジャズィーラからシリアにやってきて辺

りを荒らし回っていたホラズムシャー朝の残党（ホラズミーヤ）に，サーリフが密かに手紙を送っていたことが露見したからである。その手紙のなかでサーリフは，シリア側との和平交渉はダマスカスに捕らえられている息子ウマルを助けるためにやっているにすぎず，ウマルを取り戻したら自分とともにすぐにシリアを攻撃するようにとホラズミーヤに伝えていたのであった。

　そこでイスマーイールは，カラク領主ダーウードや十字軍勢力とも同盟を結んで対抗しようとしたが，ホラズミーヤの侵攻を食い止めることはできなかった。ホラズミーヤは1244年にエルサレムを征服し，そのことが後述するフランス王ルイ9世（在位1226〜70年）の十字軍のきっかけとなる。彼らはさらに南進してガザに至り，そのことをサーリフに伝えた。この間にウマルが死に，それをイスマーイールによる暗殺だと考え，いよいよシリアを攻撃する意を強くしていたサーリフは，エジプトからガザへ軍を送った。

　そうしてエジプト軍と合流したホラズミーヤは踵を返して北に向かい，シリア・十字軍勢力の同盟軍を撃破すると，ダマスカスへと進んだ。そこに，アレッポからの増援軍も到来した。アレッポ領主ユースフは，この間の情勢をみてイスマーイール側からサーリフ側に寝返ったのである。かくしてエジプト・アレッポ連合軍とホラズミーヤは，1245年にダマスカスを攻め，これを征服した。イスマーイールには，ダマスカスにかわって，バアルベック（レバノン東部）などが領地として与えられることになった。

　ところが，話はこれで終わらなかった。サーリフから十分な見返りを得られず不満を募らせたホラズミーヤは，ほどなくしてダマスカスを包囲し，それにイスマーイールが加勢したのである。2カ月後，ダマスカスカス救援に来たのは，アレッポとホムスからの軍であった。アレッポ領主もホムス領主もホラズミーヤの横暴には手を焼いており，ダマスカスが彼らの手に落ちれば，次は自分たちの番だと恐れたからである。こうして1246年，アレッポ・ホムス連合軍はホラズミーヤを掃討し，イスマーイールは逃れてアレッポのユースフのもとに身を寄せた。

　その後もサーリフはシリアの平定を進め，1247年にはホムス以南の主だった地域をおさえた。ただしアレッポのユースフは，独立政権を維持せんとサーリフのいいなりにはならなかった。1248年，ユースフはホムスを征服し，それに対してサーリフが出征する事態になった。しかし翌年，カリフの使節の仲介によって両者の間で和平が結ばれ，サーリフはユースフのホムス領有を認めて軍を引き上

Column

ホラズムシャー朝
（1097〜1231年）

ホラズムシャーとは，ホラズム地方（中央アジアのアム川下流地域）の支配者の称号であり，8世紀初めのアラブによる同地方征服の時点でその存在を確認できるが，ここでいうホラズムシャー朝は，セルジューク朝（1038〜1194年）によってホラズムの総督に任じられたクトゥブ・アッディーンに始まる王朝である（彼の父がホラズム総督に任じられた年をもってこの王朝が始まったとすることもあるが，そのときはまだホラズムシャーとは呼ばれていなかった。また，クトゥブ・アッディーンは父からホラズム総督職を継承したわけでもなかった）。クトゥブ・アッディーンの玄孫であるアラー・アッディーンの時代（1200〜20年）に最盛期を迎え，中央アジア，北西インド，イランにまたがる地域を支配下におさめたが，1218年のオトラルでのモンゴル使節殺害を契機にチンギス・カンの攻撃を招き，あっけなく瓦解した。アラー・アッディーンは逃亡先であるカスピ海の島で死亡し，あとを継いだ子のジャラール・アッディーンが各地を転戦した末にジャズィーラ北部で死んで滅亡した。

げた。サーリフがこのようにユースフに譲歩したのは、彼がその頃重い病気（肺結核だったのではないかと考えられている）にかかっていたことに加え、ルイ9世の率いる十字軍の艦隊がキプロスを出てエジプトに向かっているとの報を受けたからである。

■ サーリフの死

ルイ9世とその軍は1249年6月にエジプトに到着し、2日後には、守備隊も住民も逃亡して無人になったダミエッタの町に入った。これに対し、サーリフは病をおして軍を率い、マンスーラに布陣したが、彼の具合はいよいよ悪くなり、ついに同年11月、陣中で没した。

下エジプト

このとき傍にいたのが、シャジャル・アッドゥッルである。おそらくサーリフを看病するために同行していたのであろう。『時代の鏡』には、サーリフの死後、シャジャル・アッドゥッルが幕舎をサーリフの生前のままに保ちながら、軍人たちに「陛下はご病気ですから、誰もなかには入れません」といっていたと伝えられている。

『不安の解消』の記述は、より具体的である。それによると、シャジャル・アッドゥッルはまず、サーリフの側近の一人に相談し、次にカーミルの代からの重臣ファフル・アッディーンも呼んでサーリフの死を知らせたという。3人は、敵にはもちろん味方にも王の死を伏せること、サーリフの唯一残された息子であるトゥーラーンシャーを王太子としヒスン・カイファーから呼び寄せること、ファフル・アッディーンを総司令にすることで合意した。そして怪しまれないように医者を呼び、彼にサーリフの遺体を洗って布で包ませたあと、それを棺に入れて密かに運び出させ、ナイル川の中洲の砦に一時的におかせることにした。それから彼らは、軍人たちを集め、トゥーラーンシャーが王太子にされたこととファフル・アッディーンが総司令になったことを伝えた。また、サーリフとよく似た字を書くスハイリーという名の従者に署名をさせた文書を発行し、サーリフがまだ生きているかのように装ったのであった。

スィブト・イブン・アルジャウズィーは、サーリフと似た字で文書を書いていたのはシャジャル・アッドゥッルだったと示唆する。しかし、イブン・ワースィルはサーリフの署名とスハイリーによる署名とを見比べて、ある字の形が両者で少し違っていることを指摘しており、彼の話の方が信憑性がある。いずれにせよ、後世の史家たちの多くも述べるように、サーリフ死後の諸事をシャジャル・アッドゥッルが主導的に取り仕切ったことは間違いないようである。

こうしてシャジャル・アッドゥッルたちはサーリフの死を隠そう

としたが，『不安の解消』によれば，長くは秘密にできなかったらしい。サーリフによって投獄された者たちをファフル・アッディーンが次々と釈放したことなどもあって，サーリフの死は数日後には公然の秘密だったということである。

なお，サーリフには晩年，シャジャル・アッドゥッルのほかに，ビント・アルアーリマという妻がいたらしいが，彼女については，サーリフの死後に彼のマムルークの一人と結婚したということ以外伝えられていない。

■ トゥーラーンシャーの到来

エジプトから遠く離れたヒスン・カイファーにいるトゥーラーンシャーのもとへは使者が派遣された。事情を聞いたトゥーラーンシャーは50人ばかりの供を連れてすぐに出発したが，アレッポ領主ユースフなどが道中の邪魔をするのを警戒して，まずダマスカスに入城した。そこで彼は将軍や兵士，官僚たちに惜しげもなく金品を贈った。『時代の鏡』によれば，総司令ファフル・アッディーンがエジプトで謀反を企てているとの情報を得たトゥーラーンシャーが，それに対し自身の地位を強化するために行ったことだったという。かくてダマスカスで4週間近くを過ごしたあと，彼はエジプトへ向け出立した。そして1250年2月にカイロ郊外に至り，そこで初めてサーリフの死が公にされ，トゥーラーンシャーの即位が宣言された。サーリフの死から3カ月後のことであった。

この間にシャジャル・アッドゥッルはマンスーラからカイロに戻っていた。しかし，彼女がそこでトゥーラーンシャーと面会したのかどうかはわからない。トゥーラーンシャーが彼女に使いを送って脅し，金と宝石を要求したという話があるので，面会したとしてもごく形式的なものにすぎなかったであろう。ともあれトゥーラーンシャーは，ルイ9世の十字軍と戦うためすぐに北へ向かった。

一方，ルイ9世側もサーリフの死をその10日後には察知したらしく，ダミエッタからマンスーラをめざして軍を進めていた。以来，両軍の間では断続的に戦闘が行われ，トゥーラーンシャーがカイロ郊外に到着する数日前には，敵の奇襲を受けて総司令のファフル・アッディーンが戦死した。それに対しエジプト軍は，トゥーラーンシャーがマンスーラにやって来ると，彼の指揮下で反撃に転じた。そして1250年2月，バフリーヤ軍団の活躍もあり，マンスーラで十字軍に大敗を喫せしめ，その後さらにはルイ9世を捕虜にすることにも成功したのであった。

■ トゥーラーンシャーの間違い

　トゥーラーンシャーは，ここで致命的な間違いを犯す。父サーリフの将軍たちやマムルークたちに十分に報償を与えればよかったものを，逆に彼らを遠ざけ，かわりに自分が連れてきた者たちを取り立てたのである。イブン・ワースィルは次のようにいう（以下史料はすべて拙訳。読みやすさに配慮し意訳している。〔　〕内は訳者による補足・解説）。

> 史　料
>
> 　もし彼が彼ら〔サーリフの将軍たちやマムルークたち〕によくしてやり，彼の父〔サーリフ〕のように，彼らに対して慈しみと親しさと厚意とをもって接していれば，彼らは彼を支援し，援助したであろう。だが彼は，彼らを全く受け付けず，厳しくあたり，不適格な者たちを彼らよりも優先したのであった。
> イブン・ワースィル『不安の解消』，p.62

　だが，トゥーラーンシャーには，父の旧臣たちを信用できない理由があった。さきに触れたように，総司令ファフル・アッディーンによる謀反の企てをトゥーラーンシャーはダマスカスで聞いた。『不安の解消』によれば，カイロの城塞に軟禁されていたトゥーラーンシャーの従兄弟をファフル・アッディーンが擁立しようと計画していたともいう。ファフル・アッディーンのライバルである将軍フサーム・アッディーンはそれを知ると，ヒスン・カイファーのトゥーラーンシャーのもとに使者を送り，カイロに早く来るよう促した。ファフル・アッディーンは，トゥーラーンシャーがエジプトに着く数日前に死んだが，ほかに誰が加担しているのかはわからない。トゥーラーンシャーが疑心暗鬼になるのも無理からぬことだったのである。『時代の鏡』には，あるとき酔ったトゥーラーンシャーが蝋燭を集めさせ，その首を剣で切り落とし，「バフリーヤどもにもこうしてやるのだ」といったという逸話が載せられているが，これは彼が暴君だったことを示すものというよりも，むしろ彼がそれほど彼らを恐れていたことを示すものと考えるべきであろう。

　それにしてもトゥーラーンシャーはあまりにも性急であった。フサーム・アッディーンはイブン・ワースィルを連れて，カイロ郊外にトゥーラーンシャーを出迎えに行った。その後，フサーム・アッディーンに「陛下のことをどう思うか」と問われたイブン・ワースィルは「きわめて優れた，有識の方です」と答え，それに対しフサーム・アッディーンは「私がそなたにいっていた通りだろう」と返

したのだという。ここからわかるのは，フサーム・アッディーンの
ように，トゥーラーンシャーを歓迎し支持する者がエジプトに少な
からずいたらしいということである。トゥーラーンシャーは，まず
は慎重に味方と敵を見分けるべきだったのである。ところが，マン
スーラの戦いのあと，トゥーラーンシャーはフサーム・アッディー
ンを副王の職から解任してしまう。フサーム・アッディーンは態度
を一変し，トゥーラーンシャーが叔父アブー・バクルのように捕ら
えられ廃位されるだろうと予言したものである。

■ 二人の将軍の思惑

　イブン・ワースィルはこれよりも前に，やはりフサーム・アッ
ディーンから聞いた話として，サーリフがトゥーラーンシャーをひど
く嫌っており，自分の後継者はトゥーラーンシャーでも他の親戚で
もなく，カリフの選んだ者にするようにといっていたと記す。また，
ファフル・アッディーンのこともサーリフは信用しておらず，唯一
信用していたのがフサーム・アッディーンであったという。しかし，
論理的に考えれば，これでは辻褄が合わない。もしサーリフがトゥー
ラーンシャーを嫌い，後継者の選定をカリフに委ねると以前から
いっていたのなら，フサーム・アッディーンは，トゥーラーンシャー
の従兄弟を擁立しようとするファフル・アッディーンの計画を聞
いても，それをトゥーラーンシャーにわざわざ知らせたりはしな
かったであろうし，彼をエジプトで喜んで迎えることもなかったであ
ろう。おそらく情報源であるフサーム・アッディーンが変心したこ
とで，このような記述になったと考えられる。彼は当初トゥーラー
ンシャーに期待していたが，それを裏切られたため，かえって悪し
様にいうようになったのであろう。

　一方，フサーム・アッディーンのライバルであったファフル・ア
ッディーンは何を望んでいたのであろうか。彼はトゥーラーンシャ
ーをサーリフの後継者とすることに必ずしも賛成だったわけではな
かったようである。だが，謀反を計画していたようにも思われない。
マンスーラにやって来たトゥーラーンシャーは，ファフル・アッデ
ィーンについて「あいつは金品をばら撒き，収監者を解放して，予
に何を残したというのか」といったとされる。これらは，おそらく
人心掌握を目的としてファフル・アッディーンが行ったのであろう。
だが，フサーム・アッディーンなど，ファフル・アッディーンをよ
く思わない者たちの疑念を生んだに違いない。それゆえ，彼が野心
を抱いていると噂されるようになったのではないかと思われる。

ViewPoint

当時の人間関係について検討する際
には，それを伝える歴史書がどの程
度信用できるか，記述内容の蓋然性
や情報源などから考えなくてはなら
ない。イブン・ワースィルはフサー
ム・アッディーンと親しく，この将
軍は歴史家にとっての重要な情報源
であった。『不安の解消』を読むと
きには，その点に注意する必要があ
る。

■ サーリフの遺書

　それでは，肝心のサーリフはトゥーラーンシャーをどのようにみていたのであろうか。彼が死の直前に息子宛に書いたとされる遺書が伝わっている。その冒頭には次のようにある。

　続けてサーリフはトゥーラーンシャーに，将軍たちを尊重し，ファフル・アッディーンを父と思ってその意見をよく聞くようにと忠告する。また，シャジャル・アッドゥッルについては，次のようにいう。

　さらに，人事をどうすべきかとか，マムルークたちを大切にせよとか，さまざまな忠告が書かれている。

　この遺書は，ヌワイリー（1279 ～ 1333 年）というマムルーク朝時代の財務官僚が著した百科事典『究極の目的』の年代記部分に収録されており，ヌワイリーは現物をみて，それを写したのだと主張する。しかし，内容はおろか，このような遺書の存在さえも，他の史料では確認できない。おそらくは，サーリフ死後の措置が彼の「遺言」通りに行われたことを示し，それに続くトゥーラーンシャーの

殺害を正当化するために，シャジャル・アッドゥッル周辺の者，もしかすると彼女自身によって，あとから捏造されたものであろう。

そもそもサーリフは猜疑心が非常に強かったという。したがって，彼がトゥーラーンシャーをどのように評価していたにせよ，後継者に指名し，エジプトに呼び寄せることには慎重だったであろう。自分自身の地位を脅かしかねないからである。またサーリフは，死ぬ少し前に一時病状が緩和したため回復したものと勘違いし，もう大丈夫だという手紙をマンスーラからカイロのフサーム・アッディーンに送ったとも伝えられる。以上から考えられるのは，サーリフは特に遺言を残さないまま急死し，トゥーラーンシャーを後継者に推したのはシャジャル・アッドゥッルだったということである。

■ シャジャル・アッドゥッルの即位

トゥーラーンシャーを恐れるようになったバフリーヤたちは，1250年5月初め，彼がダミエッタ近くに滞在中，宴を開いていたところを襲って殺害した。14世紀初めにイラクで書かれた無名氏の年代記によれば，トゥーラーンシャーの暗殺はシャジャル・アッドゥッルの同意を得て行われたとの風聞があったのだという。ともかく，トゥーラーンシャー殺害後の様子を，イブン・ワースィルは次のように伝えている。

> 史　料
>
> 　さきに述べたようにムアッザム王〔トゥーラーンシャー〕が殺害されると，将軍たちとバフリーヤ軍団は王の幕舎に集まった。そして，サーリフ王の子ハリールの生母であるシャジャル・アッドゥッルを王位と王権の保持者として擁立すること，勅令は彼女の名において発布され，彼女の署名がなされるべきことで合意をみたあと，今度は軍の総司令として誰を立てるかを話し合った。彼らはフサーム・アッディーンに総司令職を勧め，「サーリフ王陛下はそなたを信頼しておられたのだから，そなたがこの地位にもっともふさわしい」といったのだが，彼はそれを拒んだ。……〔この間に二人が総司令になることを断った〕……そして〔最終的に〕，イッズ・アッディーン・アイバク・アットゥルクマーニー・アッサーリヒー〔を立てること〕で合意をみた。一同は，シャジャル・アッドゥッルに対しては王の位を，イッズ・アッディーンに対しては総司令の位と軍事を委ねると宣誓した。イッズ・アッディーン・アッルーミー・アッサーリヒーがカイロに赴いて城塞に上り，女王であるハリールの母にそのことを伝えた。あらゆることが彼女に委ねられ，勅令は彼女から出されることとなり，「ハリールの母」という彼女の直筆の署名が添えられることになった。カイロ，

> フスタートとエジプト全域で，彼女を統治者とするフトバが行わ
> れた。
> イブン・ワースィル『不安の解消』，pp.79-80

　かくして 1250 年 5 月，シャジャル・アッドゥッルはエジプト
の女王に推戴された。一般には，これによって以後 260 年余り
続くマムルーク朝が成立したとされる。

■ フトバと貨幣

　フトバとは，金曜正午の集団礼拝時に行われる説教のことであ
り，そのなかで統治者のための祈願がなされる。フトバで名が言
及されるということは，その統治が当該地域で承認されたことを
意味する。さきに触れたイラクの無名氏の年代記によれば，この
ときエジプトでのフトバにおいて，アッバース朝カリフ・ムスタ
アスィム（在位 1242 〜 58 年）への祈願に続き，次のような文句
が唱えられたという。

史　料

　おお神よ，正しき御方，イスラーム教徒たちの女王，イスマト・
アッドゥンヤー・ワッディーン，ハリールの母，ムスタアスィム
陛下の臣下，信徒たちの長の友人たるサーリフ王の伴侶を守り給
え。　　　　　　　　　　　無名氏『七世紀における諸事』，p.247

　これらのうち「イスマト・アッドゥンヤー・ワッディーン」は，
サラーフ・アッディーンのように，シャジャル・アッドゥッルに
つけられた美称であり，俗世においても宗教・信仰においても純
粋無垢であるというような意味である。こうした文句で，シャジ
ャル・アッドゥッルがエジプトの女王であることが周知されたわ
けである。
　イブン・ワースィルは述べていないが，もうひとつ，イスラー
ム教徒が支配する地域で統治者の名を周知する手段として用いら
れたのが，貨幣である。シャジャル・アッドゥッルの名が記され
た金貨 2 枚と銀貨数枚が伝存しており，彼女の支配が公的に承認
されたことを裏付けるものである。金貨には，アッバース朝カリ
フ・ムスタアスィムの名が刻まれた面の裏に，マムルーク朝時代
を代表するエジプトの史家マクリーズィー（1364 頃〜 1442 年）
がその年代記で伝える通り，「ムスタアスィム陛下の臣下，サー
リフ王の臣下，イスラーム教徒たちの女王，信徒たちの長の友人
たるマンスール王（ハリール）の母」とある。また，銀貨には「マ

ViewPoint

イスラーム教徒が支配した地域で
は，フトバという集団礼拝時に行わ
れる説教で統治者のための祈願がな
され，貨幣に統治者の名が記され，
周知された。

シャジャル・アッドゥッルの金貨

ンスール王の母」と記されている。

■ アルワーとラジーヤ

イブン・ワースィルは，さきのシャジャル・アッドゥッル即位の
記事に続けて，次のように書いている。

> **史料**
> この事態は，イスラーム〔世界〕においては前代未聞のことであ
> った。アーディル王の娘ダイファ・ハートゥーンが，その子アズ
> ィーズ王〔ムハンマド〕の死後，自身が亡くなるまで，アレッポと
> その領域において，同様に裁定権と処分権をもっていたが，フト
> バは彼女の孫であるナースィル王〔ユースフ〕を統治者として行わ
> れた。　　　　　　　　イブン・ワースィル『不安の解消』，p.80

だが，その1世紀前のイエメンには，イスマーイール派の地方王
朝のことでイブン・ワースィルは知らなかったのかもしれないが，
「貴婦人」と呼ばれ，60年余り君臨したアルワー（1138年没）とい
う女性がいた。またインドでは，デリー・スルターン朝のシャムス・
アッディーン・イルトゥトゥミシュ（在位1221〜36年）の死後の
混乱期に，彼の娘ラジーヤ（ラディーヤ）が君主になっている（在位
1236〜40年）が，イブン・ワースィルはこの情報も得ていなかっ
たらしい。つまり，シャジャル・アッドゥッルは史上初のイスラー
ム教徒の女王というわけではなかった。とはいえ，イスラーム教徒
女性が元首の地位に就くのはよくあることではない。どうしてシャ
ジャル・アッドゥッルは推戴されたのであろうか。

■ ダイファ・ハートゥーン

シャジャル・アッドゥッルもラジーヤも，テュルク系の軍人たち
によって擁立されたので，女性の地位が比較的高いテュルク・モン
ゴル的伝統が影響したのではないかと指摘されることが多い。たし
かにそれも考えられるが，シャジャル・アッドゥッル推戴の背景と
してより注目すべきだと思われるのは，イブン・ワースィルが名を
挙げるダイファ・ハートゥーンである。

ダイファはサーリフの叔母にあたる。彼女の姉は，従兄弟，すな
わちサラーフ・アッディーンの息子でアレッポ領主のガーズィーに
嫁ぎ男子を産んだが，その子を幼くして亡くし，自身もまた死んで
しまった。そこで姉にかわってダイファがガーズィーの後妻になり，
まもなくガーズィーとの間に息子ムハンマドをもうけた。ところが，
それから約2年経った1216年，夫が急死した。ダイファは，トゥ

シャジャル・アッドゥッルが史上初
のイスラーム教徒の女王だとイブ
ン・ワースィルはいうが，実はそう
ではない。彼女よりも前に，どのよ
うなイスラーム教徒女性が権力を
握ったのだろうか。

グリルという宦官の協力を得て，息子ムハンマドをガーズィーの後継者にし，トゥグリルを幼いムハンマドの摂政にして諸事を委ね，自身は政務には直接携わらなかったようである。しかしその後，1233年にトゥグリルが死に，1236年にはムハンマドも亡くなると，ダイファは，自身の孫，すなわちムハンマドの息子で当時7才のユースフを擁立する一方，今度は自ら権力を握り，1240年に亡くなるまで実質上のアレッポ領主として振る舞ったのであった。

　同じアイユーブ家におけるこのような垂簾聴政が前例となり，シャジャル・アッドゥッルを推戴することに対する抵抗感を和らげた可能性は十分に考えられる。ダイファ・ハートゥーンは，シャジャル・アッドゥッルがエジプトの女王になる地ならしをしたといえるであろう。

■ サーリフの墓廟

　シャジャル・アッドゥッルが女王になって最初に行ったことのひとつは，ルイ9世の十字軍との交渉で，身代金と引き換えにルイ9世を含む捕虜を釈放し，ダミエッタを取り戻した。

サーリフの墓廟

　ほかに，彼女が女王として行ったと考えられるのが，亡夫サーリフの墓廟の建設を始めたことである。マクリーズィーは，そのエジプト地誌で，シャジャル・アッドゥッルがカイロ市内のサーリフのマドラサ（高等学院）に墓を付設するよう，サーリフの死後すぐに命じたかのごとく書いている。おそらくそれは，サーリフの没年しか刻まれていない墓廟の碑文に基づいたからであろう。しかし，当初サーリフの死は伏せられていたのだから，墓の建設が始まったのは，どんなに早くても，トゥーラーンシャーがエジプトに到着したあとでなければおかしい。また，その頃はまだ十字軍との戦闘中で，それどころではなかったと思われる。シャジャル・アッドゥッルが墓の建設を命じたのは，彼女が女王になり，十字軍との交渉が一段落した頃だったと考えるのが自然である。いずれにしても，墓廟が完成し，そこへサーリフの遺体が運びこまれて葬儀が営まれたのは，シャジャル・アッドゥッルが退位したあと，1250年10月のことであった。彼女は，この墓廟でクルアーンを朗誦する者たちを任じ，墓廟の管理を自身の宰相に任せたという。マクリーズィーによれば，15世紀初めにもまだ，シャジャル・アッドゥッルが規定した通りに，その宰相の子孫がサーリフの墓廟を管理していたそうである。

　また，彼女が自分の墓廟とマドラサの建設を命じたのも，在位中のことだったかもしれない。墓廟の碑文で，彼女が「将軍たちがそ

の命令に聞き従う」者などと形容されており，またのちに夫になるアイバクへの言及がないからである。ただし，後述するように，墓廟の建設が始まったのは，彼女の死の数カ月前だった可能性もある。

■ 女王シャジャル・アッドゥッルへの反発

エジプトではシャジャル・アッドゥッルの即位が認められたが，シリアでは彼女の統治は受け入れられなかった。カラクでサーリフの弟アブー・バクルの息子が擁立される一方，そのカラクとハマーを除き，ダマスカスをはじめシリアのほぼ全域がアレッポ領主ユースフの統治下に入ることになった。また，バグダードのアッバース朝カリフもシャジャル・アッドゥッルを承認せず，彼から「もし汝らのもとに（適当な）男がいないのであれば，知らせよ。汝らに男を一人遣わせよう」という手紙がエジプトに送られてきたとも伝えられる。しかし，この逸話は15世紀以降に書かれた史書には載せられているが，それ以前にはみられないので，おそらく後代になって創作されたものだと思われる。

いずれにしても，ダマスカスがユースフによって支配されると，エジプトのバフリーヤ軍団と将軍たちは協議し，「王権が女にあっては国を守ることはできない。衆議一致する誰か男が支配しなくてはならない」という理由で総司令のアイバクをスルターン位に就けることにした。それにより，シャジャル・アッドゥッルは1250年7月末，即位から3カ月足らずで退位した。

■ アイバクの地位

エジプトとシリアで活動したキリスト教徒史家マキーン（1205～73年）のアラビア語年代記によれば，このときにアイバクはシャジャル・アッドゥッルと結婚したという。それが事実であれば，いったんはアイバクを即位させたにもかかわらず，あとになってバフリーヤの領袖アクターイやバイバルス（のちのマムルーク朝スルターン）など一部の将軍たちが，アイバクに権力を奪われることを恐れ，スルターン位にはアイユーブ朝の者を就けるべきであると主張しだしたのは，アイバクとシャジャル・アッドゥッルが結婚したからだとも考えられる。ともあれ，再び協議が行われ，アイバクは即位からわずか5日後に退位して総司令に戻り，かわってカーミルの曽孫である10才（ないし6才）のムーサーをスルターンとすることに決まった。

アイバクはサーリフのマムルークではあったが，バフリーヤ軍団

ViewPoint

シャジャル・アッドゥッルの墓廟の碑文からは，その建設を彼女が女王だったときに命じたと推測できる。しかし，そうではなく，死の数ヶ月前だった可能性もある。

シャジャル・アッドゥッルの墓廟

のような精鋭に属しておらず，アクターイやバイバルスたちに対抗するだけの力がなかった。そもそも彼が総司令に選ばれたのも，他の将軍たちから御しやすいとみられたからのようである。『不安の解消』によると，命令書はムーサーとアイバクの連名で出されたが，フトバはムーサーの名で行われたという。また，貨幣にはムーサーの名前しか記されなかった。

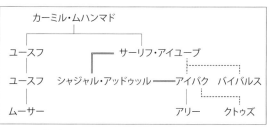

マルムーク朝系図

その後まもなくエジプト軍は，アレッポ領主ユースフの派遣軍をガザで撃退し，1251年にも，エジプトに侵攻してきたユースフ率いるシリア軍に勝利をおさめ，アイバクはひとまず政権を安定させることに成功した。

一般に，アイバクは退位後も実質上のスルターンであり，その在位期間は1250年から1257年までだったとされる。後代の史家のなかには，1251〜53年にアイバクはムーサーを退位させたと書いている者もいるが，ムーサーの退位は1254年であり，それはアイバクが政敵アクターイを殺し，バフリーヤたちを排除したあとのことであった。貨幣にアイバクの名がサーリフと並んで記されるようになるのも，1254年以降である。アイバクが曲がりなりにも実権を掌握したといえるようになるのは，この年からである。しかも，妻シャジャル・アッドゥッルの発言権が非常に大きかったらしい。マキーンは次のように述べている。

史 料

> 彼〔アイバク〕は彼女〔シャジャル・アッドゥッル〕を嫌い，憎むようになった。なぜなら，彼女は自分こそが彼をエジプトの支配者にし，彼に財貨を与えたのだといっては彼を責めたからである。彼女は王国において処分権を有し，命令を下し，その命令に〔人々は〕従った。　　　　　マキーン『祝福されし集成』，p.165

シャジャル・アッドゥッルとアイバクがいつ結婚したのかは，1250年のほかに，1251年，あるいは1255年以前とも伝えられておりはっきりしないが，実際に権力を握っていた者をスルターンと考えるのであれば，シャジャル・アッドゥッルこそが1250年から57年までスルターンの位にあったといえなくもない。

■ シャジャル・アッドゥッルの手紙と文書

シャジャル・アッドゥッルが退位後もスルターンのごとく振る舞っていたことを窺わせる手紙が，フランスのルーヴル美術館に所蔵

Column

スルターンの称号

11世紀以後，スンナ派イスラーム国家（預言者ムハンマドの言行（スンナ）にしたがって行動し，共同体の統一を重視するスンナ派に属するイスラーム教徒が支配する国家）の君主や政治権力者が用いた称号。アイユーブ朝でもこの称号は使用されたが，一時に複数の王族がスルターンと称されることなどもあって複雑であり，混乱を避けるために王や統治者と表記している。それに対してマムルーク朝では，元首一人を指してスルターンと呼ぶことが一般的になった。

シャジャル・アッドゥッルがクトゥズに宛てたとされる手紙 (Rémondon 19)

されている。この手紙を解読したユースフ・ラーギブによると、差
出人「ガルス・アッディーン・ハリールの母」はシャジャル・アッ
ドゥッルのことであり、宛先はアイバクのマムルークであるクトゥ
ズ（のちのマムルーク朝スルターン）だという。この推定が正しけ
れば、手紙のなかでシャジャル・アッドゥッルは、クトゥズのイク
ター（分与地）で得られた大麦、豆、ガチョウ、およびズボンなど
の衣服費を彼に送ることを伝える一方、建物と倉庫の鍵、アイバク
のための鎖帷子を送ってよこすように求めていたことになる。すな
わちシャジャル・アッドゥッルは、アイバクにかわって、彼の部下
と俸給などに関してやりとりをしていたのであり、男勝りだったと
も評される彼女にいかにもふさわしい内容の手紙である。

　ラーギブの推定の当否はともかく、シャジャル・アッドゥッルが
陰の実力者であり続けたことは、マキーンだけでなく他の史家も伝
えている。ヌワイリーは、『究極の目的』のなかで、シャジャル・
アッドゥッルがアイバクに譲位したあともスルターンとして文書に
署名していたと述べ、彼女の署名入りだという1255年発行の文書
の抜粋を載せている。

　前述したように、シャジャル・アッドゥッルの墓廟は、碑文の文
言に基づけば、彼女の在位中に建設が始まったと考えられる。しか

ViewPoint

シャジャル・アッドゥッルが退位後
も実権を握っていたことが手紙や文
書から読み取れる。そのことはまた、
彼女の墓廟の建設がいつ始まったと
考えるかにも影響する。

し，彼女が退位後も変わらず公文書の発行を続けていたのだとする
と，碑文の文言も同様に，彼女が在位しているかのようなものにな
った可能性もある。そうであれば，墓廟の一部は未完成だったよう
なので，建設が始まったのは，彼女の死の数カ月前だったのかもし
れない。

■ アイバクの殺害

　アクターイを殺害し，彼の指揮下にあったバフリーヤたちをエジ
プトから排除することに成功したアイバクは，その3年後の1257
年，モスル領主の娘を娶ることにした。アイバクがいまやその地位
にふさわしい妻をもとうとしたからだったとも，アレッポ領主ユー
スフに対抗するためモスル領主との関係を強化するためだったとも
考えられている。

　このことを知ったシャジャル・アッドゥッルは，アイバクを殺し，
かわりに誰かをスルターン位に就ける決意をしたらしい。あるいは，
アイバクが邪魔者になる自分を殺そうとしていると聞き，その前に
アイバクを殺すことに決めたともいわれる。いずれにしても，『不
安の解消』によれば，彼女はまず，アイユーブ朝の領主たちの間で
相談役として重きをなしたイブン・マルズークに，アイバクを殺せ
ば宰相にしてやると約束して話をもちかけたという。しかし彼は，
それを断り，彼女に思いとどまるように伝えた。そこで彼女は，宦
官に仕えるサンジャルという名のマムルークとサーリフの従僕数人
を引き入れ，アイバクを殺害することにした。

　1257年4月10日火曜日，アイバクはいつも火曜日にするように
ポロをしに出かけ，夕刻それから戻ると，汚れを落とすために風呂
に入った。アイバクが服を脱ぎ始めたところ，サンジャルと従僕た
ちが彼に飛びかかり，地面に投げ飛ばして馬乗りになり，彼を絞め
殺した。

　その頃シャジャル・アッドゥッルは，スルターンが呼んでいると
いってイブン・マルズークに使いを送った。彼が行ってみると，座
ったシャジャル・アッドゥッルの前にアイバクの遺体があった。彼
女は，イブン・マルズークに事情を説明し，どうしたらよいか尋ね
た。それに対しイブン・マルズークは答えていった。「なんと申し
てよいかわかりません。貴女様は救いようのない重大な事態に陥ら
れました」。そこでシャジャル・アッドゥッルは，アイバクに捕ら
えられ城塞に軟禁されていた将軍を呼び出しアイバクにかわって支
配権を握るよう促した。しかし彼は，誰も自分を助けてはくれない

だろうといって辞退したので、次に彼女は、アイバクから切り取った指と印章付き指輪を別の将軍に送って助けを求めたところ、彼からも断られてしまった。

　そうこうしている間に夜が明けた。シャジャル・アッドゥッルはアイバクの息子アリーに、父からの伝言だとして、ダミエッタに行く船の整備のため、将軍たちを連れてナイル川に行くようにと指示した。アリーはそれに素直に従った。彼女は、そうして城門にいる人の数を減らし、思いを遂げようとしたが、果たせなかったという。おそらく城塞から逃げ出そうとして失敗したのであろう。どうも彼女はアイバクを殺すことばかり考えて、その後どうするかをほとんど計画していなかったようである。

　その日の昼には、アイバク暗殺の報が広まり、将軍たちやアイバクのマムルークたちが城塞に集まった。そしてアイバクの息子アリーをスルターン位に就けることに決まった。

　以上は、最も信憑性が高いと考えられる史料である『不安の解消』に基づいたアイバク殺害の経緯であるが、これにはさまざまな異説がある。アイバクがどのように殺されたかについても、風呂で刺殺されたとか、湯船に沈められて、または風呂場に閉じ込められて窒息死させられたとか伝えられている。

カイロの城塞

■ シャジャル・アッドゥッルの死

　この間、シャジャル・アッドゥッルとアイバクの暗殺者たちは城塞内の館に籠もっていた。そこへ彼らを捕らえようとアイバクのマムルークたちが押し入ろうとしたが、サーリフの将軍たちが割って入り、アイバクのマムルークたちはシャジャル・アッドゥッルに危害を加えないと誓った。しかし4月16日、彼女はわずかな女奴隷たちとともに城塞内の塔に移された。アイバクを殺害した従僕たちは、シリアに逃亡するのに成功した一人を除いて捕らえられ、サンジャルやその主人である宦官ともども磔刑に処された。

　その後シャジャル・アッドゥッルがどうしていたかはわからない。次に『不安の解消』で彼女が言及されるのは、以下の記事である。

　史　料
　この月〔第二ラビー月〕の11日土曜日〔1257年4月28日〕、城塞の外でシャジャル・アッドゥッルが殺されてみつかった。彼女が自身のために建てた墓廟に運ばれ、そこに埋葬された。これが彼女の〔迎えた〕結末であった。
　　　　　　　　　イブン・ワースィル『不安の解消』、p.146

マキーンの記述はより詳しい。

史　料

　シャジャル・アッドゥッルは，ムイッズ王〔アイバク〕の子ヌー
ル・アッディーン〔アリー〕の母のところへ連れて行かれた。アリ
ーの母はシャジャル・アッドゥッルを木靴で殴って殺した。〔そ
れから〕彼女〔の遺体〕は裸で城塞の門前の濠に投げ捨てられ，数
日後に彼女の墓廟に運ばれて埋葬された。
マキーン『祝福されし集成』，p.165

　アイバクの場合と同様，シャジャル・アッドゥッルの最期につい
ても異説があり，捕らえられた彼女が死を覚悟してもっていた宝石
を摺鉢で砕いたなどとも伝えられている。

　イブン・ワースィルは彼女を評して，「行いの正しい人だったが，
嫉妬のためにあんなこと（アイバク暗殺）をしてしまった。テュル
ク系で，我が強かった」と述べる。後代の史書には，シャジャル・
アッドゥッルがアイバクにアリーの母と離縁するように迫ったと記
しているものもあるが，このイブン・ワースィルの言葉に基づいた
のではないかと思われる。

　また，「彼女はすばらしい美人で，見識，才知，知性の持ち主だ
った」といわれることもある。ただし，シャジャル・アッドゥッル
が有能だったのは間違いないが，容姿に関する評は，後代の史家に
よる推測の産物とみなすべきであろう。さもありなんとは思われる
ものの，イブン・ワースィルをはじめ同時代の史家は，彼女の容姿
に触れていないからである。

■ マムルーク朝の確立

　アイバクの息子アリーは即位時に15才とまだ若く，スルターン
といっても名目的な存在にすぎなかった。彼のもとで主導権をめぐ
りアイバクのマムルークたちとサーリフの将軍たちが争い，そうし
たなか台頭したのが，アイバクのマムルークだったクトゥズである。
彼は，モンゴルが1258年にバグダードを征服してアッバース朝カ
リフを殺害し，さらにシリアを窺うようになると，この難局を乗り
切るには強力な支配者が必要だとの口実をもうけ，翌1259年にア
リーを廃し，自らがスルターン位に就いた。以後，あとを継いだ若
年のスルターンが短期間のうちに同様の理屈で有力な将軍に取って
かわられることが，マムルーク朝で幾度か繰り返されることになる。

　即位後のクトゥズは，シリアに逃亡していたバイバルス率いるバ
フリーヤ軍団と和解して共同戦線を張り，1260年9月，パレステ

ViewPoint

シャジャル・アッドゥッルにまつわ
る伝説にはどのようなものがあるだ
ろうか。

ィナのアイン・ジャールートでモンゴル軍を撃破した。ところがク
トゥズは，カイロに凱旋する途中でバフリーヤたちによって暗殺さ
れ，バイバルスがスルターンになった（在位1260～77年）。バイ
バルスは，モンゴルやシリアに残存する十字軍勢力との戦いを積極
的に遂行するかたわら，国家体制の整備を進め，それによりエジプ
トとシリアにおけるマムルーク朝の支配が確立したのであった。

■ マフミル

13世紀の写本に描かれたマフミル

このバイバルスを主人公にし，16世紀初めには成立していたと
考えられる説話文学が『バイバルス伝』である。そのなかでシャジ
ャル・アッドゥッルはカリフの娘であり，バイバルスは彼女とサー
リフ夫妻の養子ということになっている。このように『バイバルス
伝』は，史実をもとにしたフィクションではあるが，バイバルスや
シャジャル・アッドゥッルに対する庶民の見方を窺い知ることがで
きる点で興味深い。

例えば『バイバルス伝』では，シャジャル・アッドゥッルは，サ
ーリフの許しを得て，マフミルとともにメッカ巡礼に出かけたとさ
れる。マフミル（ないしマフマル）とはラクダの背におかれた輿で
ある。マムルーク朝スルターンは，それを巡礼団とともにカイロか
らメッカに送ることによって，メッカおよびメディナ両聖地の守護
者たることを内外に示した。すなわち『バイバルス伝』は，その伝
統の創始者をシャジャル・アッドゥッルとしているわけであるが，
彼女は実際にはメッカ巡礼に出かけていない。それでは，なぜ彼女
がマフミルと結びつけられたのであろうか。

これまでに出されたなかで最も説得力のある解釈によれば，次の
通りである。マムルーク朝時代には何人ものスルターンの妻妾や女
性親族がメッカ巡礼に出かけた。それは巡礼の支援が彼女たちにと
って自らの篤信を示すための主要な手段だったからである。また，
多くの人々にとって，宮廷女性をみかける機会は，彼女たちが巡礼
に出かけるときをおいてほかにほとんどなかった。こうしてマムル
ーク朝の宮廷女性とメッカ巡礼が強く結びつけられるようになり，
やがて彼女たちの代表者であるシャジャル・アッドゥッルをマフミ
ルの伝統の創始者とする伝説が形成されたのだという。

■ ウンム・アリー

ウンム・アリー

シャジャル・アッドゥッルに関する伝説には，ウンム・アリーと
いうエジプトのお菓子の誕生秘話もある。ウンム・アリーとはパン・

プディングである。クロワッサンを使えば簡単につくれるので，興味のわいた人はインターネットでレシピを検索して試してみてほしい。

　さて，ウンム・アリーは「アリーの母」を意味する。現在流布しているその誕生秘話によれば，ウンム・アリー，すなわちアイバクの子アリーの母がシャジャル・アッドゥッルの死後，それを祝ってつくらせたお菓子が彼女の名で呼ばれるようになったのだという。しかし，ウンム・アリーというのは女性によくある呼称であり，特にアイバクの子アリーの母を指しているとは考えられない。いつ頃生まれたのかはわからないが，明らかに伝説である。

■ おわりに

　以上，それぞれ断片的ではあるが，複数の史料を比較し，政治状況などを踏まえて論理的に分析することで，シャジャル・アッドゥッルの実像に迫ってみた。様々な点を考慮に入れつつ，史料をみなくてはならないことがおわかりいただけただろうか。

　さて，何人かの史家は，アイバクによって1250年にマムルーク朝が始まったと記す。だが，前述のように，彼が名実ともにスルターンになったといえるのはせいぜい1254年以降である。しかも，その後もシャジャル・アッドゥッルの発言権は依然として大きかったらしい。マムルーク朝はやはりシャジャル・アッドゥッルから始まったとするべきであろう。

　あらためて考えてみると，彼女の統治がシリアなどで承認されなかったのは，女性だったからなのだろうか。たしかに彼女は，女では国を治められないという理由で退位させられた。しかしそれは，マムルークたちがシリアの状況をみていいだしたことである。彼女の退位後に上エジプトで起こったアラブ部族の反乱では，アイユーブ朝の奴隷だったマムルークたちの支配は受け入れられないとの主張がなされたともいわれる。シャジャル・アッドゥッルの統治が問題視されたのは，それが女性によるものであったからよりも，元奴隷によるものであったからではないかとも考えられる。いずれにせよ，彼女は奴隷身分上がりのマムルークたちがエジプト，そしてシリアの統治者になる地ならしをしたのであった。その意味でも，マムルーク朝初代元首はシャジャル・アッドゥッルだったといえるであろう。

ViewPoint

なぜシャジャル・アッドゥッルの統治はエジプト以外で認められなかったのだろうか。あらためて考えてみよう。

読書案内

佐藤次高『マムルーク』東京大学出版会, 1991 年
『十字軍全史』新人物往来社, 2011 年

参考資料

Anonymous, *al-Ḥawādith al-jāmiʿa wal-tajārib al-nāfiʿa fī al-miʾa al-sābiʿa*, ed. Muḥammad Riḍā al-Shabībī & Muṣṭafā Jawād, Baghdad, 1932.

Ibn Wāṣil, *Die Chronik des ibn Wāṣil*, ed. Mohamed Rahim, Wiesbaden, 2010.

Al-Makīn b. al-ʾAmīd, "La chronique des Ayyoubides," ed. Cl. Cahen, *BEO* 15(1955-57), pp. 109-184.

Al-Nuwayrī, *Nihāyat al-arab fī funūn al-adab*, ed. Muhammad Diyāʾ al-Dīn al-Rayyis, vol. 29, Cairo, 1992.

歴史学研究会編『世界史史料2 南アジア・イスラーム世界・アフリカ 18 世紀まで』岩波書店, 2009.

Humphreys, R. Stephen. From Saladin to the Mongols. Albany, 1977.

Rāġib, Yūsuf. "Une lettre de Šağar al-Durr au futur sultan Qutuz", Annales Islamologiques 48.2 (2015), pp. 135-166.

Ruggles, D. Fairchild. Tree of Pearls. Oxford, 2020.

Schregle, Götz. Die Sultanin von Ägypten. Wiesbaden, 1961.

『岩波イスラーム辞典』岩波書店, 2002.

『平凡社大百科事典』平凡社, 1984-91.

図版出典

G. Schregle, *Die Sultanin von Ägypten*, Wiesbaden, 1961.	61
Add MS 18866, British Library, in Qatar Digital Library	64 上下
British Museum 所蔵／ユニフォトプレス提供	72
著者提供	74, 81 下
Doris Behrens-Abouseif 氏提供	75
Musée du Louvre 所蔵	77
Jorg Láscar 氏提供	79
MS Arabe 5847, Bibliothèque nationale de France	81 上

中世地中海の人の移動

ジャコモ・デ・ボカシオの遺言書を手がかりに

髙田　京比子

■ 史料としての遺言書

　本視点では，北イタリア出身のジャコモ・デ・ボカシオという人物が，14世紀のキプロス島で残した遺言書を手がかりに，当時の人々，特にイタリアの人々の地中海での移動の様子を紐解いていくことにしたい。

　まず，中世ヨーロッパ史における遺言書とはどのような史料か，その説明から始めよう。遺言書はいうまでもなく人々が死に臨んで，あるいは死を想定して自分の財産をいかに残すか，を記した法的効力をもつ文書である。南欧では公証人と呼ばれる専門の文書作成能力と法知識をもつ人々が，遺言者の依頼を受けて作成した。遺言書はそれに基づいて厳正に遺産分配を行うことを目的としているために，遺言者の意思に基づいて正確に記されるのが常である。またのちに財産をめぐって訴訟などが起きた場合，参照される重要な証拠であったために，保管もされやすかった。その意味では，史料が作成された当時の「事実」をそのまま現在まで伝える，ありがたい史料ということができるだろう。中世後期のヨーロッパでは遺言の慣習は幅広い階層に広く普及し，多くの遺言書が様々な形で現在まで残されている。

　ところで，このような名もない個人の遺言書から，どのように歴史の一面を浮かび上がらせることができるのだろうか。ここでは次のことを指摘するにとどめたい。かつての歴史学では，政治や外交，国家制度の変遷などが重視され，一般の人々の生活に関心が向くことは少なかった。したがって遺言書のような史料も，脚光を浴びることはなかった。しかし，社会史と総称されるジャンルの隆盛に伴い，過去の普通の人々の家族のあり方や人的ネットワーク，各個人の信仰のあり方にも関心がもたれるようになった。そのなかで遺言書も，当時の社会を知る重要な材料として注目を集めるようになったのである。遺言書は現在まで多くの研究者に利用されており，日本でもいくつかの研究を参照することができる。

　それでは，史料の冒頭部分を読んでみよう（以下史料はすべて拙

訳。読みやすさに配慮し意訳している。〔　〕内は訳者による補足・
解説）。

史　料

　　永遠の神の名において。アーメン。我が主イエス・キリストの
受肉より 1360 年，2 月 24 日，第 14 インディクティオ。キプロス
島キプロス王国の都市ファマグスタにて。我々すべては死ぬ身で
あり，あたかも水のように流れ去るものであり，我々の日々は影
のように通り過ぎる。そして将来は大抵あらかじめ考えた通りに
なるものなので，将来について備えるのは賢いことである。死よ
り確かなものは何もなく，死の時刻より不確かなものは何もなく，
誰もが自身の人生をどのように生きてきたかについて神に報告せ
ねばならないが，報告を行う日と時はすべての人間にとって不確
かである。それゆえフェラーラ出身の故ウゴリーノ・デ・ボカシ
オの息子でヴェネツィア人，前述の都市ファマグスタの住人であ
る私ジャコモは，ひどい病気に苦しんでいるので，しかしイエス・
キリストの恩寵により精神は正気であり健全であるので，次のよ
うに用心深く考えた。誰も死の危機を避けることはできない。死
ぬ日は誰にとっても不確かである。それゆえ，自身の財産の処置
や分配を定めぬままあとに残し，遺言を残さずに死ぬことがない
ように，各々気をつけるべきである。そこで私はヴェネツィアの
駐キプロス領事殿の書記で公証人であるマントヴァ出身のニコ
ラ・デ・ボアテリスを私のところに呼び，彼に私の遺言書を下記
のように作成し完成するように頼んだ。
　　　　　　　　　『ニコラ・デ・ボアテリス』史料番号 157

(1) 受肉は，神の子イエスが人の形をとっ
てこの世に生まれたという意味で，
要するに紀元 1360 年ということ。イ
ンディクティオは 15 年周期の年代単
位。もとは，ローマ帝国の地租を指
し，やがて課税の基礎となる資産評
価見直しまでの年限を意味するよう
になった。4 世紀以降，公文書・私文
書において年代を示すための重要な
要素の一つとなる。15 年周期のうち
の何年目にあたるかが，インディク
ティオで示される数であり，15 年周
期のサイクルが何回繰り返している
か，ということは記されない。

(2) 原語はバイロであり，領事というの
は正確な訳ではない。バイロは一般
には領事のように外国において自国
民の保護を請け負うが，大使のよう
に相手国と外交を行うこともあった。
キプロス島のバイロの権能について
は，さらに調べる必要がある。

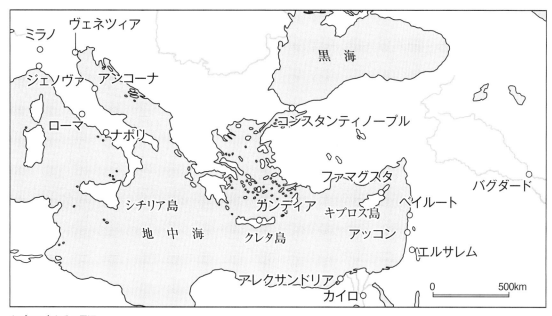

キプロス島とその周辺

この遺言書は，史料にもあるとおり，キプロス駐在のヴェネツィア領事の書記である公証人によって作成されたものである。日付は1360年となっているが，当時のヴェネツィアでは新年は3月1日に始まったため，現在の暦に直すと1361年が正しい。キプロス島で作成されているものの，ヴェネツィア領事の書記である公証人によって書かれているので，ヴェネツィアの慣習に従っているのである。

　では，こうして今から650年以上前に作成されたジャコモの遺言書は，どのようにして現在まで伝わることになったのだろうか。実はこの遺言は，公証人が依頼人のために作成する公正証書（我々が遺言書と聞いて，普通に思い浮かべるもの）の形で残っているわけではない。公証人は自身が依頼を受けた，遺言書に限らない様々な契約を，自分専用のノート（公証人登記簿）に記録しておくのが常であった。ジャコモの遺言書を作成した公証人もそうである。彼は，駐キプロス領事の書記という公務の傍らヴェネツィア人を中心とする私人の契約を請け負っており，それらを自身の登記簿に記録していた。彼の登記簿はヴェネツィア政府の管理となり，現在はヴェネツィア国立文書館に保存されている。そして1973年に『ヴェネツィアの歴史のための史料』集のなかの「公証人史料部門」の一つとして刊行された。上の日本語訳は，ラテン語で記されたその刊行史料をもとに作成したものである。イタリアではこのような公証人登記簿は大量に残されており，それらのいくつかは刊行されている。

14世紀の公証人登記簿（ステファノ・ボノのもの）

　さて，史料に目を移すと，まず遺言書を残す理由が長々と書いてあるのに気づくだろう。神への言及などキリスト教的色彩が強い文言もあり，中世ヨーロッパでキリスト教が浸透していたことをよく示している。ただ，注意しなければならないのは，この部分は遺言者が公証人に伝えたというよりも，公証人が書式集に基づいて書いた定型表現だということである。実は，遺言書に書かれる内容は一般に決まっていた。ヴェネツィアの場合，日付，場所，ほぼ定型句としての遺言書を残す理由（なお常に病気が理由とは限らない。巡礼などの旅で遠方に赴く場合もあれば，女性の場合は妊娠――当時出産は余程危険を伴った――も遺言書を残す理由となった），遺言者や公証人の名前と続き，その次は，遺言者の死後に遺産分配を請け負う遺言執行人の名前が来る。遺言執行人は近しい親族が指定されることが多いが，適当な親族がいない場合は，聖職者や友人なども遺言執行人に指定された。続いて宗教団体や個人への遺贈のリストが列挙され，それから不動産など残りの財産を誰が相続するかが

述べられる。動産の遺贈リストと不動産の処置については逆の場合もあった。親族や親しい人々に対して財産をどのように分けるか，ということが記されるのは遺言書なのでいわば当然であろう。が，それに加えてキリスト教が幅広く信仰されていた中世ヨーロッパでは自分の魂の救いを願って聖職者や教会・修道院などへ遺贈するのも常であった。貧者への施しが行われることもあった。最後に，遺言執行人に対して様々な必要な法的行為をなす全権を移譲すること，遺言に反した場合の罰金などが書かれる。これも冒頭と同じく定型句であった。

　こうしてある程度定型に則って作成されているため，また，古い時代にもかかわらずまとまった量が残されているため，遺言書はしばしば統計的分析をするための素材として扱われた。つまり定型句は無視して，誰を遺言執行人や相続人に指定するか，誰に遺贈するか，どのような宗教施設にどのような遺贈を行っているか，などを数量的に調査するのである。こうして過去の人々（そこには女性も含まれる）の家族観や人的ネットワークを再構成するために，あるいは時系列に沿って分析することで宗教心の移り変わりをみるために活用されてきた。日本でも例えば，ギリシア正教とカトリックが交わる中世クレタ島において宗教的越境はあったのか，という問題が遺言書を通じて調査されている。反対に統計処理は行わず，遺言書にあらわれる個々の情報により即して分析を行う場合もある。本視点でも遺言書を統計的に扱うのではなく，一つの遺言書を手がかりに，当時の社会の一面を垣間見ることにしたい。

　では史料に戻って，遺言者であるジャコモがどのような人物かをみよう。「フェラーラ出身の故ウゴリーノ・デ・ボカシオの息子でヴェネツィア人，前述の都市ファマグスタの住人」と説明がある。遺言書を始めとする公証人文書（公証人が記した契約文書）では，このように依頼者の名前だけではなく，どこのどのような人物かを書く場合が多い。例えば，ヴェネツィア市内の遺言書であれば，名前のあとに，大抵ヴェネツィアの街区名が付与されている。女性の場合は，誰の妻（夫がすでに死亡の場合は，誰の寡婦）か，あるいは娘か，といったような情報も付与されるし，男性の場合も父親の名前まで書く

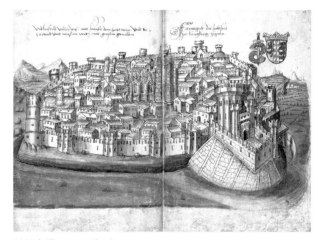

1480 年頃のファマグスタ

場合もある。

　ただここで興味深いのは，フェラーラ出身者が，ヴェネツィア人としてキプロス島のファマグスタに来て住んでいる，ということである。ファマグスタは，地中海の東の端にあるキプロス島のなかでもさらに島の東にある港町で，当時は国際商業ネットワークの中心的市場であった。それゆえ，地中海貿易で栄えた海港都市であるヴェネツィアから商人がやってくることは，想像に難くない。遺言書からわかるように，ヴェネツィアはキプロス王国に領事も派遣している。一方，ジャコモの出身地であるフェラーラは北イタリア，ポー川の下流にある中規模の内陸都市である。13世紀初めはポー川を通じた交易活動の市場として栄えていたが，やがてヴェネツィアとの競争に負けたこともあり，強力な商人層は育たなかった。このようにいくぶん対照的な二つの都市であるが，それに加えて当時の北イタリアはそれぞれの都市が独立した都市国家を形成しており，ヴェネツィアもフェラーラもそのような都市国家の一つであった。つまりヴェネツィアにとってフェラーラ出身者は一種の外国人であり，このような外国人にはヴェネツィアでの海外貿易の権利は認められていなかったのである。ここから，ジャコモは地中海における二重の移動を体現している人物だといえるだろう。つまり，フェラーラ人がヴェネツィア人になる移動，そしてそのヴェネツィア人がファマグスタの住人となる移動である。もちろんあとでみるように，フェラーラ人がまずファマグスタに来て，そこでヴェネツィア人になるという可能性もある。いずれにせよジャコモという人物は，地中海の移動を考える上で興味深い事例を提供している。

■ キプロス島とヴェネツィアの関係

　では，この本国を遠く離れた人物は実際どのような遺言を残したのだろうか。遺言書本文を読む前に，ジャコモの移動を支える歴史的な大枠とシステムを押さえておくことにしよう。遺言書からは少し離れるが，それぞれの背景知識を構成するための史料にも触れつつ，話を進めることにしたい。まずは，ヴェネツィアとキプロスの関係から始める。

　11世紀以降，地中海で東方（地中海東部沿岸地方）との交易活動が盛んになったことはよく知られているだろう。ヴェネツィアなどの海港都市は早くから，ビザンツ帝国の首都であるコンスタンティノープルや，エジプトのイスラーム王朝と交易関係をもっていた。また同世紀末に始まる十字軍の遠征はエルサレム王国をはじめとす

Column

出身地の同定方法

基本的に「de＋地名」と書いてあれば出身地の可能性が高いが，先祖の出身地であったり姓に転嫁していたりする場合もあるので確定は難しい。姓のあとに「de＋地名」が付いていれば，ほぼ出身地であろう（なおここでヴェネツィア人と訳したのは venetus という単語で，中世ではヴェネツィア人を指すため一般に使われた）。詳しくは，髙田京比子「中世地中海の移動——キプロスとクレタの「ヴェネツィア人」」前川和也編著『空間と移動の社会史』（ミネルヴァ書房　2009年，p.185～213），亀長洋子「キオスに集う人々——中世ジェノヴァ人公証人登記簿の検討から」歴史学研究会編『港町と海域世界』（青木書店　2005年，p.333～363）を参照。ジャコモの場合，あとでみるように姉妹がフェラーラにいることからほぼ間違いなくジャコモ自身がフェラーラ出身だと考えられる。

る十字軍国家の建設に至り，ジェノヴァなどの南ヨーロッパの海港
都市にさらなる地中海・東方への進出の機会を与えた。13世紀に
はヴェネツィアがクレタ島やネグロポンテ（エーゲ海西部に位置す
るエヴィア島の古名）などの海外領土を東地中海に獲得し，黒海も
西欧商人に開かれる。14世紀前半，教皇はムスリムとの交易を厳
しく禁止するが，禁止令にもかかわらず交易は継続し，やがて交易
許可に伴ってヴェネツィアが大々的にシリア・エジプトに船団を送
るようになった。ジェノヴァをはじめとする他の海港都市も東方と
の貿易を活発に行った。こうして12～14世紀に地中海貿易は大
いに拡大・活性化したわけだが，ヴェネツィアとキプロス島の関係
も大枠ではこの流れのなかに位置づけられる。

　12世紀のキプロス島はビザンツ帝国の支配下にあり，この時す
でにヴェネツィア人が出入りしていた。島の南西部のリマソルやパ
フォスで活動し，リマソルにヴェネツィア人が所有していた財産は
かなりのものであったらしい。しかし，第3回十字軍の時代に島の
運命は大きく変わる。フランス出身ですでにエルサレム王国に基盤
を築いていたギー・ド・リュジニャンがキプロスを獲得し，1192
年にリュジニャン朝が始まるのである。このあとすぐにキプロスは
リュジニャン家を王と戴くキプロス王国になり，西欧の地中海沿岸
都市から多くの商人が訪れるようになった。13世紀の末からは，
島の東のファマグスタが国際商業ネットワークの中継地・中心市場
として大いに発展する。シリア・パレスチナ地方に築かれた十字軍
国家の最後の拠点であったアッコンがマムルーク朝の攻撃を受けて
陥落したことや，教皇庁によるムスリムとの交易禁止令のため，西
洋キリスト教諸都市は大々的に
エジプトやシリアと直接交易す
ることができなくなったからで
ある。ファマグスタの発展に伴
い，ジェノヴァ人，ピサ人と並
んで，ヴェネツィア人もファマ
グスタに共同体を確立し，領事
を派遣するようになった。14
世紀前半には，ヴェネツィアか
らキプロス島に向けての商船団
が組織され，多い時では10隻
に上る船が交易のために派遣さ
れる。キプロス航路は，エジプ

ViewPoint

史料を読むためには，その史料が書
かれた当時の歴史的背景を押さえて
おくことが大切だ。ここでは14世
紀のキプロス島で，なぜ北イタリア
出身の人物が遺言書を残すことに
なったのかを知るために，中世地中
海の交易網についてまとめておこ
う。

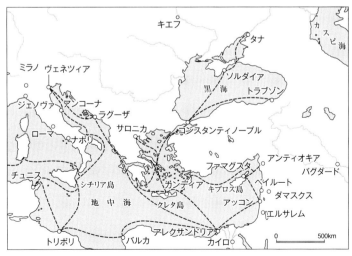

中世東地中海におけるヴェネツィアの貿易路

トに向かうアレクサンドリア航路やシリアに向かうベイルート航路
が開設されたあとも，1370年代まで続いた。西洋からキプロスには，
織物，木材，鉄，銀，そのほかの品物が運ばれ，キプロスから西洋
には砂糖，塩，絹，香辛料，綿，ワインや穀物や豆類や油などが運
ばれた。多くの商人——ジェノヴァ人，フィレンツェ人，ピサ人，
アンコーナ人ほか，マルセイユ，モンペリエ，ナルボンヌなどの南
仏，シチリア，カタロニアの出身者など——が南ヨーロッパから訪
れ，キプロス王はこれらの商人に特権を与えてキプロス王国の市場
を活性化した。

　以上が当時のヴェネツィアとキプロスをめぐる大きな歴史的背景
である。では，両者の間にはどのような取り決めがあったのだろう
か。実はこのような外交関係に関わる事柄は，古くから歴史家の関
心を引いており，すでに19世紀に多くの史料が刊行されている。
ヴェネツィアとキプロス王国の協約もそのなかに含まれており，伝
来する最も古いものはヴェネツィアの要請に応じてキプロス王国の
支配者（この時は，たまたま王に反抗した人物が，支配者として統
治していた）と結ばれた1306年の協約である。全文は長いので紹
介することはできないが，史料の一部を要約したものをみてみよう。
例えば

> 史　料
>
> 　ヴェネツィア人は，キプロスのすべての島と王国において自由
> な特権をもつ。いかなるヴェネツィア人も，買ったり売ったり量
> ったり測ったりする際も，出入りの際も，認められた港で留まる
> 際も，ほかのフランク人〔＝ローマ・カトリック世界出身者の総称〕
> が税を払っていないところでは，いかなる税も支払わない。……
> 　もしヴェネツィア人とヴェネツィア人の間で，なんらかの係争
> があるなら，ヴェネツィア人の法廷で決定される。誰かヴェネツ
> ィア人でない人が，ヴェネツィア人に対して苦情や係争がある場
> 合，同じくヴェネツィア人の法廷で決着される。しかしヴェネツ
> ィア人がヴェネツィア人でない人に対して，苦情や係争があるな
> ら，王国の法廷などで決定される。
>
> 　　　　　　　（『ヴェネツィア—東方公文書集1』史料番号23より）

というようなことが取り決められている。ほかにも，ニコシア（王
宮所在地），リマソール，ファマグスタにおいて教会や広場や領事
の館をもつ権利などが認められている。これらが代表するように，
協約では主にヴェネツィアの通商特権，領事の監督権などが認めら
れた。このような特権に対して，ヴェネツィア側は，キプロス王国
に対して友好的であること，王国に対抗して結社をつくったり敵対

海外のヴェネツィア人

海外とヴェネツィアの協約にあらわ
れる「ヴェネツィア人(venetus)」
は単にヴェネツィア生まれのヴェネ
ツィア人を指すだけでなく，ヴェネ
ツィアが東地中海に領土や居留地を
もったこともあり，より複雑で曖昧
である。この1306年の協約の引用
部分についても，最初の条項の原語
は「ヴェネツィア人と，ヴェネツィ
ア人として税を(?)免れている人
(Veneti et qui se affranchant
pro Venetis)」であり，ヴェネツィ
ア生まれのヴェネツィア人のほか
に，ヴェネツィア海外領土の住民や
聖地の十字軍国家にいたヴェネツィ
ア人など，より幅広い層が想定され
ていると考えられる。この部分はの
ちの協約では「ヴェネツィア人と，
ヴェネツィア元首殿及びヴェネツィ
ア・コムーネの臣民」という表現に
変えられている。

勢力を援助したりしないこと，自分のいる場所が攻撃された場合は防衛に参加すること，などを約束している。この協約は1328年，1360年に更新された。基本的にヴェネツィアとキプロス王国の関係は良好であり，この状況はヴェネツィアのライバルであるジェノヴァがファマグスタを占領するに至る1373年まで続いた。

さて，協約には上で具体的に紹介した2条項のほかに9項，すなわち全部で11の条項がヴェネツィア側に認められている。そのなかで，遺言書に関連して興味深いのは，次の条項である。

史　料

　もしヴェネツィア人が王国のどこかで，遺言書を残してあるいは残さずに死んだならば，彼の財産はヴェネツィア人の権力下に帰す。もしヴェネツィア人や彼の財産が，王国の支配者に何らかの形で義務を負っているのでなければ。負っている場合は，まず支配者が満足させられ，残りがヴェネツィア人の権力下に帰着する。

（『ヴェネツィア―東方公文書集1』史料番号23より）

通商や司法に関するヴェネツィアの権利が定められるなかで，なぜキプロスで死んだヴェネツィア人の財産の話が出てくるのだろうか。実は，このような死亡した人の財産に対する条項の存在は，ヴェネツィアとキプロス王国との協約に限ったことではない。が，ここではキプロス王国で知られていた法をみることで，この条項の背景を考えてみたい。リュジニャン朝が支配するキプロス王国には支配層として王と貴族がいたが，都市の自由民を中心とする非貴族のためにブルジョワ会議と呼ばれる公的な集まりが存在した。14世紀の写本が伝来するその会議の法令集によると，遺言なくして死んだ人の財産について次のように定められている。すなわち，彼にいかなる親族もいない場合，聖職者であったり修道院に入っていたりしない限り，その者の財産は君主に所属した。また同じく遺言なくして死んだ人について，親族が海外にしかいない場合は，その者の財産はまず君主に委ねられた。そして1年と1日待っても親族が出頭しなければ，その財産は君主のものとなった。また，妻がいる場合は妻に第一の相続権があるなど，ヴェネツィアの無遺言相続の原則とは異なっている。そこでヴェネツィア人は，キプロス王国で死んだヴェネツィア人の財産が王に没収されたりすることがないように，また遺言書がヴェネツィアの法慣習に従って正しく遂行されるように，協約でこの条項を入れたのではないだろうか。この規定は，キプロスで亡くなった人の財産をヴェネツィアの管理下にとどめて

Column

ブルジョワ会議とその法令集

「ブルジョワ」とは自由人の非貴族でたいてい都市に住む人々を指したが，刑事裁判に関してブルジョワ会議はすべての非貴族の案件を扱った。ヴェネツィア人やジェノヴァ人のように司法上の特権をもっている人々も殺人や流血事件，窃盗については，ここで裁かれたと思われる。ここで言及した法令集（いわゆる『クール・デ・ブルジョワ（＝ブルジョワ会議）の法書』）は，15～16世紀に遡る二つのギリシア語写本から英語に訳したもの（本視点末尾の参考史料参照）を使った。内容的には，14世紀初めにニコシアの書記によって書かれた（つまり写された）と考えられるフランス語写本と，ほとんど同じである。ネイダーの考察によると，『クール・デ・ブルジョワの法書』は，もとは13世紀のアッコンで編纂されたもので，その時の法的現実をある程度反映している。ニコシアで写本がつくられていることから，キプロス王国でも影響力をもったと考えられるだろう。ただネイダーは，14世紀前半のニコシアでブルジョワ会議についてほかの法令集（『クール・デ・ブルジョワの法書要約』）が存在したことも述べており，議論の余地はある。写本で伝わっている史料の時代・場所の特定は遺言書に比べると余程厄介である。十字軍国家におけるブルジョワの定義や法書史料の種類・問題については，櫻井康人『十字軍国家の研究』（名古屋大学出版会 2020年，p.254～264）を，またキプロス王国を含めた議論については，M. Nader, *Burgesses and Burgess Law in the Latin Kingdoms of Jerusalem and Cyprus(1099-1325)*, Aldershot, 2006. を参照した。

おく必要が意識され，協約に明記された点で興味深い。通商や司法に関する事柄はもちろんのこと，死者の財産に関してもヴェネツィア人の権利の保護が必要であるほど，多くのヴェネツィア人がキプロスを訪れたりそこに滞在したりしていたのだろう。ジャコモもそのようなヴェネツィア人の一人であった。

■ ヴェネツィアの市民権

　次に，フェラーラ出身者がどのようにして「ヴェネツィア人」になることができたのか，このような人は多かったのか，という問題を解決しておこう。先ほども述べたように，当時のイタリアは都市国家が林立しており，ヴェネツィア，ジェノヴァ，フィレンツェなどの都市は独立した国といってよかった。したがってヴェネツィアでも，ヴェネツィア生まれ以外の人はいわば外国人であった。つまり，都市ヴェネツィアとその周辺の島々，対岸の帯状の狭い領域に住む人々は，ヴェネツィア人として同市内で様々な経済的特権を享受する権利をもっていたが，他所の都市出身者には，そのような権利はなかったのである。例えば，ヴェネツィア市内で取引する場合，外国人が支払わねばならない税金は，ヴェネツィア人が支払う金額の2倍近くになった。またヴェネツィアでは外国人同士が直接取引することは禁じられていた

ViewPoint

フェラーラ出身のジャコモがどのようにして「ヴェネツィア人」になったのだろうか。またジャコモのように他都市出身で「ヴェネツィア人」になり，地中海に赴く人は多かったのだろうか。2番目の問いに答えるためには，ある程度数量的に調査できる史料を利用することが必要である。

　しかし，ヴェネツィアは西欧と東地中海を結ぶ遠隔地交易の結節点であり，経済的に繁栄していたので，周辺領域から多くの人口流入があった。このような人々をコントロールするために，1305年から法令が定められ，余所者にヴェネツィア人の資格が与えられるようになる。13世紀にも10年の居住でヴェネツィア人の資格を与える慣習があったようであるが，参照できる法令は残されていない。

　さて，ヴェネツィア人の資格には二つのカテゴリーがあった（このカテゴリーは1323年の法令から登場する）。一つは，内部市民権（de intus）と訳せるようなものであり，15年の居住と税金の納入で，ヴェネツィア人と同様にヴェネツィアで商取引することができる資格である。もう一つは外部市民権（de extra）であり，居住年数は25年であった。卸売で商売し，「航海する」つまり海を通じて商品を運ぶ自由を伴う。これらの条件を満たしたものは，自治都市政府監督官に申請し，同監督官の承認を得て，元老院で最終的に採決されて，市民権を得た。しかし法的要件を満たしていない人でも「恩恵」によって特別に市民権を与えられることがあり，その場合は，ヴェネツィア政治のトップである元首と元首評議員に嘆願を

ヴェネツィア

行って，四十人会，大評議会で採決が採られた。元老院，四十人会，大評議会はすべてヴェネツィアの評議会の名前である。

　このような市民権については，かつてヴェネツィア大学歴史学部の教授であったミュラーが指導した大規模な調査により，現在オンラインでデータベースが利用可能になっている。彼のチームはヴェネツィア国立文書館に保存された元老院決議と恩恵授与決議を中心に様々な史料を駆使し，1188年から1500年までに市民権を得た人をほぼ網羅した。その数は全部で4000件近くになる。データベースは様々な指標で検索が可能で，例えば，「フェラーラ」で検索すると，フェラーラ出身で内部市民権，あるいは外部市民権を得た人の一覧を手に入れることができる。ただ残念ながらジャコモの名前は，このデータベースにみつけることはできない。

　理由はいくつか考えられる。まず，ミュラーの調査は市民権取得者を「ほぼ」網羅しているが完璧なものではなく，記録が漏れてしまった，という可能性である。次に，こちらの方がありそうだが，正式にヴェネツィアの当局から市民権を得たものの，そもそも記録に残らなかったという可能性である。実は1348年の黒死病後や14世紀半ばのジェノヴァとの戦争の最中は，ヴェネツィア人の人数を増やすために，様々な措置が採られた。その一つは，ネグロポンテやクレタなどの海外領土の各都市の当局に広範な権力を与え，これらの場所に最低10年は住んでいる人に市民権を与えることを可能にした，というものである。つまり，ヴェネツィア市内で所定年数住まなくても，何らかの手段によってヴェネツィアの海外領土に移住し，そこで所定年数住んだ人には，その地の役人の権限によって市民権が与えられたのである。この場合はヴェネツィア本国の記録には残らないだろう。第2の措置は，ヴェネツィア人の資格を得るために必要な居住年数を減らし，さらに手続きを簡素化したことである。少なくとも1348～52年の間は，居住年数の要件なしに，自治都市政府監督官に申請するだけで内部市民権が得られるようになった。外部市民権は10年の居住で得られるようになった。自治都市政府監督官の記録は残されていないため，この間に市民権を取得した人は，ミュラーの調査からは漏れている。年代からして，ジャコモはこの間に市民権を獲得した可能性がある。最後に，実はジャコモは，ヴェネツィア本国にせよ海外領土にせよ，正式にはヴェネツィア当局から「ヴェネツィア人」の資格を取得していない，という可能性も捨てきれない。というのも，先のキプロス王国との協約には，「ヴェネツィア人として知られていない誰かがいて，この

ことについて疑念がある場合，そのものが二人の証人を王国の役人の前に連れてきて，彼はヴェネツィア人であると誓わせるならば，ヴェネツィア人とみなされる」と定めた条項があるからである。この条項は1306年だけでなく，1328年も1360年も繰り返されている。もちろん偽証は許されなかったであろうが，キプロス島でヴェネツィア人社会に溶け込んでヴェネツィア人として活動していれば，ヴェネツィア政府の正式認可がなくても，案外「ヴェネツィア人」だと証言してもらえたかもしれない。結局ジャコモ・デ・ボカシオがいつどこでヴェネツィア人の地位を得たかは不明なままである。

　海外のヴェネツィア市民権についてはわからないことも多く，ここで詳細に立ち入る余裕はない。が，ヴェネツィア側に移民に対してヴェネツィア人の地位を付与する制度があったことと，このようにして付与されたヴェネツィア人の権利は協約により海外でも有効であったことは確認しても良いだろう。ジャコモが「ヴェネツィア人」となった背景にはこのようなシステムが存在した。

　では，ジャコモのように，内陸都市の出身者でありながら，ヴェネツィア市民権を獲得して海外で生活する人はどの程度いたのだろうか。人口統計など正確なものがない中世であるので，確実なことはいえない。しかし，ある程度参考となるデータは集めることができる。ここでは二つのデータ——一つ目は公証人登記簿，二つ目は外部市民権を取得した人のデータベース——を検討してみよう。

　まず公証人登記簿からみていこう。先に遺言書がしばしば統計処理に付されることは述べたが，その遺言書が含まれている公証人登記簿も数量的処理が可能な類の史料であった。そこで，ジャコモの遺言書を記載したニコラ・デ・ボアテリスの登記簿に，ジャコモのような人がどの程度含まれているかを調べることが，まず必要な作業となるだろう。さて，ボアテリスの登記簿から，ファマグスタで作成された契約の当事者，相手，契約の最後に証人として署名している人，そのほかの登場人物を抽出すると，全部で約500名の名前（同一人物の可能性のある人は削った）を集めることができる。このうち他都市出身者でヴェネツィア人の資格を取得している人が，ジャコモのほかに何人みられるか調べてみた。結果は，2名がそれぞれフェラーラ，ミラノの出身の可能性がある，というものであった。したがってこの調査からは，ジャコモのような人間はあまりみられない（ただし皆無ではない），ということがいえそうである。さらに，この約500名の内訳を見ると，より多くの内陸都市に関する情報を集めることができる。出身地がわかる登場人物の多くは

ヴェネツィア生まれのヴェネツィア人であり（100名以上），その次に来るのはジェノヴァ，カンディア（クレタ島）といった代表的な港町の地名・あるいはそこの市民だという肩書きを冠した人々であるが（順に約20名，約30名），フィレンツェ，クレモナ，ヴェローナ，パドヴァ，フェルトレ，ベッルーノなど複数の内陸都市の都市名もみられるのである。残念ながらその数は一桁であって，あまり多いとはいえないが，キプロス島を訪れる人は港町の商人に限られなかったことが窺える。つまり，ボアテリスの登記簿の調査からは，次のことがわかるだろう。まず，決して多い数ではないものの，多様な内陸都市関係者が地中海に赴いていたこと。そして，そのなかにはジャコモのようにヴェネツィア市民権を取得している人もいるかもしれないこと，である。

　次に別の角度から，移動の様子をみてみよう。先にも述べたように，市民権取得者のデータベースがあるので，それを利用し，海外貿易に携わる資格をヴェネツィアで取得した人の人数を調査するのである。海外貿易に携われるから海外に行く，というわけではないし，ヴェネツィア人の資格がなくても地中海に赴くことはできるので，厳密には内陸都市出身者が地中海に赴く可能性と，ヴェネツィアの外部市民権の資格の取得はイコールではない。ただし内陸都市出身者が地中海での交易と接点をもつ一つの指標にはなるだろう。

　ミュラーの調査は様々な指標で検索がかけられるようになっているが，その一つに特権の資格があり，外部市民権を取得した人のみのデータを抽出することが可能である。そこで14世紀の間に外部市民権を取得した人の数を調べてみると，下の表のようになる。1323年以前には外部市民権という区分はなかったはずだが，おそらく海外で市民権が有効となっている事例を外部市民権とみなしているのだろう。

～1299年	1300 ～1309年	1310 ～1319年	1320 ～1329年	1330 ～1339年	1340 ～1349年
13件	104件	31件	39件	79件	168件

1350 ～1359年	1360 ～1369年	1370 ～1379年	1380 ～1389年	1390 ～1399年	合計
161件	216件	138件	182件	153件	1284件

　さて，当時のヴェネツィアの人口は黒死病前で10万人以上いたのではないかといわれているから，それに比べると外部市民権を取った人は少ないともいえるだろう。それでも，多い時には年間平均20人近くは海外貿易に携わる権利を得ていることになる。案外，

外部市民権を取得した人間は多いと考えられるのではないだろうか。

　ちなみに，この市民権を取得した人々はどこから来ているのだろう。試しに，ここでジャコモの遺言書が書かれた1361年における外部市民権取得者の出身地を調べてみた。合計21名であり，その内訳は以下のようである。

> トレヴィーゾ，ミラノ，ピストイア（2人），ヴェローナ（5人），アゾロ，ボルゴ・サン・セポルクロ，ルッカ（4人），チェゼーナ，フェルモ，フィレンツェ，ヴィチェンツァ，サン・セヴェリーノ，ドイツ

実に様々な都市，また中小都市からも外部市民権を取得していることがわかるだろう。先に確認したように，ジャコモのような人物は，非常に多いというわけではない。しかし，海港都市以外のイタリアの内陸都市出身者にも海外貿易に携わる機会，そして地中海へ赴く可能性はあった。データにあらわれない移動も当然あ

イタリア北部

ったであろうことを考えると，その可能性はさらに広がるだろう。

■ ジャコモの遺言書が開く世界

こうして，ジャコモの遺言書は，多くのヴェネツィア人がファマ
グスタに移動し共同体を形成していたこと，多様な内陸都市出身者
がヴェネツィア人となったり地中海に赴いたりしていたこと，とい
う二つの地中海での移動が交わる地点に位置している。遺言書は家
族史や宗教社会史の文脈で分析されることが多いが，それに限らず
このジャコモの場合のように，移動する人々の出自やアイデンティ
ティを探る方向にも貢献することができるのである。それでは，こ
れらの歴史的背景を踏まえたうえで，ジャコモの遺言書の本文を読
んでみよう。少し長くなるが，遺言書の全体像をつかむためにも，
残りの全文を掲載することにする。

史　料

そこ〔ジャコモが作成を依頼した遺言書〕において，私はファマ
グスタの住人で分別ある人々である，フェラーラ出身のナシンベ
ーネ殿，ベルトゥッチョ・デ・ジュリアーノ殿，カヴァルゼレ出
身のバルトロート殿を私の遺言書の遺言執行人とする。彼らは，
私が定め分配を命じたことに従って，私の死後，あらゆる方法で
与え，成し遂げ，遂行しなければならない。第一に私は，私の体
が神の命令によりこの世界の光から解放された時，ファマグスタ
の聖アウグスティヌス隠修士会の聖アウグスティヌス教会に埋葬
されることを望み命じる。そして私の財産から私の葬儀と埋葬，
キリストの貧者(3)のためにキプロスの100白ベザント(4)が支払われる
ことを望み命じる。以下は私の魂のため下記の教会や人々に与え
られ分配されるように遺すものである。まず私は，ファマグスタ
の聖アウグスティヌス隠修士修道院に，私の魂のためのミサを執
り行うために，100白ベザントを遺す。同様にファマグスタのフ
ランチェスコ会修道院に，この修道院のための年間聖句書を一つ
書くために100白ベザントを遺す。同様にファマグスタのドミニ
コ会修道院に，私の魂のためのミサを執り行うために，10白ベザ
ントを遺す。同様にファマグスタのカルメル会修道院に，私の魂
のためのミサを執り行うために，10白ベザントを遺す。同様にフ
ァマグスタの大教会に建築作業の援助のために，10白ベザントを
遺す。私の聴罪司祭でモデナ出身のフランチェスコ会修道士レオ
ナルドに，10白ベザントを遺す。フェラーラ出身の修道士でカル
ビ司教であるアンドレアには，彼のミサを執り行う際私の魂のた
め神に祈るように，50白ベザントを遺す。同様に上述の私の遺言
執行人でヴェネツィア出身のベルトゥッチョ・デ・ジュリアーノ
には，彼の娘のイザベッタを養育し結婚させる援助として，100
白ベザントを遺す。ただしもしイザベッタが合法的な結婚で結ば

ViewPoint

実際に遺言書を読んで，ジャコモが
どのように自分の財産を残そうとし
たのか，まとめてみよう。

(3) 中世後期の遺言書で度々言及される
「キリストの貧者」は，キリスト教徒
の貧者（経済的に貧しい人々）を指す。

(4) 白ベザントはキプロスで流通してい
た金貨の名前であるが，当時はすで
に製造が中止されていたため，実際
の通貨というよりは計算のための単
位と考えたほうが良い。次に出てく
るベザントは十字軍国家で流通して
いた貨幣単位（ただし，ここではベザ
ントは単に白ベザントを省略して書
いただけかもしれない）。

れる前に彼女に何か起これば，この100白ベザントは彼女の父親
であるベルトゥッチョに来る。同様に，ネグロポンテ出身のニコ
ラ・インペリアーレ先生は私が病気の間大変助けてくれたが，彼
には私の魂のために，4フィオリーノを遺す。同様にヴェネツィ
ア人共同体に10白ベザントを遺すが，この共同体はこれらのお
金で満足すべきことを望む。同様にヴェネツィア人たちの領事殿
に5ベザント遺す。同様に私の甥のドミニコには50ドゥカート
遺す。同様に姉妹のビリオーラには60ドゥカート遺す。同様に
姉妹のカザーナには50ドゥカート遺す。同様に姉妹のジョヴァ
ンナには50ドゥカート遺す。同様に，上述の私の遺言執行人で
あるナシンベーネとバルトロートにはそれぞれその働きのために
私の財産から25ベザントが与えられることを望み命じる。私の
遺言執行人で上述のベルトゥッチョ・デ・ジュリアーノ殿は私に
26.5白ベザントの負債があるが，それについて私はベルトゥッチ
ョの手による証書をもっている。私に対する債務者全員を私は彼
らが私に支払わなければならないすべての負債から解放する。そ
してその負債は私の罪の許しのために彼らに遺す。同様に私は，
私の奴隷であるネグロポンテ出身のニコラを私の魂のために解放
し，自由にし，あらゆる奉仕から完全に免除する。そして彼に私
の財産から50ベザントを与え，私の遺言執行人によって解放証
書が作成されることを望む。同様に私の奴隷であるザゴラ出身の
ジョルジョを私の魂の安寧のために解放し，自由にし，あらゆる
奉仕から完全に免除する。そして私の遺言執行人によって解放証
書が作成されることを望み命じる。同様にシラヴィスタのジョヴ
ァンニに，私が召し抱えていた時に彼が私になした奉仕故に30
白ベザント遺す。同様に私の財産からキリストの貧者の間で，上
述の私の遺言執行人によって，私が不当に奪った何某かのために，
300白ベザントが分配される。それは私が，彼の物から何かをも
ったり不当にもぎ取ったりした人々の魂のためである。同様に私
の財産からキリストの貧者に私の魂の贖いのために1000キプロ
ス・白ベザントが，上述の私の遺言執行人の裁量によって与えら
れ分配されることを望み命令する。私の動産・不動産の残りは，
当地にあるものも他所にあるものもすべて，上述の私の甥ドミニ
コと，私の姉妹のビリオーラ，カザーナ，ジョヴァンナに均等に
遺し，先述の財産の残り全部についてこの私の甥のドミニコと先
述の私の姉妹のビリオーラ，カザーナ，ジョヴァンナを私の相続
人とする。さらに，もし私が私の遺言書においてヴェネツィアの
都市自治政府の法・決議・規定に反することを命じたならば，私
はそれを取り消し，それがヴェネツィアの法・決議・規定に沿う
ように変更されることを望む。私の意図は可能な範囲で保持して。
さらに私は上述の遺言執行人に私の死後，完全なる権能と権限を
与え，授け，譲渡する。すなわち財産を差し押さえたり管理したり，
調査したり，提訴したり，仲裁したり，応答したり，弁護士や命

(5) フィレンツェ発行の金貨。

(6) ヴェネツィア発行の金貨。

(7) ここからあとは，さまざまな法的行
為に言及した，とてもわかりにくい
ことが書いてあるが，これらは公証
人の定型句なので，具体的内容はそ
れほど気にする必要はない。要は，
遺言執行人が，遺言の内容を実現す
るために必要な一切の行為をする権
限を持つ，ということである。

令を受け入れたり，法を要求したり，判決を聞いたりそれに従ったりする権限である。さらにそれらが実行に委ねられるようにしたり，私の全財産あるいは各財産を差し押さえ，差し止め，請求し，調査し，取り戻し，受け取ったりする権限である。その財産あるいはそれらの財産に由来するものがどこで，または誰のもとでみつけられようとも。また証書を携えていたとしても証書を携えていなかったとしても。法廷を通してであろうと通さずであろうと。さらに保証，権利放棄，免除，委託，代理委任，代替の証書やすべての他の必要な証書を作成したり作成させたり，誓約したり他人が誓約するのを見たり，ほかの業務があれば何であろうとそれをしたり，処理したり，行ったり，行使したりする権限である。私が生きているならばそうすることができ，またしなければならなかったように。そしてこの私の遺言書やこの私の最後の意志が永久に確固として不可侵であることを宣言する。したがって，もし誰かがこの私の遺言書に違反したり遺言書を改竄したりしようと企てたならば，その者は父と子と聖霊なる全能の神の怒りに遭遇することになる，と知るであろう。そして318人の司教の破門の束縛のもとにおかれるように。[8]そして我らが主イエス・キリストを裏切った者であるユダと共に，永遠に〔地獄の〕火へと委ねられるように。そして，彼自身の相続人や後継者とともに，上述の私の相続人および後継者に，金5リブラを賠償するように。そしてこの私の遺言の証書は不動の状態にとどまるように。この証書が作成されるように依頼した上述のジャコモ・ボカシオ殿の署名。

　　＋　私ことニコラ・インペリアーレは証人として署名した。
　　＋　私ことアンドレア・ナーニは証人として署名した。
　　＋　私ことジョヴァンニ・デ・フェラーラは証人として署名した。
　　＋　私ことニコラ・ルンターノは証人として署名した。
　〔公証人の署名〕私ことマントヴァのニコラ・デ・ボアテリス，公的公証人で，キプロス王国のヴェネツィア人たちの領事殿である立派で強大なニコラ・バルバリーゴ殿の書記が，書き終え法的に効力のあるものとした。

『ニコラ・デ・ボアテリス』史料番号157

(8) 318人の司教とは，ニケーア公会議（325年）に参加した約300人の司教のことを指している。これも定型句の一種であるが，この遺言書に反した者は破門の罰に処せられるであろう，という脅しとともに，遺言書が守られることを願ったものだと思われる。

　実際に遺言書を読んでみてどのような印象をもっただろうか。まず，多くの地名や団体名が出てきて戸惑われた向きもあるかもしれない。貨幣の単位も様々である。様々な宗教施設に遺贈を行うことは，先にも述べたようにあまり珍しいことではないが，多様な地名と複数の貨幣単位は，この遺言書がまさに，ファマグスタで「ヴェネツィア人」によって作成された，ということに由来する。海外居住地の国際性がこの遺言書にはあらわれているといえるだろう。

　次に，ジャコモの交友関係を考えていきたい。まず遺言執行人には，同郷のフェラーラ出身者だけでなく，ヴェネツィア出身者，同

じくヴェネツィア近郊のアドリア海奥の町で当時ヴェネツィアの支配領域であったカヴァルゼレ出身者が登場する。相続人として指定されているのが姉妹と甥だけなので，この人物には妻や子供がいなかったのだろう。ヴェネツィア出身のベルトゥッチョとは，彼の娘を養育し結婚させるためにお金を残しているので，かなり親しかったことが窺える。なお遺言執行人の一人であるフェラーラ出身のナシンベーネは，ミュラーの調査によると，1364年7月5日に「恩恵」によって外部市民権を与えられている。理由は，フェラーラで生まれたがキプロス島に長年住んでいたため，であった。ナシンベーネもヴェネツィア人共同体と深い関係がある人物だったのだろう。次に，彼を病気の間に助けた，おそらく医師と思われる人物はネグロポンテ出身だという。ネグロポンテは，先にも述べたように現在はギリシアに位置するヴェネツィアの海外領土の一つであった。このような島からキプロス島に医師と思われる人物がやってくるということ，そしてフェラーラ出身のヴェネツィア人を助けるということは，地中海における人の移動とそれが生み出す異なるバックグラウンドをもつ人々の邂逅をよく示している。最後に，罪の告白を聞いて赦しを与える役目を負った聴罪司祭には，モデナの出身者が選ばれている。モデナはフェラーラの西に位置する北イタリアの都市であった。こうして，ジャコモは同郷であるフェラーラやヴェネツィア，その近隣の人々と特に親しく交友していたことがわかる。海外居住地という性格から一つの都市に限られない交友関係がみられるが，先にみたようにファマグスタには実に様々な都市から人が到来していた。また当時キプロス島はフランス系の王朝と貴族が支配しており，住民の多くはギリシア系であった。これらの状況に照らしてみると，比較的限られた交友関係ということもできるだろう。

　では宗教心はどうだろうか。この遺言書は長い方ではあるが，一読すると，ジャコモが多くの宗教関係者に遺贈を行っていることがわかるだろう。すでに述べたように中世の遺言書では，自分の魂の救いのために複数の宗教施設や聖職者に遺贈を行ったり，ミサを頼んだりすることは普通であった。よって多くの宗教関係者への遺贈は，特にジャコモが際立って信心深かったということを示すものではない。むしろここでは，その宗教関係者がローマ・カトリックだという点に注目しておこう。というのもキプロス島はもともとビザンツ帝国の支配下にあった島ということもあり，ギリシア正教の教会も存在したからである。カトリックのキプロス王国になってから，ローマ・カトリック教会の制度が導入され司教座教会がつくられる

とともに，托鉢修道会も1250年代までには定着して勢力を拡大した。彼の遺言書は，ファマグスタに多くのカトリックの施設が存在し，西ヨーロッパからの移住者たちの信仰を集めていたことを示している。また信仰心という点では，奴隷の解放にも触れておこう。中世に奴隷がいたのか，と思われるかもしれないが，これは主に家内奴隷でジェノヴァ，ヴェネツィア，フィレンツェなどの富裕家庭ではよくみられたものである。地中海貿易の重要な取引品目にも奴隷があり，主に黒海周辺から供給された。キプロス島には都市で使用された家内奴隷に加えて農村奴隷もいたようだが，公証人文書にあらわれる奴隷はたいてい家内奴隷だと考えられる。このような家内奴隷の解放も，魂の救いのためによく行われることであった。

　最後に故郷との関係をみておこう。実はボアテリスの登記簿には，姉妹と甥がフェラーラにいることを証明する二つの証書が含まれている（甥の方は，確実にフェラーラにいるといいきれない部分もあるが，姉妹は確実である）。一つ目は，1361年9月7日にファマグスタで作成されたもので，フェラーラにいるジャコモの3姉妹の代理人であるジョヴァンニ・ベッカリオが遺言執行人から所定の相続金額を受けとった証明書である。もう一つも同日に作成されたもので，ジャコモの甥のドミニコが自分でキプロス島に来て相続金額を受け取った証明書である。つまり，ジャコモの遺言書ははるばるフェラーラまで伝えられ，そしてフェラーラからまたキプロスまで相続人とその代理人が財産を受け取りに来ているのである。証書の作成日が一緒なので，ジョヴァンニ・ベッカリオとドミニコは一緒にキプロス島まで旅をしたのかもしれない。なお遺言書の伝達にはおそらくヴェネツィアの役所が関係していたことが考えられる。なぜなら，姉妹の代理委託証書は，フェラーラにおけるヴェネツィア代官の公的公証人で書記である人物によって作成されているからである。一方，ジャコモの遺言書にはヴェネツィア本国との関係を窺わせるような記述はない。つまり彼は確かにヴェネツィア人と名乗り，ヴェネツィア出身者と親交があり，ヴェネツィア人共同体に遺産を残しているので，自己をヴェネツィア人共同体の一部として認識している部分もあったのだろう。しかし，このヴェネツィア人としての意識は遺言書からみる限り，本国ヴェネツィアとはあまり関係なく，むしろファマグスタで育まれたアイデンティティといった方が良いかもしれないのである。同時に彼はフェラーラの親族に遺産を残すことも忘れなかった。同郷のフェラーラ出身者も遺言書に登場している。フェラーラ人としてのアイデンティティも残っていたと

いうことであろう。ジャコモの遺言書は地中海で移動する人々のアイデンティティの複雑さを垣間見せてくれる史料でもある。

　ほかにもいろいろ気づく点はあるだろう。こうして遺言書からはジャコモを取り巻くミクロな世界が，実に具体的に浮かびあがってくる。本国を遠く離れた移住者が故郷とどのようなつながりをもっているのか，移住先でどのような人的・宗教的ネットワークを築いているのか，そのアイデンティティはどのようなものか，ということは社会史の重要なテーマの一つである。ジャコモの遺言書はこのような問題に一つの事例を与えてくれる貴重な証言なのだ。また先にも述べたように，フェラーラはヴェネツィアやフィレンツェのような商業都市ではなく，あくまで推測だが，甥のドミニコが東方貿易に携わっていた可能性は低い。姉妹はさらに地中海とはあまり縁のない生活を送っていたのではないだろうか。しかし十字軍兵士でも布教に赴く修道士でも東方貿易の商人でもない人々でも，親族の一人がたまたま地中海に赴くことによって，突然地中海の移動のなかに組み込まれることがあった。ジャコモの遺言書の顛末は，貿易活動によらない様々な移動の存在についても示してくれている。

　締めくくりに，ここからさらにどのような探究が可能かに触れておこう。本視点で駆け足でみたように，地中海の移動を映す史料は様々である。そこで，これらの史料やその周辺をさらに掘り下げて調べるという方向があるだろう。また遺言書に話を戻すと，他の遺言書を調べていくという方向が当然考えられるだろう。ヴェネツィアでは，残存している多くの遺言書がヴェネツィア本国で作成されたものである。が，このように海外で書かれた遺言書も残っていることがあり，キプロス島でもジャコモ以外の遺言書が知られている（ニコラ・デ・ボアテリスのほかにも，彼の後任としてキプロス島に赴いた公証人の登記簿が知られていて，そこに遺言書が多く含まれている）。これらを調査すれば，ジャコモとはまた異なる交友関係が浮かび上がってくるだろう。ただ，ここにはジャコモのように内陸都市出身者の遺言書はそれほど多く含まれていない。そこで内陸都市出身者の地中海での人的ネットワークを明らかにするためには，クレタ島など他の場所での遺言書を調査することも可能だろう。これらの作業を積み重ねていくことよって，地中海で移動する人々の出自や人的ネットワーク，アイデンティティに関し，より厚みのある像が得られるのではないだろうか。

　14世紀の地中海は多くの人とものが頻繁に移動するダイナミックな場であった。それらの移動を映す史料は多様であるが，遺言書

はそのような地中海の一面を明らかにするための，一つの重要な手
がかりである。

読書案内

亀長洋子「中世ジェノヴァ人居留地の遺言が語るもの」『学習院大学文学部研究年報』56 号，2009
　　年，p.29 ～ 55

小林功・馬場多聞編著『地中海世界の中世史』ミネルヴァ書房　2021 年

齊藤寛海『中世後期イタリアの商業と都市』知泉書館　2002 年

髙田京比子「中世地中海における人の移動——キプロスとクレタの「ヴェネツィア人」」前川和也
　　編著『空間と移動の社会史』ミネルヴァ書房　2009 年，p.185 ～ 213

髙田良太「アナスタッスの遺言書——14 世紀のクレタ島におけるエスニシティ」『駒澤大学文学
　　部研究紀要』78 号，2021 年，p.47 ～ 58

德橋曜「中世イタリアにおける公証人の社会的位置づけ」『公証法学』36 号，2006 年，p.47 ～ 75

藤田風花「キプロス王国における宗派併存体制の成立——『キプロス勅書』の意義をめぐって」『西
　　洋中世研究』14 号，2022 年，p.169 ～ 187

参考資料

Nicola de Boateriis, notaio in Famagosta e Venezia (1355-1365), a cura di A. Lombardo, Venezia, 1973.

Diplomatarium Veneto-Levantinum, vol. 1 (1300-1350), ed. by G. M. Thomas, Cambridge 2012 (1st pub. Venezia, 1880)

Diplomatarium Veneto-Levantinum, vol. 2 (1351-1454), ed. by R. Predelli, Cambridge 2012 (1st pub. Venezia, 1899)

The Assizes of the Lusignan Kingdom of Cyprus. Translated from the Greek by Nicholas Coureas, Nicosia, 2002.

La banca dati CIVES: privilegi di cittadinanza veneziana, dalle origini all'anno 1500

http://www.civesveneciarum.net/index.php?tipo=pagina&titolo=index&lingua=ita　（ヴェネツィア大学の研究グループの
Web サイト〈最終閲覧日：2023 年 2 月 10 日〉）

図版出典

Stefano Bono. Notaio in Candia (1303-1304), a cura di Gaetano Pettenello e Simone Rauch, Roma, 2011, p. 310, Tavola
IV (Archivio di Stato di Venezia, Notai di Candia, busta 8, reg. Stefano Bono, c. 41r.)　　　　　　　　　　86

Doppelseite, aus Conrad Grünenberg: Beschreibung der Reise von Konstanz nach Jerusalem. Bodenseegebiet, um 1487.
Badische Landesbibliothek Karlsruhe, Cod. St. Peter, pap. 32.　　　　　　　　　　　　　　　　　　　87

著者提供　　　　　　　　　　　　　　　　　　　　　　　　　　　　　　　　　　　　　　92

中世の武士の「家」意識

『難太平記』を読む

市沢 哲

■ はじめに

　現代の社会と比較して，前近代の社会が「家」を重視していたことは，容易に想像がつくのではないだろうか。日本の中世が始まるとされる平安時代末期には，貴族や武士の間では，世代をこえて継承される家業をもつ家が成立していたと考えられている。語が示すように，家業はその家が代々務める生業であり，家業の遂行が家を維持する収益を保障したから，家業は家産と結びついていた。例えば，都の警備を担った検非違使庁の官人（役人）を例にとって考えてみよう。彼の一家は代々検非違使を務め，給与として与えられた検非違使庁の所領を家の財産のように継承していったのである。中世の家は，家が負った職務によって裏付けられていた。

　武士も，戦士としての務めを家業とし，家業を遂行するための経済的な基盤である所領を家産として生きていた。このような家は代々引き継がれ，貴族や武士は自分の家の祖や家の歴史を強く意識し，特定の家に属する人間であることを，自分の存在証明にしていた。本視点では，室町時代の初期を生きた今川了俊という武将が著[1]した『難太平記』という書物を手がかりに，武士の家意識，歴史意識を探ってみたい。

(1) 今川了俊の伝記として，川添昭二『今川了俊』（吉川弘文館　1964年）がある。

■ 今川了俊と『難太平記』

　室町初期は七十年にわたる南北朝内乱がようやく収束に向かったものの，幕府の有力大名の山名氏や大内氏の反乱（明徳の乱，応永の乱）が相次いで起り，これを抑えた三代将軍足利義満によって室町幕府体制が軌道に乗る時期である。鎌倉幕府の滅亡から始まる長きにわたる内乱の時期から安定へと向かい始める時期——了俊が生きた時代はそのような時代であった。

　今川了俊（俗名は貞世）の履歴について概

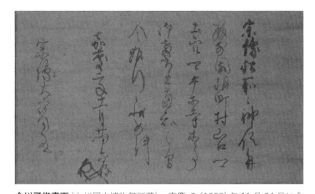

今川了俊書下（九州国立博物館所蔵）　嘉慶 2（1388）年 11 月 24 日に今川了俊が，宗像神社（福岡県宗像市）に対して所領の知行を認めた文書。年号を記した行の末尾に了俊の花押が記されている。「書下」とは，家臣が命令者である主人の意を奉る形式ではなく，命令者が直接的に命令を下す際に使われた文書の様式のことをいう。

観しておこう。今川家[(2)]とはどのような一族だったのだろうか。室町幕府将軍となる足利家は鎌倉幕府の有力御家人であったが、鎌倉時代に嫡流から吉良、斯波、細川、畠山などの多くの庶流を生み出した（**114ページ系図**参照）。今川家もその一つで、足利家の所領である三河国の今川荘を拠点としていたと考えられる。鎌倉時代の今川家は、御家人足利の家来という地位にあった。御家人ではなく、御家人の家来にすぎなかったことには注意しておきたい。

　了俊の父範国は主人である足利尊氏に仕えて、鎌倉幕府を滅ぼす合戦に参加し、その後も尊氏が建武新政に叛するとこれに従い、建武新政方、南朝方の軍勢と戦った。範国は歴戦の恩賞として駿河国の守護職を与えられ、室町幕府を支える大名に名を連ねた。

　了俊は父のあとを継ぎ、足利家の家臣として働いたが、特筆すべきは応安4（1371）年から20数年間、探題として九州で活動したことである。九州地方は南朝勢力が遅くまで残るとともに、大友、島津氏ら自立的な有力武士がおり、室町幕府の支配が容易におよばない地域であった。了俊は、一族のなかに犠牲者を出しながらも幕府勢力の拡大に努めたのであった。しかし、応永2（1395）年了俊は任務の途上で京都に召喚され、九州探題を解任された。『難太平記』で了俊はこのことを「親類家人数百人討たせて終に面目を失う」（『難太平記』を引用する際は、読みやすいように現代語風に書き改めた）と述べている。

　かつての研究では、了俊が九州で自立することを危険視した義満と、了俊の九州攻略に反発する九州大名の利害が一致したことが、了俊解任につながったとされてきた。しかし、最近では、了俊の九州平定が決して順調ではなかったことが明らかにされ、了俊の京都召喚は九州統治が行き詰まった結果であるとする有力な見解が示されている。[(3)]

　了俊の没落によって、今川家の家督は了俊の甥、泰範の家に伝えられることになった。中世の今川家といえば、桶狭間の合戦で織田信長に敗れた戦国大名今川義元がすぐに思い浮かぶが、義元は泰範の子孫である（**117ページ系図**参照）。

■　『難太平記』

　了俊が著した『難太平記』[(4)]とはどのような書物なのだろうか。文学研究、歴史研究で『難太平記』は、『太平記』の成立過程を示す史料、足利将軍家の優位性がどう説明されたのかを考える史料としてよく知られている。本視点の目論見は、これらを了俊の歴史観から考え

(2) 114ページの系図のような、足利宗家と庶流の全体を指すときは「足利氏」「足利一門」と表記する。また、「足利氏」「足利一門」を構成する諸家を指すときは、「足利家」「今川家」のように「○○家」と表記する。

嘉暦元 (1326)年		今川貞世（出家名了俊）が誕生する。
元弘3 (1333)年	5月	足利尊氏が鎌倉幕府に叛し、京都の六波羅探題を滅ぼす。 新田義貞が鎌倉を攻撃し、幕府を滅ぼす。
	6月	隠岐に流されていた後醍醐天皇が京都に戻り、建武新政が発足。
建武2 (1335)年	11月	関東遠征中に建武新政に叛した足利尊氏・直義に対して後醍醐天皇が討伐軍を派遣。
建武3 (1336)年	2月	足利兄弟が後醍醐方に破れ、九州に逃走する。
	6月	足利兄弟が九州から進軍。湊川合戦に勝利して京都に入る。

(3) 了俊更迭の背景についての新しい見解は、堀川康司「今川了俊の探題解任と九州情勢」（『史学雑誌』125-12、2016年）を参照。

(4) 『難太平記』は『群書類従』合戦部に収録されている。

直そうとするところにもある。

　まず『難太平記』の構成をみていくことにしよう。同書はおおよそ５つのパートからなっていて，それが次に示すように配列されている。

> A　序論（執筆の動機の説明）
> B　足利氏嫡流の歴史（足利家歴代当主の説明，庶流が分立していく過程の説明）
> C　今川家の歴史（今川家歴代当主の説明，庶流，今川家出身者の説明）
> D　父範国の時代の今川家
> E　自分が生きた時代の今川家，自身の体験

　さらに上記の５つのパートは，Ａ，Ｂ・Ｃ，Ｄ・Ｅの，３つのパートにおおまかにまとめることができる。Ａは全体にかかる序論，Ｂ・Ｃは足利氏の庶流である今川家の位置を嫡流との関係で述べた部分，Ｄ・Ｅには父と了俊が生きた今川家のいわば近現代史が記された部分，の３つである。

　ところで，先ほどからこの書物を『難太平記』と称してきたが，実は『難太平記』という題名は了俊がつけたものではなく，後世になってつけられたものだといわれている。この書物には，足利直義（室町幕府初代将軍足利尊氏の弟）が成立途上の『太平記』をみて，その誤りを正させたという逸話や[5]，あとで紹介するように『太平記』には誤りや書き漏らしがあり，訂正が必要であることなどが書かれている。本書が『難太平記』と名付けられたのは，このような『太平記』を批判する記事に注意が向けられた結果であると考えられる。

　しかし，了俊の『太平記』批判は父範国が生きた『太平記』の時代について記したＤの部分に集中的にあらわれ，執筆動機を記したＡにはあらわれない。また，『太平記』が対象とした時代よりあとの時代について記したＥでは，もちろん言及されることはない。これらのことから，『太平記』批判は本書を貫くような目的ではないことは明らかである。より正確にいうならば，『太平記』批判はより大きな目的を遂行するための一つの方法であったというべきだろう。

　以後，便宜上この書物を『難太平記』と称することにするが，了俊がどのような動機で，どのような姿勢で本書を著したのか，このタイトルに惑わされずに考える必要がある。以下，序論からその内容を検討していこう。

(5) 恵珍上人が持参した三十余巻の『太平記』を，玄恵という法師が直義の前で音読したところ，間違いが多く含まれているということで，直義の命令で追記，削除が行われたと，『難太平記』には記されている。なお，直義の死後も『太平記』は書き継がれ，現在『太平記』は四〇巻ある（写本によって若干巻数が異なる）。岩波文庫の兵藤裕已校訂『太平記』（全六巻）は入手しやすく，古態本である西源院本を底本として，歴史研究によく使われている。

■ 了俊にとっての「歴史」——「歴史」のある者，ない者

『難太平記』は，次のような文章から始まる（『難太平記』を引用する場合は，読みやすいように適宜かなを漢字に改めるとともに，旧漢字，歴史的旧仮名遣いを常用漢字，現代的仮名遣いに改めた）。

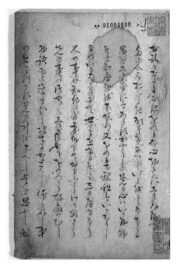

『**難太平記**』の冒頭（京都大学附属図書館所蔵）部分　『難太平記』の自筆本は伝わっていない。最も古い写本は京都大学谷村文庫に伝えられている。写真はその冒頭の部分。なお，同写本は京都大学貴重資料デジタルアーカイブの HP から閲覧可能である。

> **史料**
>
> 　愚なる身にはおのれが心をだに知らぬ成べし。言へば惜しき。欲しき。憎くし。いとおしきなど思を知らざるにはあらず。かように覚ゆる心はいかなる物ぞと知るべきを申すなり。又おのれが親祖はいかなりし者。いかばかりにて世に有けるぞと知るべきなり。

　ここでは二つのことが語られている。一つは，「愚かな者は自分の心を知らない。欲望，憎悪，愛情などの感情のことがわかっていないというのではない。そのように感じる自分の心とは何であるか知るべきだといっているのである」とまとめられる。いきなり「自分を知るとはどういうことか」という哲学的な問いかけから本書は始まる。しかし，ここに本書執筆の動機があるのではない。了俊が述べたいことは，これに続く，おのれを知るためには「自分の親祖はどのような者なのか，どのようにして過ごしていたのかを知るべきである」という部分にある。

　このような了俊の考え方は次のような文章からもうかがわれる。

> **史料**
>
> 　賤しく世の為に無益の人は田を作る。人に仕えなどせしより氏なき者に成り来たりけり。今も我等の事はわずかに父の世ばかりこそ知りはべれ。二三代の祖の事などはつやつや知らねば。終に我が子孫は必定氏なき民とおなじ者になりぬべし。されば今わずかに聞こえたる片はしばかり書き付ける也。
>
> 　（卑しくて世のなかの役に立たない人は田を耕作し，人に仕えて「氏なき者」になる。今，我々今川家のことは，わずかに父範国の生きた時代のことを知っているにすぎない。二，三代前の祖先のことなど全くわかっていないので，ついに我が子孫は間違いなく「氏なき民」と同じ者となるだろう。だから今，わずかに聞いた〔祖先のことの〕断片だけを書き付けるのである）。

　「氏なき者」とは，人に仕えて田をつくる人々のことであると説明されているが，了俊は自分の子孫が家の歴史を忘れて彼らと同じ「氏なき者」と同じ者になることを恐れているのである。自身の失脚によって，今川家の家嫡の地位を子孫に伝えることができなくな

ViewPoint

現代でも「未来を知りたければ，歴史を知るべきだ」とよくいわれる。了俊はなぜ歴史を知るべきだと考えているのだろうか。中世の人々にとっての歴史の意味を，現代に生きる私たちの考えと比較してみよう。

った了俊の焦燥がよくあらわれている。了俊にあって，歴史は死んでしまった過去ではなく，現在において自分が何者なのかを説明し，未来を照らすものなのである。

　かくして了俊は，子孫に伝えるべき今川家の歴史を書き記そうとした。しかし，右の文章にはもう一つ注意すべき点がある。了俊が「されば今わずかに聞こえたる片はしばかり書き付ける也」，つまり「ゆえに，私は今わずかに伝え聞いた（我が家の歴史の）断片を書き付けることにする」と述べていることである。家の歴史が大切だと宣言しながらも，了俊が知る今川家の歴史は伝え聞いた断片でしかないのである。

　このことは，『難太平記』のなかで繰り返し述べられる。

> ### 史料
> 　我が身にて思うに。我は父より先の事はつやつや知らざるなり。おのずから故殿〔了俊の父範国〕の昔物語などし給いしついでに。かたはし仰せられし事の今わずかに覚ゆるを申すべし。是を思うに。我が子共孫共は更に父がたたずまいをだに知るべからず。

　了俊は，父親が昔話のついでに述べた「かたはし」を辛うじて覚えているにすぎず，父以前のことについては全く知らなかった（「つやつや知らざるなり」）というのである。そして，そのような事情を踏まえて，自分が語らなければ，自分の子ども，孫は（私よりも）さらに父がどのように過ごしたかすら知ることはないだろう（「父がたたずまいをだに知るべからず」），と考えたのである。

　家の歴史をもたない者は「氏なき者」である。そういいながらも了俊は，子孫に伝えるべき自分の家の歴史についてほとんど知らなかった。そしてそのことが，自身の失脚による家の存続の危機と相まって，どうやって子孫に歴史を伝えればよいのかという想いを一層つのらせていったと考えられるのである。

■ 山名時氏の場合

　しかし，自分の家の歴史を十分に知らない武士は了俊だけではなかった。先に引用した「我が子共孫共は更に父がたたずまいをだに知るべからず」という最後の文章に続いて了俊が記している山名時氏のエピソードは興味深い。

　山名家といえば室町幕府を支えた有力大名で，のちに応仁文明の乱（1467〜77年）で西軍の大将となった山名宗全（1404〜73年）を輩出した一族である。時氏は了俊の父範国と同じ世代を生きた山

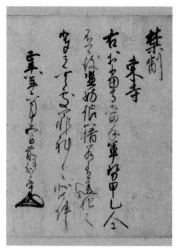

山名時氏禁制（東寺百合文書）　山名時氏が京都の東寺において軍勢が濫妨することを禁じた文書。末尾に時氏の花押が記されている。

名家の当主で，宗全はその曽孫にあたる。時氏は生前次のように語っていたという。

　我が子孫はうたがいなく朝敵に成りぬべし。そのいわれは，我れ建武以来は当御代の御かげにて人となりぬれば。元弘以往はただ民百姓の如くにて上野の山名という所より出侍りしかば。渡世のかなしさも身の程も知りにき。又は軍の難儀をも思ひ知りにき。されば此の御代の御影のかたじけなき事をも知り。世のたたずまいも且は弁（わきまえ）たるだに。

　これによれば，元弘3(1333)年の鎌倉幕府滅亡以後，足利将軍のおかげで「人」になったのであって，それ以前はただの「民百姓」であり，浮世の悲しさも，自分の身の程も知っていたし，合戦の辛さも骨身にしみていた。だからこそ，足利将軍のおかげをありがたく思い，世の中がどういうものかもわきまえている，と時氏は語っていたというのである。幕府滅亡以前は「ただ民百姓」で「人」ではなかったというのだから，時氏は武士の家としての歴史を十分にはもっていなかったといえるだろう。

　このような人生を歩んだ時氏にとって，気がかりなのは子どもたちだった。先に引用した文章の冒頭で，時氏は自分の子どもたちが間違いなく「朝敵」（ここでは天皇を支える足利将軍に叛逆することを意味する）になるだろう，と述べている。穏やかな話ではないが，時氏はなぜそう考えたのであろうか。

■ ジェネレーション・ギャップと家の歴史

　時氏は子どもたちに対して，「子どもが世と成ては，君の御恩をも親の恩をも知らず。おのれをのみ輝かして過分にのみ成り行くべき程に。雅意にまかせたる故に御不審をこうむるべきなり」と述べていたという。つまり，自分の境遇がいかにして今のようになったのかを理解せず，自分の力でそうなったかのように誤解し，過分な自己主張を行い，雅意（我意）に任せた行動が，いずれは将軍に不信感を抱かせるであろう，時氏はそう考えたのであった。親のたどった歴史を知らぬ子どもたちが，道を踏み誤るのではないかという時氏の恐れは現実のものとなる。時氏の子孫は義満に対する反乱（明徳の乱）を起こして平定され，強盛を誇った山名氏の勢力は大きく削られることになるのである（右図参照）。

　この時氏のエピソードは二つのことを物語っている。一つは，鎌倉幕府滅亡時の山名家にも，家の歴史というものが十分にはなかっ

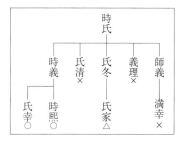

明徳の乱と山名氏
○は明徳の乱後生き残った人物，△は明徳の乱後，赦免された人物，×は明徳の乱で戦死したり，殺害されたり，出家した人物。印がついていない人物は，明徳の乱以前に死去した人物。

たことである。山名家も今川家も鎌倉幕府滅亡に始まる内乱のなか
から，主人の足利家とともに台頭してきた新興の武士たちであった。
あとに述べるように，先祖を遡っていけば彼らも源氏の嫡流にたど
り着くが，この時の彼らはまさに源氏の末流，御家人の家来にすぎ
なかったのである。

　今ひとつは，時氏も親のたどった歴史が子どもに伝わらないこと
が大きな問題を引き起こすと考えていたことである。おそらく了俊
はここに自分が抱えていた危機感に共通するものを見出したのであ
ろう。了俊が『難太平記』を著した時にはすでに明徳の乱は起こり，
将軍に叛した時氏の子孫の多くは表舞台から消えていた。そういう
歴史的な事実を自分の関心に強く引きつけて，了俊は自分を下敷き
に時氏のことを書いたと思われる。

　時氏のエピソードに続けて了俊は自分の経験を次のように書き綴
っている。時氏の子どもたちのように，自分も若い頃は父のいうこ
とに納得がいかなかったし，「もどかしい」ことをいっていると思
っていた。しかし，今になって考えれば，父のいったことは一つと
して理に合わない事はなかった。私も今は老いぼれて，子どもに子
ども扱いされる始末だが，自分が死んだあとに子どもたちは必ず思
い知ることになるだろうと。

　ここからうかがわれるのは，内乱や激しい政治的な浮沈のなかで
生き抜いて家の基礎を築いた世代が，家の存在をあたりまえに思っ
ている子どもたちに，自分たちの体験を交えた家の歴史を伝えよう
とする焦燥と，それに冷淡な子どもたちの間に横たわるジェネレー
ション・ギャップである。そしてそのギャップがかえって了俊の自
家の歴史に対する意識を覚醒させたのである。ここに14世紀の激
動の時代を生きた武士たちの歴史意識の一つのありようが垣間見ら
れる。

　しかし，問題は伝えるべき歴史である。了俊がいみじくも告白し
たように，彼らには伝えるべき歴史が明らかではなかった。ではど
うやって，了俊は自家の歴史を語ったのだろうか。

■ 『太平記』の時代──『太平記』を難じる

　了俊は自分が知る今川家の歴史は，父範国から聞いた話がすべて
であったと繰り返し述べている。そこで次にD（父範国の時代の今
川家）についてみていくことにしよう。Dは父が足利尊氏とともに
上洛する（京都に着いたあと，尊氏は鎌倉幕府に叛旗を翻すことに
なる）時から書き起こされ，父や親族がうち続く合戦でどのように

ViewPoint

『難太平記』のような個人が著した
歴史書や『太平記』などの物語には，
古文書や個人の日記には残りにくい
エピソード，中世人にとってはルー
ティーンでことさらに文書などに記
されないこと，事件を個人の目から
ではなく俯瞰的にみてその推移を書
いた記事など，興味深い記述が多く
残されている。しかし，これらの記
事を使うときは，他の史料との比較
検討や中世という社会において考え
たときの蓋然性，論理的な整合性な
どに注意すべきである。近年，物語
などを歴史研究の史料とすることに
批判的な意見もあるが，歴史研究の
可能性を広げるためには，むしろこ
れらの史料の活用の方法論について
考えた方が良いのではないだろう
か。

振る舞ったのかが述べられている。相模川の合戦で渡河中に射殺された叔父頼国の遺体を後日川ざらえして回収した話や，合戦の前日に主だった武将が集まって突撃の順序を決める籤 (くじ) をひく話，合戦で窮地に陥ったときに切腹を勧める武士と退却を進言する武士が大将の目前で激論を交わす話など，古文書などからはうかがえない，回想談ならではの生々しい合戦の様子が記されている。

Dで描かれる父範国の活躍した時代は，ちょうど『太平記』が描く時代と重なっていた。そのため了俊は，父から聞いた話と『太平記』をしばしば比較する。そしてその結果，『太平記』の記述に問題があるとして，それを論難することになるのである。先に述べたように，ここから本書は後世に『難太平記』と名付けられたのであった。

了俊は誤りを指摘するだけでなく，なぜ『太平記』の記述が不正確になったのかに言及している。それによると，武士たちが自分たちの活躍を書き入れるように求めたため，『太平記』に「高名」が次々に書き加えられていったからだという。了俊は次のように述べている。

史　料
　この三，四十年以来の事だにも跡形の無き事ども雅意に任せて申すめれば，哀々その代の老者共が在る世にこの記の御用捨あれかしと存ずる也
　(たかだかこの三，四十年来のことなのに，有りもしなかったことを自分勝手にいうものだから，同じ時代の老者たちが生きているうちに，此記 (『太平記』) の正しいこと，誤っていることを取捨すべきだと思う)。

このように，了俊を含め，当時の武士にとって『太平記』はフィクションなどではなかった。武士として自分たちがどう戦ったのか，自分たちがどのような「高名」をあげたのかを記した一種の記録だったのである。これが未来に伝えられることを考えると，歴史書といってもいいだろう。そして同時代の老武者たちが生きているうちに改訂して欲しいと了俊が求めたように，『太平記』の情報は武士の社会で広く共有されるものであった。一族の活躍を父親が語ったように記さない『太平記』に，了俊が批判を加えたのは，『太平記』がこのような性格をもっていたからであった。

■ 歴史記述に向かう武士たち

さらに了俊は，『太平記』批判を記した最後に興味深い記述を残している。建武3 (1336) 年，足利尊氏は後醍醐天皇方との合戦に

ViewPoint

前近代においては，文学と歴史は一体のものであった。文学から歴史が離れ，大学に文学科と史学科が分かれておかれるようになるのは，近代に入ってからである。このような近代の歴史学の形成過程を知ることは，歴史学とは何かを考えるうえでとても重要である。興味があれば，兵藤裕已「歴史における「近代」の成立——文学と史学のあいだ」(『成城国文學論集』25号，1997年) をおすすめする。ＨＰ成城大学リポジトリから閲覧可能。

敗れて，兵庫から海路九州に逃走した。この時，逆境にあった尊氏に従った武士たちの名前が『太平記』に漏れていることについて了俊は，子孫にとって不憫なことであるし，「諸家の異見（意見）がき（書）」などにも記して欲しい，と述べている。さらに，細川阿波守が記した『夢想記』と称するものにも「私曲」があると，同時代の人々が語っていた，と追記しているのである。

　了俊の言によると，「諸家の異見がき」とは，細川阿波守が著した『夢想記』のような，諸家の武士たちが独自に編んだ合戦の記録を含む書物だったと考えられる。そしてそれらには，自分の一族の活躍が時には誇張を込めて書き留められていたのであろう。武士たちは自分の家の人々の記録を『太平記』に残すだけでは飽き足らなかったのである。また，武士たちが『夢想記』の誤りを論じていたという記述からは，武士たちが著したこのような書物は家のなかに留められるものではなく，自分の一族の活躍をアピールするために，武士社会に広く公開されるものであったことを示している。

　残念ながら『夢想記』は現在に伝わっていない。しかし考えてみれば，今川家の歴史や『太平記』の時代の一族の活躍を記した『難太平記』こそは，「諸家の異見がき」の一つであった。了俊の記述は，今は失われてしまったこのような家の歴史書が，14世紀には数多く編まれていたことを教えてくれるのである。⁽⁶⁾

■ 由緒の創造

　少し具体的にDの部分をみてみよう。今川家の歴史との関係で注目されるのは，今川家の重代の家宝，旗印に関する記述である。武士の家には，伝説的な武具や什器が家宝として伝えられていることが多い。例えば『太平記』の時代に北九州で活躍した少弐頼尚は，文治5（1189）年に源頼朝の奥州藤原氏攻めに従軍して負傷した祖先の武藤資頼が，頼朝から直に飯をよそわれた時の茶碗を家の重宝としていた。⁽⁷⁾このような武具や什器は，家の名誉ある歴史を語る重要なアイテムであった。

　建武3（1336）年，足利尊氏は京都で後醍醐天皇方と激しい戦闘を繰り返していた。了俊の父範国は三井寺口の戦いで，愛州という剛力の武士と相まみえ，太刀で相手の甲に打撃を加え，左の籠手で反撃をかわした。その時の太刀は「八々王」と名付けられ，籠手とともに叔父の家に伝えられている，と了俊は記している。これらは，今川家の大切な武具とされたのであろう。

　一方の旗印についてはどうだろうか。了俊の記述を追ってみよう。

(6) 『源威集』（加地宏江校注，平凡社東洋文庫　1996年）は「諸家の異見がき」の一種ではないかと思われる。同書の作者は結城直光とする説と，佐竹師義とする説がある。平安時代以来の武家の歴史，南北朝内乱期の武士の武勲などが記されている。

(7) このエピソードは，『源威集』に収められている。

ViewPoint

『難太平記』や『源威集』などから中世の合戦の様子について考えてみるのもおもしろい。『難太平記』には，本文で触れたように，合戦の前日に出撃の順番を決めるくじを引いた話があったり，『源威集』には，京都での合戦の夜，敵味方が銭湯で一緒になって語らい合った話があったりする。武士たちの語りの中には，古文書などには記されていない合戦の様子が記されていて興味深い。

奥州から攻め上る後醍醐方の北畠顕家を食い止める重要な戦いとなった暦応元（1338）年（南朝の延元3年）の美濃国青野ヶ原の合戦の前夜，範国はふと思いついて「赤鳥」を旗印にした。範国は翌日の合戦で戦功をあげ，その恩賞として駿河国の守護職と数十カ所の所領を与えられた。駿河国に赴任した範国は幼い了俊を伴って富士浅間神社に参詣したが，そこで神託が下り，旗印に悩む範国に「赤鳥」を選択させたのは同社の神であったことが告げられた。こうして，「赤鳥」の旗印は，「我家の武具の随一」になった，というのである。

赤鳥

　こうしてみると，冒頭で了俊が述べていたように，今川家は父範国の時まで家の由緒を示すアイテムや，それにつながる家としての「輝かしい」歴史を備えていなかったことがよくわかる。『太平記』の時代は今川家にとって，歴史が創造されていく時代だったのである。子どもに伝えるべき歴史を模索する了俊が，『太平記』の記述に神経をとがらせたのは，当然といえるだろう。

■ 歴史を遡る──足利宗家の歴史

　Dに続くE（了俊が生きた時代の今川家，自身の体験）は情報量も多く，記述も具体的で，粉骨に対して失脚で報いられた了俊の感情が前面に出てくる部分である。Eは今川家のいわば現代史に相当する記述といえるだろう。子孫への教訓的な色彩が強いので，本視点ではこの部分を省略し，B足利宗家の歴史（足利家歴代当主の説明，庶流が分立していく過程の説明），C今川家の歴史（今川家歴代当主の説明，庶流，今川家出身者の説明）に戻ることにしよう。父範国の話が了俊の知る歴史のすべてなら，なぜBやCについて述べるのだろうか。この問いを念頭におきつつ，Bから検討していくことにしよう。

　Bの足利宗家の歴史は，おおよそ次の4つの部分からなっている。

①八幡殿義家─義国─義康─義包（兼）─義氏─泰氏─頼氏─家時─貞氏─大御所尊氏・直義と足利宗家の家系をたどる部分
②足利宗家から渋川，細川，畠山などの諸家が分立したことを説明する部分
③初代義家と8代目の家時の自筆置文のエピソードを紹介する部分
④足利宗家に対して足利一門諸家（庶流）が謙譲することは当然であることを主張する部分

　このうち，まず注目したいのが②である。7代目の頼氏は泰氏の三男であったが宗家を継ぎ，「尾張の人々渋川などは兄なりしかど

も皆庶子になりき」と述べられているところである。「尾張の人々」とは泰氏の長男家氏に始まる斯波家のことである。その家氏の弟（泰氏の二男）兼氏が渋川家の祖となる。彼らは足利宗家を継ぐ頼氏の兄にあたる家筋だったというのである。

　さらにもう一つ注目されるのが，4代目の義兼（『難太平記』は義包と記すが，義兼が一般的であるので，以下も義兼と記す）についての記述である。義兼は剛力の者で，実は武芸の達人で源頼朝の叔父にあたる源為朝の子であったという。そして頼朝の時代は狂気をよそおって，政争に巻き込まれることを避けたと，義兼の特殊性が強調されている。注意されるのは，この義兼から別れ出たのが細川家，畠山家であったと了俊が記していることである。

　これらの記述は，足利庶流の家々も系図を遡っていけば足利嫡流にたどり着くこと，そして，時にその行為によって自分の家が将軍家より兄の家筋にあることや，歴代の宗家当主のなかでも特別な存在から分かれ出た家であることを，確認しえたことを示している。庶流は宗家とのつながりへと遡っていくことで，自家の歴史をトレースできたのであった。あとに述べるように，Ｃの今川家の歴史も，宗家5代目の義氏から吉良家と今川家が分かれ出たというところから，話が始まるのである。

■ 歴史をめぐる闘争

　足利歴代宗家の説明が終わったところで了俊は突然，③家祖の義家と8代目の家時の自筆の置文（後世への書き置き）を持ち出し，足利宗家が天下を取った（つまり尊氏が室町幕府初代将軍になった）理由について説明し始める。『太平記』の編纂状況とともに，『難太平記』のなかでとりわけ注目されてきた箇所である。

　了俊によれば，まず初代の義家が「我七代の孫に吾生まれ替りて天下を取るべし」という置文を書き置いたという。7代あとの当主に自分が生まれかわって，天下を取ると宣言して，義家は世を去ったというのである。しかし，その7代あとの家時は自分の代には天下を取ることはできそうになかったため，「我が命をつづめて。三代の中にて天下をとらしめ給えとて，御腹を切給いし」と，三代のうちに子孫が天下を取ることを祈念して自害したという。そして，その旨を記した家時の自筆の置文を，将軍尊氏とその弟直義の前で，父範国とともに了俊もみたというのである。

　この一件に関しては，位の低い武士であった源義家が「天下を取る」という発想をもちえるとは考えられないことや，家時の自害は

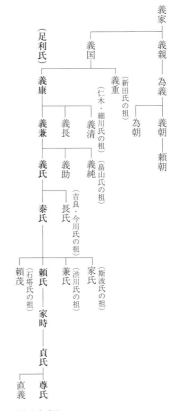

足利氏略系図

鎌倉幕府内部の政争の結果であることなどから，事実とは到底認められないというのが一般的な見方である。おそらく尊氏・直義の周辺で，祖父家時の自害に仮託して，足利氏が将軍につくことを歴史的に正当化する一種の「神話」がつくられたのであろう。

　先にも述べたように，このエピソードは足利将軍家の自己正当化の説明としてよく知られているが，問題はなぜこの「神話」が『難太平記』のこの部分に記されているのかである。

　その答えは，これに続く了俊の記述のなかにある。

　史　料

　　今天下を取る事，唯この発願なりけりと両御所も仰せ有りし也。かくの如く一代ならず御志にて世の主と成り給いたりしを。我等が先祖は当御所の御先祖には兄の流の由，宝篋院〔義詮〕殿に申されて，系図など御目にかけられたる人ありき。御意に大きに背きて後に人に御物語有りし也。まして天下をとらせ給いて後は日本国の人誰かはこの御恩の下ならぬ人有るべき。一族達などは殊更。今は謙り下りて然るべき事也

　　（今天下を取ろうとするのは，ただ義家，家時の意思によるのだと，尊氏・直義様も仰せになった。このように一代ではない志で世の主になられたのに，「私たちの先祖は今の将軍の先祖の兄筋にあたります」と，二代将軍の義詮様に申して，系図などをみせた者がいる。将軍の御意に背く行為で，将軍はのちにそのことを他の者にお話になった。（それ以前もともかく）まして足利家が天下を取られたあとは，日本国中でそのご恩に預からなかった人はいないだろう。足利一族などは殊更ご恩を受けたであろう。今は将軍家に対して謙譲するのは当然のことだ）

　足利氏の庶家のなかには，自分の家が将軍の兄筋であることを系図をみせて将軍にわざわざ説明する者がいたというのである。自分の家の歴史を遡っていくなかで，足利宗家と自分の家の接続が明らかになるという，遠祖へと遡っていく先の歴史意識が，このような庶家の発言を産みだしたのである。自分の家の歴史を遡れば遡るほど，宗家である将軍家と自家の距離は縮まっていく。そして，現在の秩序が相対化されていくのである。

　足利将軍家はこのような歴史による揺さぶりを封じ込めるために，義家，家時の置文という「神話」を創出したのであろう。宗家と庶家の間には，このような歴史をめぐる緊張関係，さらにいえば闘争があったのである。

　実際，南北朝内乱期において足利宗家の権威は決して盤石ではなかった。そもそも内乱が70余年も続いたのは，武士たちが裏切り

を繰り返したからであった。武士といえば主君のために命を捧げる忠義心の熱い戦士をイメージしがちであるが，彼らの望みは自分の家を絶やさないことであり，そのために彼らが帰属する陣営を変えることは珍しくなかったのである。

　そのなかでも目を引くのは，足利氏の庶家をめぐる次のようなエピソードである。『難太平記』には，足利陣営に叛した細川清氏という猛将を討つために，範国が了俊を呼び寄せ，清氏と刺しちがえさせる計画を将軍に提案したことが記されている。清氏が出奔したのは，清氏の子どもが元服する際，源氏の氏神である石清水八幡宮において子どもを「八幡太郎」（源氏の祖である源義家の通称）と称したこと，同じ時に「天下を執るべし」という願文を収めたことが発覚したからであったという。了俊は，慢心し「上意」（将軍の意思）に背くことのあった清氏が「ある人」に陥れられたのだと述べており，事実は判然としない。しかし，このようなことが起こりうると人々が考えなければ「ある人」の策謀も実を結ばなかったであろう。

　『太平記』第三十二巻「鬼切鬼丸」も将軍をないがしろにする足利氏庶家のエピソードである。庶流の斯波高経は新田義貞を討ち，源氏累代の重宝の刀「鬼切」を手に入れる。これを知った将軍尊氏は「是ハ末々ノ源氏ナムトノ持ヘキ物ニ非ス，急キ是ヲ登セラルヘシ，当家ノ重宝トシテ嫡流相伝スヘシ」と高経に「鬼切」を差し出すように命じた。しかし，高経は「堅ク惜テ」偽物を進上し，将軍尊氏の不興を買うことになる。

　この件についてもほかに史料がなく，その真偽はわからないが，庶家のなかでも家格の高い斯波高経ならば，このようなこともありえると考えられていたのであろう。斯波家は嫡流7代目頼氏の兄から出た家で，先に紹介した系図を将軍にみせて自分の家が兄筋であることを誇示したのは，渋川家より当時権勢のあった斯波一族である可能性が高い。

　初期の足利政権をしばしば危機に陥れた，足利一門の有力大名の出奔や，南朝への寝返りが起こる背景には，足利宗家を絶対的な嫡流，唯一の武士の棟梁と容易に認めない，このような思想状況があったのかもしれない。歴史を遡る庶流と「神話」を掲げる宗家の歴史をめぐる闘争は，決して机上の戦いではなかったのである。

■ 二つの射程——了俊が歴史をみる目

　では了俊は，歴史をめぐるこのような緊張関係にいかなる態度をとったのであろうか。これまで述べてきたように，足利将軍を正当

化する置文の「神話」を引用しながら，庶家は将軍家に謙譲すべき
だと説く論調からは，了俊が宗家を相対化するような歴史観をもた
なかったようにみえる。

　この点について考えるため，最後に残されたC今川家の歴史（今
川家歴代当主の説明，庶流，今川家出身者の説明）の部分をみてみ
よう。この部分で了俊は「我等が先祖の事は義氏の御子に長氏上総
介より吉良とは申す也。其子に満氏の弟に国氏と云しより今川とは
申也」と，宗家の５代目の義氏からまず吉良家が分出し，吉良満氏
の弟国氏から今川を名乗ったことから書き起こし，以後一族の系譜
を淡々と語っていく。そこにはやはり足利宗家を脅かすよう記述は
みられない。その執筆姿勢は「我は父より先の事はつやつや知らざ
るなり」という告白通りであったかのようにみえる。

　しかし，「父より先の事」を全く知らないといいながら，やはり
了俊も家系を嫡流の義氏に遡り，そこから今川家歴代当主の名前を
書き連ねていくのである。歴史をみる視線という点においては，「我
等が先祖は当御所の御先祖には兄の流れのよし宝篋院〔義詮〕殿に
申されて系図など御目にかけられたる人」（前掲115ページ参照）の
それとなんらかわりはない。

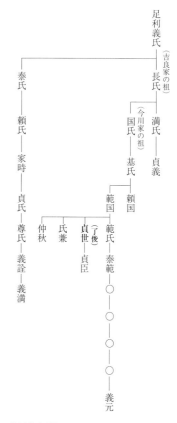

今川家略系図

■ 14世紀の武士社会

　14世紀の武士の社会は一つの大きな変わり目にあった。平安時
代の末期の保元，平治の乱，そして鎌倉幕府成立の前提となった，
俗に源平合戦と呼ばれる治承寿永の内乱のなかで武士の家は成立し
てきた。そして鎌倉幕府滅亡の内乱のなかから，足利氏の庶家のよ
うな，鎌倉時代には目立たなかった武士たちが歴史の表舞台にあら
われたのである。

　平安時代末期以来の由緒をもつ武士たちと違い，彼らは華々しい
武勲，家の歴史をもっていなかった。しかし，了俊が九州探題とし
て彼の地の大名たちとわたり合ったように，彼らのなかには侍大将
として，由緒をもつ武士たちを指揮しなければならないこともあっ
た。彼らが自分の家のありようを歴史的に説明する必要に駆り立て
られ，伝統的な武士たちに互する歴史を求めるのは当然のことだっ
たであろう。さらに了俊の場合は，失脚という家の危機に襲われ，
歴史の重みは一層増すことになった。歴史をもたないものは「氏な
き者」なのである。

■ むすびにかえて

　本視点で論じてきたように，了俊が自家の歴史をみるまなざしには，二つの射程があった。一つは，鎌倉幕府の崩壊から始まる内乱期を家の実質的な起点としてみる短い射程である。今ひとつはより遠祖に向かって系図を遡り，足利宗家につながっていく長い射程である。

　この二つはそのまま『難太平記』において注目されてきた二つのトピック，『太平記』の成り立ち，足利将軍家の正当化「神話」に対応する。『難太平記』で際立つ論点は，そのまま了俊の歴史をみる目の特徴と重なっているのである。

　さらにいえば，この二つの射程は並列されるべきものではなく，互いに補い合う関係にあった。父や自分の時代の「近現代史」から構築された歴史はどうしても新しいものでしかなく，遠祖を遡って歴史を求めることになったであろうし，漠然とした遠祖の歴史は具体的な内容をもつ近現代の歴史の蓄積を促したであろう。歴史を渇望する武士たちが手にすることができたのは，この二つの射程をより合わせた歴史だったのだろう。

　最後に付け加えておきたいことは，了俊の思弁が歴史の可能性について語っているのではないか，という問いである。歴史を遠く遡った彼らが目にしたのは，宗家と兄弟関係にある，時には宗家の兄にある祖先の姿であった。そこにはまだ足利将軍家は存在しなかった。宗家と自家に決定的な距離がないことを知った時，彼らは気がついていただろうか。歴史を語るとは，結果から遡って過去を意味づける行為に陥りやすいことに。歴史は様々な可能性をもっており，現在の秩序は唯一全体のものではないことに。そう考えることは，現在という時点も多くの可能性をもっており，幾通りもの未来の姿があることを知ることでもある。

　身分制社会を生き，厳しい政治的な環境におかれていた了俊にとっては，生ぬるい意見に聞こえるかもしれない。しかし，歴史をもって現在を斜めにみていた14世紀の武将の思惟は，突き詰めていけば上記のような問題へと接近していくように思えるのである。

ViewPoint

結果論と歴史学の関係について，少し離れたところから勉強するならば，吉川浩満『理不尽な進化——遺伝子と運のあいだ』（ちくま文庫2014年）など，進化論研究が参考になる。

読書案内

川添昭二『今川了俊』吉川弘文館，1988 年

堀川康司「今川了俊の探題解任と九州情勢」（『史学雑誌』125-12，2016 年）

桜井英治『室町人の精神』講談社日本の歴史（12），2001 年，講談社学術文庫，2009 年

市沢哲『太平記を読む』吉川弘文館，2008 年

佐藤進一『南北朝の動乱』中央公論社，1965 年，中公文庫，2005 年

図版出典

国立文化財機構所蔵品統合検索システムより（https://colbase.nich.go.jp/collection_items/kyuhaku/P14975?locale=ja）　　104
京都大学貴重資料デジタルアーカイブより　　107
京都府立京都学・歴彩館 東寺百合文書 WEB より　　108

王母カトリーヌ・ド・メディシスの書簡が語ること
フランス宗教戦争の只中で

小山　啓子

■「黒い伝説」をもつ女

　様々な伝説——どちらかというと誹謗中傷——に事欠かない歴史上の人物がいる。フランス史では，「フィレンツェ商家の女」「黒魔術の使い手」「魔女の化身」「毒盛り女」「女性の堕落および残虐性の究極の象徴」「マキアヴェリズムの権化」など，マリ＝アントワネットと互角の悪人として有名なのが，カトリーヌ・ド・メディシス（1519 ～ 89 年）であろう。彼女がなぜ悪人の烙印を押されるようになったかについては後々説明するとして，まずはこの人物がどのような生涯を送ったのかを振り返ってみたい。

　カトリーヌは父ウルビーノ公ロレンツォ・ディ・ピエロ・デ・メディチ，母マドレーヌ・ド・ラ・トゥール・ドーヴェルニュの間にフィレンツェで生まれた。その両親の名をみただけでも，彼女がメディチ一族でありながらウルビーノ公そしてオーヴェルニュ伯に連なる家系の出自であることがわかる。ところが両親の相次ぐ死が，彼女を生後 3 週間で孤児にした。名家の出身にもかかわらず，ほとんど生まれながらにして孤児になったということが，16 世紀の乱世を生き抜く術をはぐくむことになったのかもしれない。大叔父ジョヴァンニが教皇レオ 10 世，続いて傍系親族ジュリオがクレメンス 7 世として教皇に選出されると，父方の親族に養育されていたカトリーヌもメディチ家と運命をともにする。フィレンツェはイタリア戦争，すなわち神聖ローマ皇帝カール 5 世と教皇の争いの渦中にあった。戦争に乗じて市民がメディチ家を追放すると，幼少のカトリーヌも人質となり一時は修道院での生活を余儀なくされるが，その後教皇と皇帝の和解によりメディチ派が政権に返り咲き，メディチ家当主を君主とするフィレンツェ公国が誕生する。教皇の直接の保護下におかれた彼女はヴァティカンで教育を受け，そこで人文主義や新プラトン主義に彩られた洗練された文化の恩恵に浴することになる。

　1533 年，教皇クレメンス 7 世は皇帝カール 5 世に対抗するためフランス国王フランソワ 1 世と同盟を結び，その証としてフランソ

ViewPoint

「伝説」というものには，おもしろさや過激さが盛り込まれる傾向があるが，何を根拠にして，どのような経緯で伝説が形成されていくのか検討してみよう。

Column

王母の悪女伝説化（その1）

カトリーヌの伝説の形成については，シャルル 9 世が亡くなった頃，1574 年から 75 年にかけて出された小冊子に起源を見出すことができそうである。この時期は様々な誹謗文書が出回った時期であるが，カトリーヌがフランス王国の政権を簒奪し，王国を破滅させようと目論んでいると激しく中傷した小冊子（Le discours merveilleux de la vie, actions et déportements de la reine Catherine de Médicis）が，噂の出所の一つと考えられる。この作者については，プロテスタントであろうということ以外何もわかっていない。作者の目的は明らかに政治的なもので，王母の摂政権を行使させないようにし，当時プロテスタントと親しかった彼女の三男アランソン公フランソワを即位させようと画策していたようである。ただし，124 ページの Column に続くが，この小冊子が出回った頃はカトリーヌに対するこうした激烈な批判が一般的であったとまではいえず，むしろ 1 世紀近く経ってから積極的に取り上げられるようになったと考えられる。そして伝説化されるものは必ずしも根拠に忠実ではなく，その時の風潮や文化的傾向によって脚色されていることにも留意しなければならない。

ワの次男アンリとカトリーヌを結婚させることに合意する。イタリア争奪戦に挑むフランソワにとって，教皇庁とフィレンツェを支配する大銀行家メディチ家の一員であり，莫大な婚資が期待できるカトリーヌはまさしく有用な存在であっただろうが，王妃にふさわしいのは皇帝か君侯の娘とするフランス王家の慣習からすれば，メディチ家といえども次男との結婚が関の山といったところであった。こうしてカトリーヌは14歳にしてフランス王家に嫁ぐ。ところがそのわずか3年後，当時18歳であった義兄，つまり国王の長男が急死する。すなわちカトリーヌはこの時点で，次期フランス王位継承者の妻つまり王妃となることが確定したのである。

1547年には国王フランソワ1世が死去し，いよいよ夫アンリ2世が即位，カトリーヌはフランス王妃となる。子どもにも恵まれ順風満帆にみえた矢先，1559年に転機が訪れた。半世紀間続いたイタリア戦争に終止符を打つカトー＝カンブレジ条約が締結され，ハプスブルク家とヴァロワ家の和平を祝って催された祝賀の馬上槍試合で，アンリ2世が槍の一撃を受けて急逝したのである。この悲劇は彼女を打ちのめし，以後生涯喪服を着続けたという伝説がここから生まれた。同時代に描かれた彼女の肖像画はいくつも残されているが，確かにアンリの死後はどれも黒いドレスを身にまとっている。カトリーヌは自らの不運を知らしめたかったのであろうか。しかし彼女が政治の，そして歴史の表舞台に登場するのは，実はこの悲劇のあとからである。まさに黒の喪服は，16世紀後半を覆ったフランスの不幸と，政治の中心を生きた彼女に結びつけられる死者たちの存在を暗示しているようにみえる。

15歳で即位した長男フランソワ2世の眼前に広がるフランスは宗教改革期，まさにカトリックとプロテスタントが一触即発の危機にあった。熱狂的なカトリックであり，パリおよびロレーヌ地方を制圧するギーズ家は改革派に対する迫害を始めており，他方でプロテスタントは筆頭血統親王家のブルボン家を盟主に信教の自由を求

40歳頃のカトリーヌ・ド・メディシス
1560年頃，フランソワ・クルエの作品。
カルナヴァレ美術館所蔵。

フランス王家家系図

め，好戦的姿勢を強めていた。この長男が即位後わずか1年で病死すると，次男シャルル9世が10歳で即位する。こうしたなかでカトリーヌは息子の摂政として王家の舵取りを任されることになったのである。

■「フランスをつくった日」──聖バルテルミの虐殺

　フランスの知を代表する出版社の一つガリマール社が企画した「フランスをつくった30日間」および「フランスをつくった日（17日間）」の2つのシリーズは，フランスという国家がそのかたちを成していくうえで重要とされる歴史的事件を取り上げて，全30巻もしくは全17巻のうちにまとめたものである。前者の第12巻，後者の第7巻は，1572年8月24日未明に生じ，その後現在に至るまでフランス人の良心に重い影を落としてきた「聖バルテルミの虐殺」に捧げられている。[(1)]

　フランスにおける宗教改革は，16世紀の前半に瞬く間に広がりをみせた。とりわけソーヌ，ローヌ，ガロンヌ，ロワールといった主要河川流域の諸都市を中心に改革派教会が建築され，その様子からプロテスタント教会はしばしば「河の娘」といわれた。国教会の設立を宣言したイングランドや神聖ローマ帝国のプロテスタント諸侯，ルター派を認めた1555年アウクスブルクの和議に力を得て，フランスのプロテスタントも政治権力に自らの公認を求めていく。王権の中枢にいたカトリーヌは，自身はカトリックでありながらも，この時期プロテスタントの要求を可能な範囲で受け入れようとし，

(1) Philippe Erlanger, *Le Massacre de la Saint-Barthélemy*, coll. « Trente Journées qui ont fait la France », Paris, Gallimard, 1960（磯見辰典編訳『聖バルテルミーの大虐殺』白水社，1985年。ただし「訳者あとがき」にも記されているように，訳書は原著からは大幅な改変がなされている）; Arlette Jouanna, *La Saint-Barthélemy : les mystères d' un crime d' État, 24 août 1572*, coll. « Les journées qui ont fait la France », Paris, Gallimard, 2007.

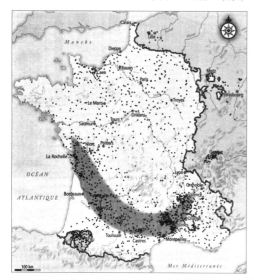

16世紀におけるプロテスタント教会の広がり 地図中の●はプロテスタント教会（Nicolas Le Roux, *Les guerres de religion : 1559-1629*, Baume-les-Dames, Belin, 2010, p. 21.）。

シャルル9世の聖別式　パリのフランシスコ会系修道院のステンドグラス。フランス国立図書館所蔵。サン＝ミシェル騎士団の勲章を首にかけ，百合の花の紋様がついたアーミン（オコジョの白い冬毛）の毛皮のマントを着て跪く幼王シャルル9世。祈禱台の上に王冠と聖書がおかれている。

謀反を起こしたプロテスタント貴族に対して大幅な赦免を与えるなど，大法官ミシェル・ド・ロピタルとともに異宗派間協調を進めた。本格的な内戦を避けるためにはそうせざるをえなかったのだ。1562年1月王令で，王権はついにプロテスタントに信仰の自由と都市市壁外での礼拝の自由を認め，市壁内では私邸内に限って集会をもつことを許可する。それまで異端として処罰の対象であったプロテスタントに対し，その生存と権利を認める一大方向転換を遂げた瞬間であった。こうした公的な認可はそれまでのフランスにおいては前代未聞のものであり，もっといえば誓約違反でしかなかった。なぜならフランス歴代の国王は大司教座教会で戴冠したカトリックの王なのであり，カトリック教会を保護する役目と異端追放とを国王の務めとして聖俗大諸侯を前に誓約していたからである。

　この宥和政策といわれるものは，宗派に分かれて敵対する貴族に対して，なす術もなかった王権の弱さのあらわれなのか。それとも王国の分断を防ぎ，和平実現をめざす政治的寛容の実現であったのか。いずれにせよ，宗教戦争の火蓋は1月王令後にヴァシーで切って落とされ，1598年ナント王令でプロテスタントに一定の権利が認められるまで続くことになった。誰もが納得のいくまで血を流すことを「選択した」のである。この36年間におよぶ戦争のなかで，最大の犠牲者を出したのが聖バルテルミの虐殺事件であった。ガリソンの研究によれば，犠牲者の総数は2千人から10万人まで諸説

近世初頭のフランスに生きた人たちにとって，「宗教」とはどのようなものであったのか，想像してみよう。それは現代の私たちが宗教や教義という言葉で表現するものと同じとみなしてよいのだろうか。アナール学派創始者の16世紀史家リュシアン・フェーヴルは，「当時のフランス人の圧倒的多数にとって，宗教とは彼らの生活全体を直接左右する習慣や行動様式，宗教的慣行や儀式の広い網の目のようなものだった」と説明している（フェーヴル〈二宮敬訳〉『フランス・ルネサンスの文明』〈筑摩書房，1996年，p.189〉）。その改革がなぜこれほど大きな論争を呼び，血を流す結果になったかについては，その根幹である「宗教とは当時の人びとにとって何であったのか」を考察することから理解を深めていくこともできるのではないだろうか。

Column

聖バルテルミの虐殺（1572年8月24日から数週間にかけて）

この出来事は，マルグリットとアンリ・ド・ナヴァールの婚礼が行われた直後のパリで，8月22日にコリニー提督襲撃事件が生じると，それを皮切りにカトリックによるプロテスタントの虐殺が広まり，それが数週間にわたって連鎖的に20以上の地方都市にも発展した一連の凄惨な事件である。背景には，複雑に絡み合う宗教的，政治的，社会的な対立要因があると同時に，王権の宥和政策に対する反発や，フランスとスペインの間の国際的緊張の高まりも影響したと考えられる。

この事件には多くの記録が残されていないため，虐殺の発端や王権が果たした役割などをめぐって様々な憶測がある。古くは国王シャルル9世と王母カトリーヌが事件の主犯格とみなされてきたが（20世紀初頭のエルネスト・ラヴィス『フランス史』でもカトリーヌは「大罪人」とされている），近年では当初想定されていた虐殺の範囲はプロテスタントの軍事指導者のみであったことや，国王は24日朝の時点で虐殺の即時停止を命じたにもかかわらず阻止できなかったという点が指摘されるなど，王権の関与の範囲も含めてより多様な解釈が試みられている。この虐殺の結果として，復讐心に燃えるプロテスタントは各地で暴徒化し，「暴君放伐論」を展開したり，王権に不満を抱く不平分子との連合が成立するなど，宗教戦争の行方はますます混迷を極めることになった。

聖バルテルミの虐殺　フランソワ・デュボワ（1529〜84年）の作品。ローザンヌ美術館所蔵。

がある。[^2]歴史的には，息子である国王を意のままに操っていたとさ
れるカトリーヌにこそ，この聖バルテルミ事件の責任があるとみな
されてきた。文豪アレクサンドル・デュマの小説『王妃マルゴ』に
至っては，彼女が虐殺事件の首謀者として描かれている。

　この聖バルテルミの虐殺事件はどのようにして起こったのであろ
うか。事件直前の1572年8月，ブルボン家当主でプロテスタント
の首領アンリ・ド・ナヴァール（のちの国王アンリ4世）と，カト
リーヌの娘であり国王シャルル9世の妹であるマルグリット・ド・
ヴァロワの婚儀が行われた。そもそも王家の末娘はなぜプロテスタ
ントに嫁がされたのか。この結婚が政略結婚であることはいうまで
もないが，この期におよんでカトリックを固持し，戦争も厭わない
ギーズ公に嫌気がさしていたカトリーヌは，筆頭血統親王（国王の
本家が断絶した場合には次期国王を輩出する家門）であり，フラン
ス西南部に広大な領地を有するブルボン家のアンリと娘を結婚させ
ることによって，王位の安定化に道を開こうと考えたのであろう。
プロテスタントを味方につけることで，強国スペインに後援された
カトリックの反王権派閥の勢力を削ぐ狙いもあったのかもしれない。

　ノートル＝ダム大聖堂で行われたこの婚儀のために，数多くの
プロテスタント貴族がパリに参集した。一堂に会したプロテスタン
ト貴族を目の当たりにした者たちの脳裏には，次のような思惑が浮
かびはしなかっただろうか。プロテスタントの首領たちさえいなく
なれば，改革派は雲散霧消するのではないか。なかでも若き国王シ
ャルル9世に対する影響力を強め，ネーデルラントの独立を支援し
てスペインを敵に回し，フランスを国際戦争に引き込もうとしてい
るプロテスタントの軍人コリニー提督だけでもいなくなればどうか。
8月24日未明，組織的な虐殺が始まり，王国各地に広まる。上記
の思惑が仮にあったとして，その見通しが浅はかなものでしかなか
ったことは，この後民衆勢力がレジスタンスを組織し，各地で復活
することからも証明されるだろう。カトリーヌの「黒い伝説」のほ
とんどはカトリーヌをこの事件の張本人とみなす考えに立脚してお
り，宗教戦争の責任を彼女に求める立場に立ったものである。歴史
研究者の間でも，プロテスタント史家たちはカトリーヌが結局のと
ころカトリック側の人間であったことを暗黙の了解とする傾向にあ
り，カトリック史家たちもまた彼女がフィレンツェから来た「外国
人」であり，権謀術数に長けた人物であることを強調する傾向にある。

　王権がこの虐殺を食い止めることができなかったのは事実である。
それは貴族を平定できない弱体な王権にとって致し方のないことで

(2) Janine Garrison, *1572, La Saint-
Barthélemy*, Bruxelles, Éditions
complexe, 1987 et 2000, p. 182.

ViewPoint

カトリーヌの「実像」とされるもの
やその評価は，彼女が生きた時代以
降，歴史家たちにより様々な観点で
検証がなされ，時代とともに変化し
ている。なぜ時代とともに過去の人
間の評価が変化していくのか，考え
てみよう。

Column

王母の悪女伝説化（その2）

17世紀前半ぐらいまでは，カトリー
ヌが追求した宥和政策と彼女の失敗
の原因，不運については言及されて
も，彼女のイメージはまだ完全に否
定的なものではなかった。17世紀
後半の歴史家フランソワ・ユード・
メズレも，たしかにカトリーヌは「非
常に繊細で，隠された心をもち，野
心と策略に満ち，あらゆる人を受け
入れ，そうした出会いのなかに自ら
は身を隠し，信じられないほどの忍
耐力で計画を実行する術を心得てお
り，必要に応じて素早く便法をみつ
け，どんな事件にも驚かない」と評
しているが，少なくとも見た目は「非
常に穏やかであった」としている。
転機は1680年代，歴史家アントワー
ヌ・ヴァリアスの『シャルル9世史』
が1572年の責任をカトリーヌに負
わせ，彼女を犯罪者でマキャベリス
トである「黒い女王」と論じたとこ
ろにあるといえるだろう。この見方
が啓蒙期，ロマン主義，そして19
世紀のアレクサンドル・デュマやミ
シェル・ゼヴァコといった大衆小説
に受け継がれたのである。

[^2]: (2)

あったのか。あるいは，王権は両宗派による虐殺合戦を暗に願っていたのか。いやむしろ陰で扇動したのではないか。こうした疑心暗鬼ともいえる推察が，歴史的に実証されることのないまま残された。

■ カトリーヌは何を綴ったか

　謎を解く時に一番重要なのは，当事者の言葉や態度を理解することである。もちろん人間は嘘をつくこともある。そもそも自分に都合の悪いことをわざわざ書こうとはしない。自分を正当化するし，意図せず美化することもある。しかし当事者が何がしかの証言を残しているのならば，それを紐解かない手はない。

　カトリーヌは未亡人となった1559年から死去するまでの間に，1万通から3万通の手紙を書いたといわれる（口述筆記により書かせたものも含む）。このうち約6千通の書簡が19世紀末以降刊行史料集として集大成され，彼女自身とともに彼女が経験したこの複雑な時代を知る貴重な手がかりを与えている[3]。ジェラールの分析によれば，カトリーヌの書簡の半数以上が外国の君主や諸侯，駐在大使に宛てられたものであるといい[4]，そこからは摂政カトリーヌに課せられていた外交交渉の重要性が窺える。以下は，彼女がマドリードに駐在していたスペイン大使フルクヴォに宛てた書簡の一部である（以下史料はすべて拙訳。〔　〕内は訳者による補足）。

> 史　料
>
> 　……私の息子である国王陛下が作成し，パリの会議で発布された2つの王令の写しをお送りします。これによって，フルクヴォ殿，この王国に激しく働きかける者たちに，私たちがどのように対処しようとしているのかをおわかりいただけることでしょう。私の主君であり息子である国王がこのように王令を出すことを決意されたのならば，それを実行に移すにあたって，私の力のおよぶ限り何事も惜しまないことを保証します。……そのことを私の婿殿である国王陛下〔娘婿フェリペ2世〕にお伝えください。[5]

　彼女は干渉してくる近隣諸国に対して王国内の政策を正当化しなければならなかったのであり，そのためにも宗教熱に煽られた様々な噂を払拭し，国務会議の意図するところを「正しく」伝え，必要があれば協力を仰ぐことも厭わなかった。プロテスタント諸侯に対しては，国内のプロテスタントへの弾圧ともいえる諸策はその信仰のゆえにではなく，国王に背いた者に対する「正義」の鉄槌であることや，カトリック諸侯に対しては，フランスでプロテスタントに与えられている良心の自由が王国全体の改宗を導く第一歩というわ

(3) *Lettres de Catherine de Médicis*, publiées par Hector de la Ferrière, puis par Gustave Baguenault de Puchesse, 11 vols., Paris, Imprimerie nationale, 1880-1943（以下 LCM と略記）. 刊行されたカトリーヌの書簡集は，フランスの国立図書館，国立文書館，国防史編纂部（Service historique de la défense），県・市文書館，少数の個人コレクションに加え，外国の公文書館（大英博物館，イギリス国立公文書館，オーストリア国立文書館およびフィレンツェのメディチ家文書，サンクト・ペテルブルクの自筆証書コレクション）などから，5,691通の書簡が収録されている。

(4) Matthieu Gellard, *Une reine épistolaire : Lettres et pouvoir au temps de Catherine de Médicis*, Paris, Classiques Garnier, 2014, p. 74.

ViewPoint

カトリーヌの書簡はそれが受給された時だけ大事に保管されていたのではなく，なぜ現在に至るまで長い間大切にされ続けたのであろうか。有意な史料とみなされてきたことの意味，現在まで伝来していることの意味，そして19世紀に史料集として刊行されるに至った意味について考えてみよう。

(5) 1568年9月30日付。LCM, t. 2, p. 189. この直前の9月23日に発布されたサン＝モーの王令は，プロテスタントの反乱に対し王権が処罰を定めたものであり，引用のなかでカトリーヌが言及している王令はこのことと思われる。この時期，フランス王権はカトリーヌとともに宥和政策を推進してきた大法官ロピタルを解任するなど，プロテスタントへの厳しい対処を実施する方向に政策転換しており，カトリーヌは大使を通じてスペインにこれらを報告することで，フェリペ2世の歓心を買おうとしたのではないかと思われる。

けではないことを，摂政の名のもとで縷々説明することになったの
である。また，外国駐在大使に対しては次のような呼びかけを忘れ
なかった。

史　料

　私があなたに宛てて書いていることをすべて検討して，あなた
がそれについてどう思うか，私が望んでいることができるかどう
かを教えてください。……あなたがこの問題について私と同じ意
志であると確実に言ってほしいのです。[6]

(6)　11571年2月2日付，イングランド駐
　　在大使サリニャック宛。LCM, t. 4, p.
　　27.

つまり単なる通達ではなく，意見を聴取して，合意を形成する手
順をふまえようとしていたことがわかる。

　カトリーヌは「婚活」にも熱心な母であり，自分の子どもたちを
近隣の君侯に嫁がせることで，混沌としているヨーロッパ世界に平
和と秩序をもたらすことができると固く信じていた。実際，長女を
スペイン王フェリペ2世に，次女をロレーヌ公シャルルに嫁がせ，
そして現実のものにはならなかったが息子の一人をイングランド王
エリザベス1世と結婚させることを粘り強く交渉したのであり，聖
バルテルミ事件の導火線となった末娘の結婚も含めて，この交渉が
宗派に制約されることのない広がりをもっていることに驚かされる。

　では残りの半数の書簡には何が書かれていたのだろうか。当時，
宮廷や政府の中枢から地方の行政官である地方総督や高等法院院長，
都市役人らに対しては日常的に指令が発せられ，また報告を受け取
るというやりとりが行われていたのであるが，これらの文書は書簡
の形を取るのが一般的であった。もっとあとの時代の宰相たちの文
書庫，リシュリュー文書，マザラン文書，コルベール文書などにも
書簡が多数含まれているのはこうした理由からである。カトリーヌ
の国内向けの書簡からは，彼女が平和への回帰を第一の目的として，
そのための「必要性」というものを熱心に訴えかけていたことがわ
かる。状況に応じて法を調整しようとすることもあれば，カトリッ
ク排他主義者による異宗派撲滅の扇動を宥めようとすることもあっ
た。王母はディジョンのタヴァンヌ地方総督に「人びとをできるだ
け穏やかに統治するために，あらゆることを整え，調査・助言し，
私の息子である国王の命令に背く者のみを追い払い，その他の者は
慰めてください」[7]と命じている。ヴィエイユヴィル元帥宛ての手紙
には「どうか慌てることなく威厳をもって，こちらと同じようにあ
なたのいるところでも平和を保つように努めてください。あなたの
存在がその地でどれほど役に立っているか，私たちはよく知ってい

(7)　1564年3月11日付。LCM, t. 2, pp.
　　161-162.

ます。この騒乱の間，悪事を働く権利があると言っている嘘つきと泥棒を打ち倒すために協力しましょう」[8]と呼びかけた。改革派教会が多く，反乱が頻発した南フランスに関しては，和平協定締結後にカトリーヌはラングドック地方総督モンモランシー＝ダンヴィル公と総代官テンド伯に対して素早く書簡を送り，「今あるすばらしき平和」の回復に尽力したことを感謝すると同時に，「そこでは誰もが落ち着きと寛容さをもって行動しています」[9]と称賛を送ることにも余念がない。カトリーヌの書簡には平和の礼賛が続く一方で，その背後で生じていた数多くの暴動や武装蜂起の様相，紛争の解決方法に具体的に言及したものはあまりなく，手紙のなかでは「平和」の枕詞のように騒乱があったことに触れるのみである。そこには汚点といえる事実には目をつぶる政治家らしさ，人間らしさのようなものを読み取ることができるであろうか。

　膨大な数の書簡をどのように分析するかについては，彼女が誰に手紙を書き送っていたのかという意思疎通の相手に注目したり，手紙の発給場所から当時の宮廷の居場所を跡付けたり，手紙の末尾に記された副署を精査することで彼女の人脈や政治的意志決定過程を検討したり，あるいは年月の経過による彼女の心情の変化を読み取るなど様々な視点がありうるし，切り口によって多様な問題が解明される可能性が考えられる。この史料から浮かび上がらせることのできる多くの問題を本稿で網羅的に提示することはできないのであるが，これらを俯瞰した際，単純なことながら，わずか数行という非常に短い手紙と，論文のような長いものとが混在していることに気づかされる。短い手紙に関しては，実務的な指示を素っ気ない調子で記したものがいくつも残存している。事例を挙げてみよう。

> 史　料
>
> 　パリ高等法院の皆様。私の息子である国王陛下〔シャルル9世〕があなた方にすでに書簡をお送りしましたように，パリの市門では強盗に遭わない日はないこと，そして先日強盗の一人が捕まり，法院まで連れて行かれたにもかかわらず釈放されたと伺いました。このような司法官の方々に責務を果たしていただくためには，何らかの諫言が必要と考えた次第です。……1565年2月18日トゥールーズにて。カトリーヌ[10]

　これは第一次宗教戦争後，カトリーヌが国王を引き連れて地方に巡幸している間に記した書簡の一つであるが，宮廷はパリから遠く離れたトゥールーズにいながらにしてパリの様子を知る術をもっていたことをほのめかしている。治安維持を口実にしつつ，カトリーヌ

(8) 1565年2月2日付。LCM, t. 2, p. 259.

(9) 1565年1月17日付。LCM, t. 2, p. 252.

ViewPoint

当然のことながら，膨大な数を誇る書簡にはそれぞれ非常に多様な中身を含む。政治に関わる内容ばかりでなく，カトリーヌの宮廷運営や館の改修工事に関すること，子どもの肖像画の発注や小麦の流通についてなど雑多である。そうした情報の海から何をすくい出すかは，読み手＝歴史家の「発見」にかかっている。「発見」するためには「問い」がなくてはならないのであり，問いかけなければ史料から何かをみつけることはできないのである。

(10)1565年2月18日付。LCM, t. 2, p. 265.

が遠方からもパリ高等法院を牽制する様が見受けられる書簡である。
次に，この時期に特有の宗派対立に関連する事柄をみてみよう。

> **史　料**
>
> 　私の同志であるフランス元帥モンモランシー公殿。……パリで日常的に販売され，印刷されている誹謗中傷の書物については，もし可能であればあなたがこうした書物の著者や印刷業者を見つけ出させ，無限の務めとすべきこの王国からそれらの者たちを一掃できるような，厳格で模範となる罰を課すこと以上に国王陛下たる私の息子に対する望ましい奉仕はないでしょう。日々出版されるのは，すべてのものを分裂させ，熱く焼きつける炎のような書物ばかりで，そうしたもの以外を目にすることがないほどです。神に祈りつつ，あなたに託します。1565年9月16日ラ・ロシェルにて。カトリーヌ⁽¹¹⁾⁽¹²⁾

宗教戦争期においては宗派の対立をめぐり，両宗派による激しいアジテーション・ビラのような小冊子が数多く出版されていた。こうした文書が王国内の和平実現にとっていかに危険な代物であるかをカトリーヌは熟知しており，取り締まりを要請しているのである。また，読み手には具体的な用件がわかりづらいメモ書き程度の書簡もある。おそらくこれらは派遣された使者の交渉や説明に正当性を与えるため，また指令や交渉に重みをもたせるための添え状として機能したものと思われる。

> **史　料**
>
> 　ここに〔この手紙を〕持参した者は，私の代わりに伝えるよう命じた者なので，どうか信じてほしいと思います。⁽¹³⁾

> **史　料**
>
> 　オセール司教にはこの手紙をもたずに発っていただきたくはありませんでした。この手紙〔を添えること〕により，私が伝えるよう命じたことはより信頼していただけるものと思うからです。⁽¹⁴⁾

つまりカトリーヌは自分の添え状に，具体的な内容は書かずとも，使者が伝える指令を確実に行き渡らせ，また交渉を後押しする力があることを認識していた。このように単に使者を派遣するのみならず，彼女は書簡もつけるという統治の技術を積極的に活用していたのである。また複数の副署がある書簡が頻繁に見受けられ，その「常連」の署名者たちが国務卿であったことからも，カトリーヌの手紙は権力の書簡であったことを物語っている。

こうした短い手紙に対し，長い手紙を書く行為は今も昔もかなり

(11)カトリーヌは書簡のなかで，特に貴族たちに対してしばしば cousin と呼びかけている。現代フランス語ではいとこや親族のことであるが，彼らが厳密な意味でカトリーヌのいとこであったのではなく，かなり遠縁の者や親族以外も含めて「仲間よ」「同志よ」という親愛の情を示す表現であったと思われる。

(12)LCM, t. 2, pp. 317-318. カトリックの指揮官であったアンヌ・ド・モンモランシーはパリとイル＝ド＝フランスの地方総督であり，王権の腹心ともいえる存在であった。

(13)1565年2月2日付，シャルトル司教領守護職フェリエール宛。LCM, t. 2, p. 259.

(14)1565年2月14日付，モンモランシー元帥宛。LCM, t. 2, p. 264.

の労力を要する作業であることはいうまでもない。どうしても伝えたいことがある場合や，何か思い入れがなければわざわざ長々とは書かないのではなかろうか。また秘匿にしたい物事は通常口頭で伝えられ，文書には記さなかったであろうことを想定すると，カトリーヌ自身が公開され，遺されることを前提として記した（あるいは書きとらせた）とも考えられる。しかもその相手は，いくら彼女が社交的であったとしてもある程度限られているはずである。カトリーヌが数多くの，そして相対的に長い手紙をやりとりした相手には，モンモランシー元帥，国務卿ベリエーヴルやヴィルロワ，ラングドック地方総督，スイスおよび神聖ローマ帝国駐在大使ボシュテルやスペイン駐在大使フルクヴォ，イングランド駐在大使サリニャック，ヌムール公やサヴォワ公，トスカーナ大公コジモ・デ・メディチ，スペイン国王フェリペ2世などがいる。文通の継続性と手紙の長さは，やはり関係性の深さ，少なくともカトリーヌ側からの関心の高さをあらわしているということはいえそうである。

　このうちカトリーヌが何を書いたのか，最も知りたい相手といえばやはり聖バルテルミの虐殺事件で，「伝説」上はカトリーヌの指示で暗殺されたというプロテスタントの軍人コリニー提督に宛てられたものではないだろうか。カトリーヌはコリニーの暗殺に関して，事後にはそれを正当化する態度を貫いている。彼らは実際，どのような関係にあったのか。以下は，カトリーヌがコリニーに宛てた1564年4月17日付の書簡である。

史　料

　……あなたの手紙を読み，私は大法官殿にそれを命じました。大法官殿はすでに必要な食糧の大部分を送っており，シャロンにはサン＝タンドレ元帥が召喚されましたので，元帥殿がここでの反乱に対して取り計らうことでしょう。この王国で私以上に国王の命令の遵守を望み，それに違反する者が迅速な裁きで罰せられていないことを嘆く者はいないことを申し上げておきます。……私はこの宗教〔プロテスタント〕の信者が，近々〔カトリックに〕説得されることになっていて，それはリヨンで行われるという誤った噂が流され，そのために〔国王一行がリヨンに〕来たとみなすあなたの不信感を非常に残念に思っています。もし国王と私が和解王令を破り，取り消したいと考えているということを〔噂を広めた〕彼らが根拠にしているのであれば，それは恐ろしいことです。なぜなら国王と私の公的かつ私的な宣言自体が，そういう取り消し可能なものにすぎないと思われてしまうからです。国王があらゆる場所で，官吏や貴族に対して和解王令を侵すことなく維持し，違反者を厳しく罰するよう日々命じていることは，このよ

Column

宗教戦争期の和解王令（和平協定）について

1562年3月，ヴァシーの虐殺に始まり，1598年4月のナント王令で終結するまで，フランスの宗教戦争は8回にわたって繰り広げられた。つまり第1次から第8次まで，その度ごとに和平協定が結ばれ，王令が発布されたということになる。各和解王令ではプロテスタントの諸権利（特に礼拝の自由をめぐる権利）をどこまで認めるかが争点になっており，和約の内容に不満を抱いたいずれかの宗派が次の開戦を用意するといったかたちで戦争が継続した。

この36年間の宗教戦争を終結させ，プロテスタントの信仰と生活の自由を定めたナント王令は，両宗派の共存を認めた「寛容王令」として高く評価されてきた。ただし実際にはナント王令が両宗派の平等や共存からは程遠く，カトリックに有利な内容であったことを踏まえて，その評価の是非をめぐる議論が続いている。いずれにせよ確かなことは，宗教戦争を終わらせたナント王令は発布したアンリ4世の功績でもあるが，それ以前の7次にわたる戦争終結の際に両宗派の間で粘り強く交渉・議論された和解王令の内容がその礎となったということである。とりわけナント王令に関しては，第5次宗教戦争を終結させ，プロテスタントの名誉回復およびその諸権利を大幅に認めたボーリュー王令と，それに制限を加えた第6次宗教戦争終結のポワティエ王令が参照され，いずれを基本路線にするかが議論されたという。少数派の権利をめぐるこれら一連の王令からは，異なる信仰，異なる考え方をもつ者同士が互いに衝突しながらも戦争を回避するために妥結点を探した，その交渉の重みを感じることができるであろう。

うな誤った考えを取り除くのに十分でありましょう。これに加えて，私が特にあなた方に伝え，説明したいことをあなたはすでに知っているはずです。私がもう一度あなた方に思い出させ，保証したいのは，私の主君であり息子である国王と私に，前述の和解王令を破棄するよう助言した者は一人もおらず，また見たこともないということです。そして，仮に私たちを説得しようとする者がいたとしても，私は和解王令が実行されなかった場合の危険性を十分に知っています。私はこの国をとても大切に思っており，私の主君であり息子である国王のすべての臣民の生存を強く望んでいるので，私はそれに同意せず，私の生涯において誰からの助言であっても和平協定の破棄を許しません。……私の主君であり息子である国王と，その王令に従うこと以外は何もしないように，そのような根拠のない噂を取り除くことにどうか尽力してください。私はこの国の平和の維持だけを考え，宗教や人を隔てることなく，〔すべての人のために〕草木と干し草を利用します。自称改革派(15)の宗教家が武器や戦争に必要なあらゆるものを大量に用意し，その大半を乱暴に使用しているという各地からの忠告を恐ろしく感じるので，そのような準備をやめ，この騒動を鎮め，痛みを伴ってもそうしたことをさせないようどうか頼みます。これに対し，私は同志であるあなたにできる限りの秩序を与え，あらゆる手段を用いてそれを行うことを約束します。それは，あなたが私の主君，息子である国王のために行うことのできる最もすばらしい奉仕の一つなのです。私の息子である国王からの２通の書簡は，あなたがそれを必要とする人びとの名前の一覧を送っていただけるなら，すぐにデンマークとスウェーデンの国王にも送ります。しかし２人の国王は戦争中で，海上では強力なので，あなたがこちらから送る船は単独では行けないでしょうから，互いに絶望する結果になるのではないか，何らかの被害を受けたり，不愉快なことに直面するのではないかと大いに案じているのですがいかがでしょうか。このことはあなたの方で考えることであり，あなたの助言があればとても嬉しく思います。そして交渉に関しては，それがこの国にいかに利益や富といったすばらしきことをもたらすかわかっていますので，私は常に可能な限りそれを支持します。神のご加護がありますように。(16)

これはコリニーを懐柔するための「表向きの」文書であるといって間違いないだろう。「和解王令を破棄するよう助言した者は一人もおらず，また見たこともない」という大げさな表現がいかにもそれらしい。冒頭では，シャロンでプロテスタントによる都市籠城か何か反乱が生じていることについて述べている。その平定のために王権側からは元帥を（おそらく軍も）派遣したのであるが，同時に，プロテスタントの首領コリニーから依頼があったらしい食糧補給も行ったと述べ，王権はどちらかに肩入れすることを避けているよう

ViewPoint

ここでカトリーヌが国王の書簡を「それを必要とする人びとの名前の一覧」と「すぐにデンマークとスウェーデンの国王にも」送ると言っているのは，フランスの内乱に深く関わり，コリニーらプロテスタント側を背後から支援している改革派の外国勢力に対しても，こちらから対話することを厭わない姿勢を示しているように見受けられる。おそらく具体的には，フランス国王が国内のプロテスタントに認めた諸権利の「憲章」＝王令を，彼らプロテスタント君主に見せてもよいし，そうしても構わないくらい簡単に破棄するつもりはないと言っているのであろう。国内の改革派貴族への対応が，国外の支援者たちへの配慮も要するという，この時期に特徴的な難しい駆け引きを見て取ることができる。

(15)アンシアン・レジーム期において，プロテスタントはしばしば「自称改革派」（Religion prétendue réformée〈R.P.R〉）と呼ばれた。この「自称」の部分が蔑称に当たるとして，プロテスタントは抗議したといわれる。コリニー一派に対してカトリーヌがこの言葉を躊躇なく使用しているところをみると，彼女自身はこれを蔑称としては認識していなかったのかもしれない。

(16)1564年4月17日付。LCM, t. 2, pp. 176-178.

である。また，ジュネーヴに近いリヨンは東南部のプロテスタント
の重要拠点であったが，この手紙からはリヨンに国王一行が巡幸す
る理由をコリニーが訝しく思っていたことがわかる。プロテスタン
トに対する強制改宗や襲撃が行われるのではないかという疑念であ
る。それに対し，カトリーヌは戦争を終わらせ，信仰の自由を認め
たアンボワーズの和解王令を遵守することだけが重要であると繰り
返し述べて否定している。平和を維持するために，カトリーヌがプ
ロテスタント側に対してかなり丁寧に対応していることが印象的な
書簡である。

　聖バルテルミの翌日，カトリーヌはシャルル9世と連名で，各地
の地方総督や総代官，大貴族，元帥をはじめとする軍の関係者，そ
して都市上層部などに対して，暴力をやめさせること，サン＝ジ
ェルマン王令の条文を引き続き遵守することを命じる多数の書簡を
送っている。虐殺後の数週間にわたり，カトリーヌがこの出来事を
表現するためにしばしば使用した言葉は「異変」(mutations)が生じ
たというものであった。[17]王母の表現に従えば，「異変」は「必要性の
ある変化」という考え方に基づいている。つまり，王母はコリニー
とその追随者たちによる王国転覆の危険性があったこと，そしてま
もなく行われるパリ高等法院での裁判がそれを証明することになる
だろうということ，暗殺は「実行せざるをえない方法」だったので
あり，それ以外の方法は不可能であったと事件を正当化する。コリ
ニー提督と関係の深いサヴォワ公大使エルベヌに対しても，カトリ
ーヌは素っ気なく「行われたことはきわめて必要なことであった」
とだけ述べて，特段の言い逃れもしていない。騒乱の最中に「何人
かの宗教家」が死んだことには触れられているが，それはカトリッ
クがこれまで耐えてきた無限の悪事，略奪，殺人に復讐したためで
あるとして擁護した。王母は書簡のなかで「混沌は避けられた」と
宣言し，悪化する一方であった無秩序の状態から，秩序回復への道
筋が開かれたというレトリックを展開している。そして今後はどの
ようなことがあっても神のご加護のもとで「すべては鎮まり，国王
とその正義しか認めない。宗教の多様性がこの王国にもたらした悪
に対してよく決意し，自分の宗教以外のものがあってもこれ以上苦
しめることがあってはならない」と通達している。カトリーヌによ
れば，コリニーは国王に対する反逆ゆえに殺害されたのであり，そ
のことは事後ではあるが法を司るパリ高等法院が追認してくれるは
ずであり，この事件に伴う死者がほかにもいたことは遺憾ではある
ものの，これ以上に異宗派を困難に貶めることはあってはならない

■ViewPoint

国王やカトリーヌの書簡には多くの
場合，それが書かれた場所が記され
ている。こうした記録をもとに国王
一行の足取りを地図に描くと，彼ら
が実に様々な場所にいたことがわか
る。イル＝ド＝フランスやロワー
ル河沿いに点在する王家ゆかりの城
のみならず，国王一行はパリから離
れた都市や農村も訪れていた。ヴェ
ルサイユ宮殿が完成するのはカト
リーヌが生きた時代から約1世紀後
になるが，それ以前のフランス宮廷
は一か所に留まることなく，政治的
理由や経済的状況，また場合によっ
ては外交上の必要性から各地を移動
するキャラバンのような状態だった
のである。したがってコリニー提督
宛ての書簡の中で，国王がリヨンを
訪れることが問題になっているが，
国王が遠くの地方都市に赴くこと自
体はそれほど珍しいことではなかっ
たといえる。この書簡は，第一次宗
教戦争後に実施された大巡幸の際
に，その道中でカトリーヌが執筆し
たものであった。

(17)LCM, t. 4, pp. 114-132.

とする。大規模な暴力を発動させたこの「異変」は彼女にとっては必要悪であり，王国を平和へと方向転換させるための「道具」として，この事件を納得させようとしたのである。

■ 母性を利用する

　カトリーヌは王母という名誉に加え，息子の臣民を保護する母親という形象を自分のものにすることを強く望んでいた。この臣民が願うのは平和であり，その実現こそ自らの使命であると折に触れて述べている。これまでに引用してきた書簡からも明らかなように，カトリーヌは国王のことに言及する度に，くどいほどに重ねて「私の息子である国王陛下」(le Roy monsieur mon filz あるいは le Roy mondict sieur et filz など)と表現している。逆にいえば，国王が息子でなければ彼女が政治に口を出すこと自体不可能であったし，ましてやその見解が意味をもつことなどなかったことを彼女自身が誰よりもよく知っていたからであろう。フランスにおいては，国王が満13歳に達しない未成年の場合，国王が戦争に出るなどで国内に不在の場合，国王が重い病気で執務不可能の場合には，摂政が設定された。中世以来，状況に応じて王族や大臣が摂政を務めたが，近世ではカトリーヌを皮切りにルイ15世の時を除いて3人の王母が摂政となった。ただしカトリーヌは慣例に基づいて易々と摂政職を手に入れたわけではない。摂政職を狙っていたとされる筆頭血統親王アントワーヌ・ド・ブルボンには国王総代官の資格を与え，陰謀の罪で捕縛されていたプロテスタント貴族コンデ公の特赦と引き換えに，彼女は単独での摂政就任を認めさせたのである。

　他方で，フランスの政治の世界における女性蔑視の風土は根深く，とりわけ近世，それも摂政期には政治に関与する女性への批判文書は枚挙に暇がないほどで，17世紀前半の「マザリナード」の風刺文書はその代表的なものである。革命史家リン・ハントによればマリ＝アントワネットが処刑された理由も，判決理由で開示された罪によってというより，女性（しかも外国人）が政治的権利を行使したためであったという。にもかかわらず近世に女性が摂政となりえたのは，おそらく王位を守り安定的に継承させるためには，簒奪の危険性が小さいものこそふさわしい——フランスではサリカ法により女性は王位に就けない——と考えられたからではないか。したがって，カトリーヌの「黒い伝説」は彼女個人の特性や聖バルテルミ事件に加えて，フランスの政治風土の産物ともいえるのである。手紙のなかにはカトリーヌがこうした女性蔑視の風潮を意識し，反発

ViewPoint

イングランドでは女王がいるのに対し，フランスではなぜ女性が王位に就くことのできない「サリカ法」が採用されてきたのであろうか。
王位を安定的に継承させることを考えれば，女性にも継承権がある方が本家が続く可能性は高くなるであろうが，位階の継承が男性優位に設定されてきた背景やその理由について，考えてみよう。

Column

サリカ法について

サリカ法とはメロヴィング朝の創始者クローヴィスが6世紀頃にまとめたものとされるが，長らく放置されたあと，14世紀中葉の国王の法学者がサリカ法のなかから位階の継承は男子に限るという条文を「発見」したといわれている。このような時，14世紀前半に何が起こっていたのかを考えることがとても大切である。この時カペー朝が断絶し，イングランド王エドワード3世が母の血統を介してフランス王位の継承権を主張していた（百年戦争）。イングランド王に王位を奪われそうになったフランス王権側が，王位を他の親族や姻族に取られないために慌てて法的根拠を探したのかもしれない。イングランドというライバルがいなければ，もしかしたらフランスにも女王がいた可能性があるだろうか。

心をもっていたと思われる一節がある。

　　今もし私が〔次のようにいうことを〕妨げられないならば，女た
　ち（femmes）には王国を今のような状態にした男たち（hommes）
　よりも千倍も王国を守りたいという気持ちがあることを伝えるよ
　うに願います。……これは国王を愛し，そして王国とその臣民を
　守ることだけを望む王母が語る真実なのです。[18]

(18) 1563年4月19日付，国務会議評定官
　　ゴノー宛。LCM, t. 2, pp. 15-17.

　カトリーヌがもちえた権力は，実質的にも象徴的にも息子である
国王との特権的な関係に基づくものである。夫アンリ2世が亡くな
ると彼女は積極的に未亡人として，そして模範的な母親として描か
れるようになるが，それは自らの地位をはっきりさせるためにおそ
らく彼女自身が求めた「宣伝」であった。例えばこの時期，カリア
のアルテミシア[19]という人物はカトリーヌ自身が望んだ自己表現の一
つである。摂政になったばかりの1562年から63年にかけて彼女
が自分と同一視していたアルテミシアは，紀元前4世紀に夫を喪っ
ただけでなく，息子の王位を脅かす外部の侵略と内部の反体制勢力
と戦っていた人物と考えられていた。カトリーヌは亡き王の治世の
記憶の保持者として，また息子たちの王国の守護者として，自らを
「子どもたちとその治世を引き受け，救い，保証し，保全する」存
在であると公言した。

(19) アルテミシア（Artemisia）は，アナ
　　トリア地方カリアの女王である。紀
　　元前480年のサラミスの海戦でペル
　　シア軍として戦い，その戦闘行為と
　　ペルシア王クセルクセスに与えた助
　　言でその名を知られるようになった
　　という。夫の死後，アルテミシアが
　　おそらく幼い息子を抱えながら統治
　　権を振るっていたことも，カトリー
　　ヌが自己同一化しやすい要素であっ
　　たのだろう。

　ただし，彼女は悲運な母というだけにはとどまらなかった。先述
の国務会議評定官ゴノー宛の手紙のなかで，カトリーヌは第一次宗
教戦争の勃発前に，権力が女性に（この場合は自分自身に）委ねら
れていれば，王国を引き裂いた残虐行為や非人間的な行き過ぎは避
けられたはずだと明確に述べている。カトリーヌは女性に特有の権
力の行使のあり方として，女性のアイデンティティと重ねて，女性
に特有の「穏やかさ」（douceur）を主張するに至った。この点には
カトリーヌの義理の伯母であり，親交の深かった人文主義者マルグ
リット・ド・ナヴァールの影響が想起される。マルグリットは知識
をもつことは男女平等であることを主張した人物であり，1540年
代に執筆し人気を博した著書『エプタメロン』において，女性を征
服し所有して栄光を得ようとする男性の残忍で暴力的な名誉と，女
性の慎重で威厳のある名誉とを対比的に取り上げた。女性的な名誉
は男たちを愛に導き，悪事を行う意思をもたせない。それどころか
女は男よりも強い愛の能力をもっているゆえ，神を愛することがで
きるとする。カトリーヌもまた戦って勝つ「男性的名誉」に対比して，
穏やかさと平和をもたらす「女性的名誉」を主張した。カトリーヌ

マルグリット・ド・ナヴァール
マルグリット・ダングレームとも呼ばれる
（1492～1549年）。リヴァプール美術館
所蔵。

は自身の女性性を巧みに利用しつつ，そこから平和構築者としての自身の使命を説明する論理を展開したのである。

■ 政治遺訓として

　カトリーヌから長い手紙を受け取った者のうち，圧倒的な分量で目立つ相手といえば，最も身近であったはずの国王，すなわち彼女の息子たちがいる。「伝説」のなかでは，カトリーヌが息子たちに多大な影響を与え，あるいは不当に支配し，権力を簒奪したとまでいわれることも多いが，その関係はどのようなものであったのだろうか。紙幅の都合により部分的にではあるが，彼女が息子である国王にどのようなことを書いたのかを紹介してみたい。以下は，1578年にアンリ3世に対して書かれた書簡である。[20]

(20) LCM, t. 2, pp. 90-95; Archives nationales, KK 544, fol. 1r.-7r. この手紙は史料編纂の過程における誤りにより，『書簡集』ではシャルル9世に宛てた手紙として分類されてしまったが，いくつかの検証を経て現在ではアンリ3世に宛てた手紙と推定されている。

> 史　料
>
> 　私の息子殿，ガイヨンに行く前にいわれたように，あなた様が満足すると思うものを送りましたが，王国のすべてを〔あなた様に〕従わせ，あなた様の父や祖父の治世にあった状態に戻すことをあなた様がどれほど望んでいるかを考えた時，私が必要と考えるものがまだあることに気づきました。そのためには，あなた様の兄であった国王が年少であったために，私たちのやりたいことができずに引き起こされてしまった混乱を，規制と秩序とで取り締まることが必要であると考えます。こうした混乱に失望したためでしょうか，あなた様はそれを改善しようという意欲に満ちておられますので，神から与えられた平和によってすべてを調整し，教会のことに関しても，私たちの宗教に関しても，すべての物事を理性的に判断し，秩序を維持するために正義を貫き，一刻も無駄にせず善良な生活を送り，模範となるようにしてください。

　シャルル9世の時代には国王が若く弱体であったために戦争や反乱を引き起こしてしまったが，今こそアンリ3世が自らそれを立て直すよう諭すものである。こうした正論を述べたあとに，「あなた様の祖父の時代の宮廷に話を戻すと，宮廷内でほかの人に不義理をいうような大胆な者はいませんでした」と書いており，衛兵から小姓に至るまで，出入りできないはずの場所への潜入や，認められていない言動をした場合にはしかるべき罰を与え，宮廷内の秩序を注意深く保つよう慎重で具体的な指示を出している。

> 史　料
>
> 　これからは御自身の都合で時間を取ることなく，どこからの文書も目を通して，派遣された使者の話をじっくりと聞くようにし

てください。そして，もしこれらのことが国務会議で解決できることならば，文書をそこに送り，あなた様の王国の問題に関わるすべての事柄について，依頼主が国務会議に入る前に，大法官殿に検討のために1時間を与え，その後で依頼主が国務会議に加わり，審議の結果に従うよう命令を出してください。これは，あなた様の父や祖父の時代に，国務会議に出席する人たちについて定めていたやり方なのです。

　この部分は国務会議にもち込まれる事案に関して，大法官を中心とする評定官で事前に審議したあとで請願者や依頼人に対して結果を通達するよう助言しており，国務会議の常任メンバーによる意向を優先する指示を出したものといってよいだろう。宗教戦争中でありながら，また短い治世のなかでアンリ3世が行政制度全般にわたる改革案（ブロワ大王令）を出し，貨幣改革やギルド改革を断行し，宮廷の礼儀作法を厳格化するなど，ブルボン期につながるいくつかの重要な改革を行ったのは，こうしたカトリーヌの助言が生かされた結果なのかもしれない。

史　料

　私は，あなた様の祖父〔フランソワ1世〕がすべての地方を祖父に従わせていたことをお伝えしたいと思います。祖父は地方にいる貴族や聖職者，権威をもっているすべての人の名前を知っていて，そのことで彼らを満足させ，すべてが国王の有利になるように手を握り，当地で起こっているあらゆることを〔国王に〕知らせるようにしたのです。農村や都市，聖職者，この国の人口の半分以上を満足させるために苦労されたのです。また前述したように，ある者には国王軍の職務を与え，その資質に応じて地方の総督や司法官の職を与えました。すべての物事と同様，私たちもそうありたいと思います。彼らを満足させていたので，聖職者についても，地方や貴族，都市民や農民についても，国王が知らないことは何も起こらず，何かが知らされると国王は自らに従ってそれを是正し，素早く何かが起こるのを防いだのです。これこそが容易に，そして速やかに，すべての同盟や縁故関係を取り除いて解散させ，すべてをあなた様の唯一の権力のもとにおくための策になると思うのです。

　本書簡では祖父フランソワ1世の例が多く引き合いに出され，貴族たちと積極的に散歩や乗馬，狩りをしてともに過ごす時間をつくり，それによって彼らの心を満たすよう繰り返し諭している。国王としてのあり方について，国王の父であり自らの夫以上に，カトリーヌにとって義父であるフランソワ1世を参照することが多いの

息子である国王に宛てた書簡からは，カトリーヌがマキアヴェッリの『君主論』を読んで，影響を受けていたのではないかと思われる節が見受けられる。直接的というより間接的な影響や偶然性も考えられるが，綴られる内容には，その執筆者の知的背景が映し出されているように思われる。

は，皇帝権を争うほどに強大で偉大であったルネサンスの王として
のイメージが強かったのか，あるいはまだ教会改革運動が宗派対立
という形を取らなかった古き良き時代の記憶をもつ者としての使命
感からであろうか。カトリーヌによればそれは「フランスの慣習」
なのだとされ，これによって「国の安泰のために役に立つだけでな
く，悪事を働かないように彼ら〔貴族〕の精神を抑制することもで
きる」という。この言葉は，いわゆる外国人であったカトリーヌが
語るからこそ重みを増したに違いない。王母は手紙のなかで，「私
の息子殿よ，宮廷と王国の秩序を確立するために必要なことについ
て，あなた様が臣下のために最も必要なことの一つは，あなた様が
あらゆる点で臣下を気にかけているということを，臣下が知ること
であると思います」と明言している。群雄割拠のフランスに異国か
ら来た彼女は，人心の掌握についてきわめて自覚的であった。

　1578年10月から翌年3月にかけて，カトリーヌはプロテスタン
トの首領アンリ・ド・ナヴァールとの交渉役を引き受け，アンリ3
世に任務の進捗状況を逐一報告している。彼女は再三にわたる長い
手紙を通じて，1577年10月8日のポワティエ王令で認められた新
旧両派の「妥協」の和約を実現するために行うべきことを，何一つ
省くことなく，すべての物事を国王自らの「目」でみるようにと助
言した。[21] この時期の彼女は，王国が苦しんでいる「悪」を「治す」方
法はただ一つ，ポワティエの和解王令の適用しかないことを対話者
に強調している。この王令は，プロテスタントがそれ以前の和平王
令で得ていた権利よりも縮減されたため，プロテスタントにとって
は受け入れがたいものであり，交渉の難航を余儀なくされたのでは
あるが。他方で，1580年代にパリを中心に結成されたカトリック
同盟に対しては，同盟と王権の対立を防ぐためにカトリック首領ギ
ーズ公との交渉に奔走し，王弟フランソワの死によりいよいよ次期
王位継承者となったアンリ・ド・ナヴァールに対してはカトリック
への改宗を促すなど，カトリーヌは晩年に至っても調停のために精
力的に動いた。フランスが未曽有の分断に衝撃を受け，強力な指導
力を必要としていたにもかかわらず，その不在に苦しむしかなかっ
た時代に，カトリーヌは時代の要請を鋭く読み取りながら人脈を構
築し，各方面と交渉を続けた人物であったということはいえそうで
ある。

■ 知的教養がもたらすもの

　カトリーヌは古代の言語，歴史，天文学，自然科学に精通し，非

(21)1578年11月11日付。LCM, t. 8, p. 115.

常に多彩なテーマ——予言書，カバラ，宗教書，詩，古代ギリシア
の思想，哲学など——の古書や版本を数千冊も収集していたといわ
れ，人文主義と知識欲にあふれた女性であったように見受けられる。
その一方で，嘘や二枚舌も厭わない巧妙な弁論術の持ち主といわれ
ることもある。また，メディシスという名字の語源が架空であるも
のの医者（medicus）から派生したと考えられていたことが，彼女
が魔術に類する薬や毒物などの知識をもっていたという説に説得力
を与えた。聖バルテルミ事件の2か月前に死去したアンリ・ド・ナ
ヴァールの母ジャンヌ・ダルブレの死因が毒殺であり，それを命じ
たのがカトリーヌであるとされるのも，この文脈からである。

　他方で，カトリーヌの紋章は，暗い大嵐のあとに，人間界に太陽
の光が戻ってくることを象徴する虹（虹の女神イリスのスカーフ）
がモチーフとなっている。天地を結ぶ虹として，神々の使者とみな
されるイリスと自分を同一視したかったのかもしれない。カトリー
ヌは書簡のなかでも言葉のもつ力の重要性についてしばしば言及し
ており，対立を解決するための言葉の美徳を信じていた。彼女にと
って言葉は神と人間をつなぐ力であり，同時代人と比較しても圧倒
的な書簡数からは，人間は対話をすることで緊張を和らげることが
できると彼女が確信していたことを窺わせる。

　マルシリオ・フィチーノ[(22)]の読者であり新プラトン主義の信奉者で
あった彼女は，支配者はあらゆる知識を身につけているからこそ宇
宙の神秘，神の神秘に到達でき，平和を司ることができると考えて
いた。新旧両派の和解のために，カトリーヌは好戦的な者同士を会
談の場に引きずり出し，何度も交渉のテーブルにつかせた。摂政時
代の彼女は1561年にポワシーで両宗派の聖職者たちの会談を主宰
したが，プロテスタントに信仰の自由を与える1月王令が発布され
たのはその会談の結果である。両陣営の反目はあまりにも強く，そ
の直後に第一次宗教戦争が勃発するのであるが，戦争が終結するや
否や，今度は国王と地方都市への巡幸を行い，地方の貴族や都市名
望家たちと会談して，国王が平和を望んでいること，それに反する
ものは王国に対する反乱であるというメッセージを伝え歩いた。確
かに第二次宗教戦争も起きたが，だからといってすべてが無に帰し
たということはできないであろう。

カトリーヌの紋章（虹の女神イリス）
上から順に，室内の敷石（陶器），ステン
ドグラス，城の壁面の彫刻（すべてエクア
ン城，著者撮影）。

(22)マルシリオ・フィチーノ（1433〜99
　年）はイタリア・ルネサンス期の人文
　主義者であり，神学者，哲学者である。
　メディチ家の後援下でプラトンなど
　の重要なギリシア語文献をラテン語
　に翻訳するなどの業績があり，プラ
　トン・アカデミーの中心人物とされ
　る。ルネサンスの魔術思想や神秘思
　想でも注目される著作がある。

(23)具体的なことは示されていないが，
　内容からいって1559年のカトー＝カ
　ンブレジ条約のことと思われる。こ
　の条約はスペインのフェリペ2世と
　フランスのアンリ2世の間で締結さ
　れたと一般にいわれるが，アンリ2
　世は同時にイングランドのエリザベ
　ス1世とも条約を結んでいる。した
　がってここでの「三大君主」とは，上
　記のフェリペ2世，アンリ2世，エ
　リザベス1世のことと思われる。

　　史　料
　　……第一に重要なのは公益と普遍的な平和であり，もし上述の
　　総会によって，地上の三大君主[(23)]が相互の友情と友愛を確認したの

をみれば，キリスト教国のどの地域にも必要な平和と安寧を，新たな武力行使によって乱そうとする者はいなくなると私は期待していました。この平和を維持するために力を尽くさない君主などいないでしょう。そして，キリスト教国がこの恐怖から解放されれば，誰もが幸福で満足する生活を送る機会を得ることができるでしょう。……[24]

　第六次宗教戦争後，王母はようやく新旧両派が共同署名したネラック協定の施行を確実なものとするために，1579年3月初めに南フランスのアジャンに向かい，ギュイエンヌのカトリック貴族の集会を開いて合意事項の正当性を自ら説明している。彼女は戦争の禁止というテーマを取り上げ，「武器は悪をもたらすだけであり，だから平和は必要である」と主張した[25]。そしてその後彼女は旧友ユゼス公夫人に宛てて，「私はラングドックのすべてのユグノー[26]に会いました。神がいつも私を助けてくださり，ギュイエンヌでと同様，最後まで〔会談を〕成し遂げることができたのも神が私に恩恵を与えてくださったおかげです」と打ち明けている[27]。そこには異端が「悪」と考えられていた時代に，両宗派の人間を暴力＝非人間性に引きずり込むものこそ「悪」であるという論理を組み上げることで，神に仕えようとした彼女の信仰心がみえてくる。彼女は新しい修辞法に頼りながら，王令に敵対する戦争の「悪」を克服できたのは神の力であり，神が自分の行いを好ましいものと判断したゆえと説明した。

　問題は，平和の維持を主張していたカトリーヌが聖バルテルミの虐殺の責任者とみなされるようになったのは，何が原因であったのかという点である。これについては議論のあるところであるが，彼女が率先したわけではないにしても，シャルル9世とともに決定的な役割を果たしたことは否定しがたいと思われる。アンリ・ド・ナヴァールと娘マルグリットの異宗派婚は，1570年のサン＝ジェルマンの和約による不安定な平和状況を安定化させるための戦略であった。しかしコリニー暗殺事件が生じたことにより，国王政府は抜き差しならない選択を迫られることになったのである。つまりプロテスタントの首領襲撃の実行犯を捜すことは，急進派カトリックのギーズ公を罪に陥れ，当時パリで大きな勢力を誇っていたギーズの支持者を国王に敵対させる危険性がある。しかしこの事件に正義を下さないことは，プロテスタントに国王の不義を非難する根拠を与え，暴君放伐を主張する彼らの開戦を正当化してしまう。1576年の小冊子『心からの告発』では，事件は国王と王母の意に反していたが，「国家の秘密の必要性」のために合意のうえで命じたことだ

(24) 1564年2月28日付，神聖ローマ帝国駐在大使であるレンヌ司教宛。LCM, t. 2, pp. 152-153.

(25) Gustave Baguenault de Puchesse,《Catherine de Médicis et les conférences de Nérac》, *Revue des Questions historiques*, t. 61, 1867, pp. 337-363 (pp. 359-360).

(26) フランスにおけるカルヴァン派プロテスタントのこと。

(27) 1579年5月28日付。LCM, t. 6, p. 381.

ViewPoint

人権や自由といった近代的観念が生まれる前の時代において，自分の主張——この場合は「平和」——を理解してもらおうと思った時，どのような論理で自分の考えを説得的に主張できるか，考えてみよう。
この時代のカトリックの人たちの多くは，異端が存在するのは自らの信仰心が弱いからであり，その弱さのあらわれである異端を撲滅してこそ正しい信仰を保ち，神の恩寵に浴することができると信じていた。そんななかで，カトリーヌは異端が「悪」なのではなく，神に遣わされた国王が定める和解王令に反すること，すなわち暴力の再開こそが「悪」なのであり，自分に神のご加護があるのは平和を求める自分の行動が正しいからだと主張した。
現代においても，異なる文化のなかで他者に対して自分の考えを主張するときにはどのようなことに留意する必要があるか考えてみよう。

と説明されている。[28]プロテスタント自体を消滅させるためではなく，国家転覆を謀るコリニーの殺害を認めた——これが書簡から浮き彫りにされた彼女の建前としての「政治的理由」である。逆説的であるが，この虐殺の原点は王国の平和を守ることを望む彼女の強い願望に端を発していたようにも思われる。つまりカトリーヌは未来の平和のために，一時的であるにせよ，暴力の使用さえ「必要」と正当化してみせたのである。

同時代の人文主義者であり歴史家エティエンヌ・パスキエは，王母が「気高き心で武装していた」（était armée d'un haut cœur），つまり強さと信仰と知性に満ちた気高い心で，血に染まる情念に立ち向かおうとしたと述べた。[29]端的にいって，彼女は宗派対立の解決方法を，教会に委ねるのではなく政治の問題にした。あるいはどこかの時点でそれしか解決しえないと確信したのである。他者を政治秩序に参加させるということは，相手に話すこと，伝えること，応えること，すなわち交渉することを強いることになる。カトリーヌの最後の手紙は1588年12月6日付けであった。彼女が翌年1月5日に病死していることを考えると，最期の時までその場にいない誰かに何かを伝え続けた人生であったことがわかる。カトリーヌの膨大な書簡からは，宗派対立のなかで渦巻く他者に対する嫌悪，出口のみえない葛藤，悲惨さのなかでいかにして政治理性というものがはぐくまれたかがわかるのであるが，それは同時に，人が情念から離れ，紛争解決の扉を開くことができるのは，まさしく言論によってのみであるということを教えているといえるのではないだろうか。

(28) Pierre de Dampmartin, *Amiable accusation et charitable excuse, des maus & événemens de France...*, Paris, Robert le Mangnier, 1576.

(29) Denis Crouzet, *Le haut cœur de Catherine de Médicis*, Paris, Albin Michel, 2005, pp. 7-8.

ViewPoint

本視点ではカトリーヌという膨大な書簡を遺した個人を取り扱いながら，彼女を通じてみえてくる16世紀後半のフランスの政治社会像を照らし出すことを試みた。歴史学では，個人を集団の概念に当てはめて解釈してしまうことは誤りであり，また逆に個人の語りのみに終始してしまうのも研究としては不十分ではないかと思われる。個人や個別の事例から全体を見渡し，浮き彫りにしていく作業には，どのようなことが求められるだろうか。

読書案内

阿河雄二郎・嶋中博章編『フランス王妃列伝——アンヌ・ド・ブルターニュからマリー＝アントワネットまで』昭和堂　2017年

小泉徹『宗教改革とその時代』（世界史リブレット27）山川出版社　1996年

清水尊大『ジャン・ボダンと危機の時代のフランス』木鐸社　1990年

二宮宏之「歴史の作法」『歴史はいかに書かれるか』（歴史を問う4）岩波書店　2004年，1-57頁

ジョルジュ・リヴェ（二宮宏之・関根素子共訳）『宗教戦争』白水社　1968年

和田光司「宗教戦争と国家統合」岸本美緒編『1571年——銀の大流通と国家統合』（歴史の転換期6）山川出版社　2019年，210-259頁

図版出典

カルナヴァレ美術館所蔵　　　　　　　　　　　　　　　　　121
ユニフォトプレス提供　　　　　　　　　　　　　　122右，123
アフロ提供　　　　　　　　　　　　　　　　　　　　　　133
著者提供　　　　　　　　　　　　　　　　　　　137上，中，下

ジャハーンギールと『ジャハーンギール・ナーマ』

ムガル帝国君主が書いた歴史書

真下　裕之

■ 歴史書の様々な形

　歴史書とは歴史を記した書物である。とはいうものの，どんな地域の，どんな人々の，どんな時代の歴史を記すのかによって，歴史書の形は様々である。

　記述する対象を，ある国に限るのか，ある王朝に限定するのか，もしくはさらに狭く，ある君主の治世のみに絞るのかによって，歴史書の形は変わってくる。記述対象も国単位であるとは限らず，ある地方や町に限定した歴史書もあるし，天地創造に始まる全世界の歴史にまで記述の枠を広げたタイプの歴史書もある。さらに民族や宗教といった特定の集団やコミュニティーの展開に即した歴史書もある。また，出来事を年の順に区分して記述する歴史書もあり，こうした形式を備えた歴史書は「編年史」ないしは「年代記」と分類ができる。

　上に挙げた様々な形の歴史書のどれが普及したのかは，地域・時代によって異なる。場合によっては，もっぱらどれかのタイプの歴史書だけを好んで量産した社会もあったかもしれない。しかしムガル帝国の時代には，上記の様々なタイプの歴史書がほぼ全部あらわれた。ムガル帝国はさながら歴史書の博覧会場ともいえるほどで，この帝国のなかで歴史学は大にぎわいの学問分野だったといってもいい。

　ところが本視点で紹介する『ジャハーンギール・ナーマ』は，そうしたムガル帝国時代の歴史書のなかでも，際立って個性的な書物である。というのもそれは，君主が自ら書き残した歴史書だからである。「王様が自分の治世の歴史を自分で記録したなんて，そんなものは歴史書じゃない，むしろ回顧録や自伝と呼んだほうがいいんじゃないのか」。そう批判する読者もいるかもしれない。そしてもしその鋭い読者に「では，歴史書とはどんなものであるべきでしょうか？」と尋ねれば，「客観的」「公平」「不偏不党」などの単語を含んだ答えが返ってくるのかもしれない。この答えには，21 世紀の現代社会に生きる歴史研究者としては私も賛成するだろう。しかし

ViewPoint

自分の知っている歴史書にはどんなものがあるか，その歴史書はどのような形にあたるのか，考えてみよう。

17世紀インドのムガル帝国に君臨した君主にとっては，それが正答とは限らない。むしろそうした君主の「自分史」が帝国の歴史書として通用したところにこそ，その社会に独特の個性が潜んでいるはずなのである。

以下ではまず『ジャハーンギール・ナーマ』という歴史書の特徴をみたうえで，その歴史書を書いたジャハーンギールという人について説明し，『ジャハーンギール・ナーマ』の内容や構成，その問題点などを考えてみたい。歴史を記すとは「どうあるべきか」という問題意識はとりあえず脇において，歴史を記すとは「どういうことであったか」について考えてみよう，というわけである。

■ 『ジャハーンギール・ナーマ』の特徴

『ジャハーンギール・ナーマ』の特徴としてまず挙げるべきは，次のように実に簡素な書き出しで始まることである（以下史料はすべて筆者による翻訳。読みやすさに配慮し意訳している。〔　〕内は筆者による補足・解説）。

> 史　料
>
> 　神の無限の恩恵により，ヒジュラ暦1014年ジュマーダーッサーニー月20日の木曜日，昼間の一刻が過ぎた時，カリフ権の館であるアーグラーにおいて，38歳で私は王座に就いた。

帝国君主が自ら筆を執った歴史書は序文も何もなく，いきなりその治世の始まりから書きおこされているのである。ムガル帝国の他の歴史書はこんな形にはならない。例えばジャハーンギールの先代君主アクバルの命令で宮廷歴史家が執筆した公式歴史書『アクバル・ナーマ』は，活字本で11ページにもなる長大な序文を備えているほどである。そこでは美辞麗句の限りを尽くした難解極まる文飾とともに，君主への賛辞や編纂の経緯などが記されているのだが，そのくだくだしい文章をここで紹介するのは控えたい。ともかくここでは『ジャハーンギール・ナーマ』の簡素な始まり方が，帝国の歴史書のなかでも際だって個性的であることを確認しておこう。

そして上の引用文で最も重要なのは，「私は～した」という一人称の文体である。この歴史書のなかで帝国の記録は，君主の自分語りによって書かれているわけである。例えば，官僚の任地替えと官位（マンサブ）の授与（この場合は加増）という，帝国のきわめて公的な出来事もジャハーンギールは「私」を主語にして記すのが通例である。

Column

『ジャハーンギール・ナーマ』の書き出し

歴史研究者からみると，この短い一文にはおびただしい情報が詰まっている。

　冒頭の「無限の恩恵」を与えてくれるという「神」は理屈上それ自身も無限であるはずで，しかもそれを単に「神」とだけ呼んでいるからには，「～神」と名前さえ付けられないほど抽象的な絶対神が書き手の念頭にあるはずだ，と読み取れる。そしてそれを「ヒジュラ暦」という特有の暦とを考え合わせれば，この文の書き手である君主がイスラーム教徒であり，この歴史書を生みだしたムガル帝国はイスラーム教が大きな影響力をもっていた社会だったということが読み取れる。

　ちなみに「ヒジュラ暦1014年ジュマーダーッサーニー月20日」は西暦で1605年11月2日にあたるが，百科事典や年表で説明されるジャハーンギールの即位年代は，この記述こそが直接の典拠になっている。「38歳で」即位したというのはヒジュラ暦で数えた場合の話であって，西暦で数えれば1569年8月に生まれたジャハーンギールは満36歳で即位したことになる。

　また「カリフ」は，預言者ムハンマドなきあと，その後継者としてイスラーム教徒の共同体の首長と認められた歴代の人物を指す言葉である。しかしムガル帝国の時代になると，カリフという言葉には世界のイスラーム教徒をあまねく指導する権威者という，もともとの意味合いはなくなってしまい，ムガル帝国も含め，各地の王権のイスラーム教徒君主たちがカリフを自称するようになっていた。だからこの場合「カリフ権の館」とは，「イスラーム教徒君主の王権の所在地」という意味であって，要するにアーグラーという町が帝国の首都だったといっているわけである。

> 史　料
>
> 　ムルターン州にいたタージュ・ハーンを私はカーブルの統治に
> 任命して，3000 ザート 1500 サヴァールであった彼の従来の官位
> に，500 サヴァールを加増した。

　また帝国軍による軍事遠征を指揮する将軍の人事についての記し
方も同じである。以下史料の「ラーナー」とはムガル帝国への服従
を拒み続けていた在地領主の称号である。

> 史　料
>
> 　打ち負かされるべきラーナーに対する軍団の指揮官という任務
> にあったマハーバト・ハーンを私は，御前でのいくつかの任務の
> ために宮廷に呼び戻し，アブドゥッラー・ハーンをフィールーズ・
> ジャングという称号によって引き立て，彼に代えて任命した。

　このような「私」の視点は文章の書き方ばかりでなく，書物の内
容そのものにも垣間見える。例えば自分の乳母やその息子（つまり
乳兄弟。以下の史料にみえるクトゥブッディーン・ハーン）に対す
る親愛の情もジャハーンギールは書き込んでいる。

> 史　料
>
> 　幼少の頃，私は彼女〔乳母〕の顧慮と訓育によって育ったために，
> 彼女に対して抱いていたほどの親密さを，自分の実の母には抱か
> ないほどだった。この母親は，私の親愛なる実母に代わる人であ
> る。また私はクトゥブッディーン・ハーン本人のことも，実の子
> 供たちや兄弟たちに劣らず好んでいる。

　君主が公式記録のなかで特定の人物への親近感を明かすことには
ふつう熟慮を要するはずだが，ジャハーンギールにそうしたためら
いはなさそうだ。むしろジャハーンギールは自らの嗜好をあからさ
まに語る。帝国の宮廷では，貴族や官僚が君主に拝謁する時，何ら
かの献上品を差し出すのが習わしになっていたのだが，官僚のムカ
ッラブ・ハーンが献上品をもって参上した時のことをジャハーンギ
ールはこう記す。

> 史　料
>
> 　ムカッラブ・ハーンの献上品が天覧に付されたが，心が動かさ
> れるような貴重な贈り物はなかった。彼はこれを恥じて，自分の
> 子供たちに献上品を渡し，後宮のなかに持ち込ませようとしたの
> である。そこで私は，献上品のうちから 10 万ルピー相当の宝石，
> 宝飾品，絹織物を受け取り，残りを彼に返した。

Column

マンサブ制度

マンサブとは，「位階」「地位」を意
味するアラビア語由来のペルシア語
の単語である。官位を示す数値とし
て君主がこれを人士に授与し，機会
に応じて加増・削減したのがマンサ
ブ制度。給与はマンサブ値から所定
の計算式によって算出された。当初
マンサブは最高値 5000 から最低値
10 までであり，史料では「5000 の
マンサブ」のごとく記された。マン
サブの表示方式は，アクバル時代末
期に二元表示に移行し，元来の単元
表示の数値をザート値とし，これ
にサヴァール値を後続させて「5000
ザート，4000 サヴァールのマンサ
ブ」のごとく記されるようになった。

献上品がさほどでなかったと王様に書かれた家来はたまったものではないはずだが，ジャハーンギールにとってそうした配慮は問題にならなかったということだろう。

　ジャハーンギールの記事はしばしば食の嗜好にもおよぶ。珍しい果物に目がなかったジャハーンギールは，巡行で訪れたカーブルで特産のサクランボが気に入り「1日に150個も食べたことがある」と記しているほどで，その地ではほかにスモモや桃やブドウなど「ほとんどの果物を食べた」とまで書いている（ただし果物のなかでいちばん好きなのは結局マンゴーだと別の場所で書いている）。また別の巡行の途中，ある地方の池の畔にテントを張って宿営したときのことをジャハーンギールはこう書き記している。

<blockquote>
史　料

　この宿所で，随行の歩兵隊隊長ラーイマーンが鯉をとって持ってきた。私は魚を食べることが本当に好きで，インドのあらゆる魚のなかでもいちばん良い魚である鯉が特に好きである。けれどもガーティー・チャンド〔地名〕を越えてからその時までの11カ月間，手を尽くして探したのだが，入手できないままだった。それがこの日，手に入ったので，私はたいへんうれしかった。私はラーイマーンに馬一頭を恵与した。
</blockquote>

　君主の率直な言葉は，鯉で馬を褒美にもらった隊長のエピソードとあわせて，ある種ほほえましくさえある。けれども，歴史書とはなにかというそもそもの問いに立ち帰ると，帝国の記録とともに，こうした個人の記憶ともいうべき内容も書き込まれている『ジャハーンギール・ナーマ』は果たして，歴史書とみなすことができるのだろうか。

　筆者の考えを先回りして示しておくと，『ジャハーンギール・ナーマ』はやはり歴史書であったといえるし，君主の個人的な記憶は，その嗜好の表明も含めて，帝国の歴史の一部であると考えられていたといえる。それがどうしてなのか説明するために，まずは著者であるジャハーンギールのことをまず考えてみよう。

■ ジャハーンギールという人 ——あまりよく知られていない君主

　ムガル帝国の最盛期に君臨したにもかかわらず，ジャハーンギールはほかの君主ほどその名が知られていない。高等学校の教科書には，創設者バーブル，帝国の事実上の基礎を確立したアクバル，タージ・マハルを造営したことで知られるシャー・ジャハーン，帝国

の最大版図を実現したアウラングゼーブの名はあらわれるが，ジャハーンギールが言及されることはまずない。その治世は短いわけでもないし，2代目フマーユーンのように，父から受け継いだ国を一度失うほどの失敗をしでかしたわけでもないにもかかわらず，である。

　とはいうものの，ジャハーンギールがほかに比べてさえない君主と評価されてきた理由はたしかにある。帝国の南方に広がるデカン地方への戦争はうまくいかず，父アクバルから受け継いだ国の領域を彼はほとんど広げられなかった。たしかにジャハーンギールは，王家の先祖であるティムール朝がかつて栄華を誇った中央アジアをいつか征服するという壮大な構想を本書に書き付けてはいる。けれどもこの野心を実現するべく彼が何か行動を起こした形跡はない。むしろ隣国イランのサファヴィー朝に，帝国西部の重要拠点である都市カンダハールを奪われるありさまだった。さえない軍事面の一方，後述する通り，40歳をこえてから結婚した王妃ヌール・ジャハーンとその兄アーサフ・ハーンが政治に力をふるい始めると，ジャハーンギールはしだいに政務から遠ざかったとされる。むしろその空間を埋めるように，『ジャハーンギール・ナーマ』の執筆に勤しみ，王子時代から愛好してきた絵画や古書に傾倒し，酒もあいかわらず嗜んだ。要するにジャハーンギールは国務から自分の趣味に逃避した「風流天子」だったというのが従来のおおよその見立てだったわけである。

　しかし最近の研究者たちの間では，そのような評価は変わってきている。王妃に権力を奪われたという物語にはのちの時代の史料による脚色の部分もある，だとか，実際に残した成果はともかく，ジャハーンギールは帝国の統治者としての明確なイデオロギーをもっていた，とかいうわけである。筆者も，より多面的にジャハーンギールを評価すべきだという点では同じ方向性にくみするもので，実は『ジャハーンギール・ナーマ』こそ，統治者としてのジャハーンギールの自意識を刻み込んだ重要史料なのではないかと考えている。

■「我が偉大なる父」の長い治世のあとに

　ジャハーンギールの先代である父アクバルは偉大な君主だった。わずか13歳で即位し，内外の敵を

ムガル帝国の歴代君主

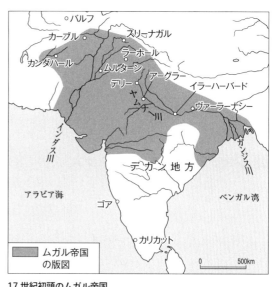

17世紀初頭のムガル帝国

破り，帝国の領域を広げ，国制の基礎を築き上げて，およそ半世紀もの間，王座に君臨した。ジャハーンギールは『ジャハーンギール・ナーマ』のなかでアクバルのことを「我が偉大なる父」と呼んでいる。この歴史書の「私的」な性格はそうした呼び方にもあらわれているが，ともかく，あまりにも強烈な父王の威光は，そのあとを継ぐジャハーンギールに微妙な影を投げかけたと思われる。

1600年7月末，まだ王子としてサリームという名であった頃，彼はアクバルから命じられていた遠征の戦線から突如離脱して，首都アーグラーのはるか東方にある州都イラーハーバードに去った。君主の許可なき独断の行動は反乱を意味する。父子の間に軍事衝突は辛くも起きなかったとはいえ，アクバルが死去する1年ほど前の1604年9月までこの「冷戦」は続いた。

ムガル帝国に長子相続の制度はない。長男として生まれたサリームもアクバルの後継君主になることを約束されていたわけではない。「冷戦」が終わる頃までに彼の次弟と末弟は相次いで病死したが，彼の長男ホスロウが老帝の寵愛厚く，これを後継君主に推す有力貴族たちもいたほどであった。それゆえ1605年10月下旬にアクバルが死去し，同11月2日にサリームがジャハーンギールとして即位する前後，後継者をめぐる熾烈な暗闘があったことが史料からはうかがえる。

即位までのこうした後ろ暗い事情をふまえると，「我が偉大なる父」という呼び方にはジャハーンギールの屈折した態度をみてとれる。『ジャハーンギール・ナーマ』には，アクバルの人となりや事績を回顧する記事があり，父親に対するジャハーンギールの見方をうかがううえで貴重な史料になっている。しかし上記の「冷戦」や即位をめぐる暗闘の詳細について，当然ジャハーンギールは何も触れていない。

とはいえ，即位のわずか半年後に，上記の長男ホスロウが宮廷から出奔した時，かつて自分が父親に働いたのと同様の反乱行為に直面したジャハーンギールは，さすがに苦しい自己弁護の言葉を書き付けざるをえなかった。すぐに逮捕・連行されてきた長男を赦免したことを記すくだりで，彼は「私に『も』」と書いて，父に対する反逆の責任を近臣に転嫁する。

史　料

　私にも短慮の者たちがイラーハーバードで，父から離反するようにとの示教を数多く行った。最終的には，私はこれらの言葉に全く納得しなかった。父との諍いの上に基礎があるような王朝

がどれほど安定するものか，ということを私はわかっていたのである。私は知恵の欠けた者たちの建議によっては，道を踏み外すことはしなかった。

　ジャハーンギールのこうした屈折は，彼を描いた絵画に鮮やかにあらわれている。ジャハーンギール治世に制作されたジャハーンギールの肖像画は，老境の父王アクバルの肖像画を手にしている。またジャハーンギールの宮廷を描いた絵画には，玉座の上にアクバルの肖像画が掲出されている様子をみてとれる。

　父の帝権に挑戦したジャハーンギールには，誇るべき王位継承の物語がない。彼が言葉で語れたのは上記のとおり，自分は悪くなかった，ということだけである。自らが「我が偉大なる父」の正統なる後継者であるという自意識を，言葉でなく図像で主張するところに彼のおかれた立場の難しさがあらわれているだろう。

　しかし晩年の父王に未来の君主たる息子が挑戦するという暗いドラマを，自らの治世末期にジャハーンギールは再び演じることになった。今度は挑戦を受ける役回りとして，1622年半ば，三男シャー・ジャハーンの反乱に直面したのである。王子たちのなかでも後継者と目されていたシャー・ジャハーンの反乱は帝国全土を巻き込む内戦に発展し，1626年まで続いた。自らと同じ黒い経歴を積んだシャー・ジャハーンが自分の後継者となるか，あるいは王妃ヌール・ジャハーンが推す別の王子シャフリヤールがその座に就くか，いずれともわからない政治状況のなか，ジャハーンギールは1627年11月に病没した。

ジャハーンギールとアクバル（部分）
1615年頃の制作（ギメ東洋美術館）。

ジャハーンギールの玉座の上に掲げられたアクバルの肖像画（部分）　1635年頃の制作（ウィンザー城英王室コレクション）。

■ 『ジャハーンギール・ナーマ』の言語と読者

　『ジャハーンギール・ナーマ』という書名は「ジャハーンギールの書」という意味のペルシア語である。ジャハーンギールはこの歴史書をペルシア語で書いた。ペルシア語という言語は，今日イランの国語であるが，かつては西アジアや中央アジア，そしてインドにわたるかなり広い地域で，文章語として使われていた歴史がある。ムガル帝国では，歴史書ばかりでなく，文学や学術の多くの著作がペルシア語で書かれたし，政府の公文書もペルシア語で起草されるのが基本だった。このようにペルシア語は帝国に関わる様々な種類のエリートが用いる言語だったのである。

　そうなると，帝国の威信をまとったペルシア語という言語で書かれた『ジャハーンギール・ナーマ』は帝国の人民一般に向けた書物

ViewPoint

史料にあたるときには，その史料が何のために，誰に向けてつくられたのかをおさえる必要がある。とくに言語は重要なポイントだ。

ではなかったことになる。実際，ジャハーンギールは後述する通り，ある段階で本書の執筆に区切りをつけて，それまでにできていた部分の写本を複数作成させ，王子やおもだった貴族たちに送っている。『ジャハーンギール・ナーマ』はあくまで帝国のエリートをターゲットにして書かれた歴史書だったのである。

■ 『ジャハーンギール・ナーマ』という書名

ジャハーンギールがその書名を当初から『ジャハーンギール・ナーマ』と定めていたことは間違いない。注意しておきたいのは，この「〜の書」という形がムガル帝国で編纂された君主の歴史書の書名の定番になったことである。ジャハーンギールは，父アクバルの治世に編纂されたムガル王朝史『アクバル・ナーマ』の書名を意識していた可能性が高い。当代の君主の事績の記録に重点をおいた王朝史を，このようにその君主の名を冠して「〜の書」と名付けるやり方は，この王朝の場合，『アクバル・ナーマ』が最初である。『ジャハーンギール・ナーマ』はこれを踏襲したのであり，アウラングゼーブ時代の王朝史もこの君主の王号を取って『アーラムギール・ナーマ』と名付けられた。ジャハーンギールが父王の時代の王朝史の名付けのスタイルにならったことは，自著をそれに並ぶ帝国の歴史書とみなしていたことの証しでもある。

なお帝国の創設者バーブルが著した回想録は『バーブル・ナーマ』という書名で今日知られているが，これは著者本人がつけたものではなく，のちの時代につくられた他称であった。バーブルは自らの書物を『事績録』（ワーキアート）と呼んでいたし，これが他の書物に引用されるときには『バーブルの事績録』と呼ばれていた。ジャハーンギールもこの書物を『事績録』と呼んでいる。『バーブル・ナーマ』という他称がアクバル時代末期の帝国宮廷ですでに使われていた証拠はあるが，ジャハーンギールがそれを用いなかったように，この他称はその時期にはまだ定着していなかったということだろう。

■ 曾祖父の回想録『バーブル・ナーマ』への意識

ジャハーンギールは『バーブル・ナーマ』を強く意識していた。君主の自分語りという点で，たしかに『ジャハーンギール・ナーマ』は曾祖父の回想録と同じ仕立てであるが，『バーブル・ナーマ』がそのモデルであったかどうかは定かでない。いずれにせよ，元来チャガタイ・トルコ語で書かれていた『バーブル・ナーマ』の曾祖父自筆の原本（現在伝わっていない）をジャハーンギールが所有し，

Column

歴史書の書名

第2代君主フマーユーン時代に関する回想録をその異母妹グルバダン・ベギムが記したが，その通称『フマーユーン・ナーマ』も当初の書名であったとは考えにくい。

なお『ジャハーンギール・ナーマ』はインドでは『ジャハーンギールのトゥーズク』という書名で呼ばれることが多い。「トゥーズク」とはトルコ語起源のペルシア語で「制度」を意味する単語だが，ムガル帝国時代の文献では稀にしか使われない珍しい言葉である。どうやらインドでは18世紀ごろから，君主に関する歴史書の書名として「トゥーズク」が好んで用いられるようになったらしい。例えば，南インド，アルコット王国の王朝史『ワーラージャーフのトゥーズク』（1781年以降成立），南インド，ニザーム王国の王朝史『アーサフのトゥーズク』（1792年以降成立）。シャー・ジャハーン時代に著されていた，王朝開祖ティムールについての有名な偽書も，同じころ『ティムールのトゥーズク』という書名で出版された（1783年）。『バーブル・ナーマ』が『バーブルのトゥーズク』と呼ばれることもあるのも，同じ事情によっていると思われる。

読んでいたことは確かである。

　ジャハーンギールはカーブルを訪れた時，かつてバーブルが拠点をおいたこの町の旧跡や名所を見て回ったが，その際に彼は『バーブル・ナーマ』を参考文献としていたし，貴重な原本に何らかの補筆まで施していた。

史　料

　カーブルのことがらに関して，天国にお住まいの陛下〔バーブル〕の『事績録』に目を通した。それは全編にわたって，かのお方の御親筆によるものであった。ただしそのうち4つの部分は私が自筆で書いた。さらに各々の部分の末尾に，私はトルコ語で語句を書き込んだ。その4箇所が私の筆になるものだとわかるようにするためである。私はインドで育ってきたけれども，トルコ語を話したり書いたりすることには，不自由しなかった。

　ジャハーンギールが『バーブル・ナーマ』に対抗意識をもっていたように読み取れる箇所もある。インド南部の港町ゴアにいたポルトガル副王に使者として送った家臣が持ち帰った数々の珍しい動物が献上されたとき，彼は宮廷画家たちに命じてその写生画を描かせた。

史　料

　彼〔使者〕はあらゆる種類の産物・贈り物を持ち帰っていた。そのなかには幾つかの動物もあった。それはきわめて珍しい不思議なもので，それまで私はみたことがなかった。またその名を，誰も知らなかった。天国にお住まいの陛下〔バーブル〕はご自身の事績録のなかで，いくつかの動物の姿形を書き記しておられるけれども，画家たちにそれらの姿を描かせることはついになさらなかった。これらの動物たちは，私の目にはきわめて不思議なものに映ったので，これを〔文字で〕書き記すばかりでなく，『ジャハーンギール・ナーマ』のなかに，画家たちがその似姿を描くよう命じた。聞くことよりも，見ることによって生じる驚きのほうが大きくなるように，である。

ノガン（野雁）の一種の写生画　画面下端にジャハーンギール親筆の注記があり，この絵画を描いた画家の名前が記されている（インド博物館，コルカタ）。

　インドの動植物に関する『バーブル・ナーマ』の記述は，バーブルの卓越した観察眼が光る名文としてよく知られている。ジャハーンギールはこれに対して，曾祖父が取り組まなかった図像化という新機軸を打ち出したといっているのである。『ジャハーンギール・ナーマ』の各所でジャハーンギールは，自分がみた珍しい動植物を画家に写生させたことを書き残しているし，実際彼が召し抱えていた画家たちが制作した写生画も数多く現存している。そして絵画の目利きであったジャハーンギールは，そうした絵画に自分の注記を

書き込むこともあった。残念ながら『ジャハーンギール・ナーマ』の挿絵入り写本の原本は現存していないが（原本から分かれて伝世したと推定されている絵画は多数現存している），彼が自著を，曾祖父の著作にはない創意工夫を備えた作品として構想していたことは確実である。

■ 年代記という形式──君主による時間の支配

『ジャハーンギール・ナーマ』は出来事を年の順に区分して記述する，年代記という形式によって書かれている。

> **史　料**
>
> 〔ヒジュラ暦〕1014年ズルカアダ月11日火曜日〔西暦1606年3月20日〕，光溢れる場である暁の時に，最大なる発光体〔太陽〕が双魚宮から，自らの栄光・歓喜の館である白羊宮に遷移した。この日がめでたき即位から最初のノウルーズだったので，私は，我が偉大なる父上の時代と同じ作法で特別宮殿，一般宮殿の壁を豪華な布で覆い，装飾の極致を施すように命じた。

文中の双魚宮とは太陽の軌道の区分である十二宮の一つであり，白羊宮との境目が春分である（引用文中に補った西暦の日付の通り）。ジャハーンギールはその春分の日を「ノウルーズ」と呼んでいるが，これは「元日」を意味するペルシア語である。つまりジャハーンギールはここで，春分の日を元日とする新年の始まりを記録していることになる。

このように，ジャハーンギールの治世は春分を元日とする太陽暦年によって「治世第〜年」と区分されて記述された。1605年11月に即位したジャハーンギールは，文中にある通り，この日，最初の元日を迎えたので，ここに彼の治世第1年が始まったというわけである（それまでの約5カ月間は治世第0年だということになる）。上の引用文は，その新年を祝う祭礼の準備が下命されたことを伝えるが，その祭礼は同時に君主の治世の新たな年の幕開けを祝うものでもあった。君主の即位を起点にする時間区分は，その君主が帝国の領域だけではなく，時間をも支配していたことのあらわれである。

その記事は「〜月〜日」のレベルで，数日と間をおかずに書き連ねられる。帝国内の出来事，宮廷の事案，君主本人の言動や思案など，帝国の時間のすべてを自らの手中におさめようとするかのごとく「私」の叙述は詳細を極めるのである（だからこそ，後述するとおり『ジャハーンギール・ナーマ』に，数カ月にわたる叙述の欠落があることには不審の感をぬぐえない）。

ViewPoint

時間の区切り方は，歴史を記すうえで重要だ。インド社会には，サカ暦やヴィクラマ暦など在来の暦があるし，イスラーム社会にはヒジュラ暦がある。ムガル帝国が新しい暦を導入した意味を考えてみよう。

なお春分を元日とするこの暦は，ペルシア由来のイラン太陽暦である。一方ヒジュラ暦は月の進行に基づく太陰暦であって，イスラーム社会で広く用いられる暦である。ムガル帝国ではこれら二つの暦が併用されていたのであり，引用文のごとく『ジャハーンギール・ナーマ』はそのやり方を踏襲しているわけである。ただしイラン太陽暦は先代アクバルが導入した新たな機軸であり，ペルシア風の王権イデオロギーと密接に関係する文化政策でもあった。インドの伝統にも実用にも根差していない，新たな暦が帝国の時間を刻むことそのものに，インドに覇を唱える新たな帝国のイデオロギーが潜んでいる。ジャハーンギールは，この暦を使って自著を書き，そのイデオロギーをそこにまとわせたことになる。

■ 未完の歴史書『ジャハーンギール・ナーマ』

　『ジャハーンギール・ナーマ』が今日我々の目にする状態になるまでには，少々複雑な経緯をたどった。なぜならこの歴史書はある意味，未完の著作だからである。

　ジャハーンギールはまず治世第12年の年末（1618年3月）の記事まで書いたところで一区切りをつけ，原本の写本を複数つくらせた。先に述べた通り，王子や貴族たちに写本が送られた，というのは実はこの時のことである。これを仮に「第1バージョン」と呼んでおこう。第1バージョンの写本が何冊つくられたのか，それらの写本がその後どうなったのかはわからない。ただし治世第12年末までの記事からなる写本（いずれも当初の写本の写本）が複数，世界各地の研究機関のコレクションに所蔵されているので，第1バージョンはある程度，流布したものと考えられる。

　ところがその後，ジャハーンギールは治世第17年の途中，西暦1623年初頭頃の記事まで書いたところで執筆を止めてしまう。その理由について彼は「2年前に生じ，今も続く衰えゆえ，事件・事績を著録することができるほどには心と頭が連動しなくなった」と記している。当時彼は満53歳だから文筆の「衰え」はありえなくもない。若い時から続けてきた過飲が心身の劣化を早めた可能性もある。さらには，ちょうどこの時期に表面化していた王子シャー・ジャハーンの反乱がジャハーンギールの精力を奪っていたかもしれない。

　ともかくジャハーンギールは官僚ムウタマド・ハーンに『ジャハーンギール・ナーマ』の代筆を命じた。ジャハーンギールいわく，この人物はそれまで遠征軍に付属する書記官として働いた経歴ゆえ，

事実経過の記録に才能を示していたからだ，とのことである。その後生じる出来事については彼が執筆し，「私の修正を経てから清書する」という手順で書かれることになった。そのためムウタマド・ハーンの代筆部分も，『ジャハーンギール・ナーマ』はジャハーンギールの一人称で記述されている。なおムウタマド・ハーンはその後，官僚としてシャー・ジャハーン政権でも生き残る一方，歴史家としても活躍し，ジャハーンギール治世に関する重要な歴史書を執筆することになるのだが，それについては後述する。

　しかしこの代筆部分は，治世第19年の途中，西暦1624年5月下旬の出来事までのわずか1年余りをカバーするにすぎない。しかも最後の部分は，出来事の記述の途中で終わっていて，跋文（書物の終わりに記す文章）にあたる文章もない。このように『ジャハーンギール・ナーマ』の執筆は，突如中断した体になっているのであって，その点でこの歴史書は未完成のまま残された，といえるのである。

　中断の理由ははっきりとはわからない。その時点で帝国は，王子シャー・ジャハーンの反乱が帝国全土を巻き込む争乱に発展していた時期にあたるので，そうした政情不安を原因と考える余地はあるものの，憶測にとどまる。ともかく，書き出しから治世第19年途中のこの終端部までをカバーするバージョンを仮に「第2バージョン」と呼んでおこう。本来の意味での最終形態の『ジャハーンギール・ナーマ』はこの第2バージョンである。

Column

『ジャハーンギール・ナーマ』の「第3バージョン」

『ジャハーンギール・ナーマ』はジャハーンギールの死後，さらに形を変えた。未完のままになっていたこの歴史書を，ジャハーンギール治世の終わりまで補完しようと考える人が出てくるのは自然なことである。およそ百年後の18世紀前半，ムガル帝国はムハンマド・シャー（在位1719～1748年）の治世であったが，ムハンマド・ハーディーという著作家が，中断した箇所の続きを補筆して，ジャハーンギールが死去するまでの約3年半分の記事を仕立て上げたのである。ムハンマド・ハーディーはさらに，いきなり始まっていた『ジャハーンギール・ナーマ』の本文の前に序文も補足して，ジャハーンギールが即位するまでの王子時代の記述を付け加えた。こうして，未完成の『ジャハーンギール・ナーマ』は，相応の序文としかるべき終結部を備えた歴史書として「完成」したのである。これを仮に「第3バージョン」と呼んでおく。今日，「第3バージョン」の写本が多数現存していることからは，ムハンマド・ハーディーの補筆がかなり前向きに評価されたことがうかがえる。けれども彼が補筆した部分は，ジャハーンギール治世以降に執筆された歴史書からの孫引きにすぎないので，歴史研究のうえではさしたる史料価値をもたない。それゆえ，今日，研究者が標準版として用いる活字本では，第2バージョンを本文として提示し，ムハンマド・ハーディーの補筆部分はそれと区別して収録されている。

『ジャハーンギール・ナーマ』活字本（テヘラン刊）

■ ジャハーンギールは自分で書いたか？

　ところで「王様が自分で書いた書物」と聞かされて，そのまま受け取れない人もいるだろう。政治家やセレブが自分の書物を出版したといっても，その文章をその人が本当に自分で書いたと信じられるだろうか。ゴーストライターとは言わないにしても，その人の周囲にいるブレーンのような人たちが資料を集めたり，アイデアを出したり，文章を推敲したりして，その書物をつくりあげることはありうることだろう。まして自ら筆を執って，夜中にせっせと文字を紙に書き付けるような仕事を，君主であるジャハーンギールがやったものだろうか，と疑う考え方が出てきても不思議ではない。

　しかし『ジャハーンギール・ナーマ』については，そのような可能性は乏しく，ジャハーンギールが自ら筆を執って原稿を仕上げたのだと考えられてきている。先に述べた通り，ムウタマド・ハーンに代筆を行わせたことがわざわざ記録されていることは逆に，それまではジャハーンギールが自分で筆を執って書いていたことを示している。また1950年代にインド国立博物館が入手した『ジャハーンギール・ナーマ』写本は，途中までのページしか残っていない断片写本ではあるものの，そのかなり独特の筆跡を美術史学や写本学の専門家たちが調査したところ，ジャハーンギールの筆跡と同じである可能性が高いという見解が得られた。ジャハーンギールは愛好する絵画や古写本に自ら注記を書き込むことがしばしばあったため，彼の自筆の筆跡が多数知られていて，この写本と比較することができたのである。そうなるとインド国立博物館写本はジャハーンギールの親筆本であり，ことによると『ジャハーンギール・ナーマ』の原本かもしれない貴重な資料であると考えられることになる。こうした資料を考慮して，ジャハーンギールは自ら『ジャハーンギール・ナーマ』の内容を考え，自ら筆を執って書いていた，と考えられてきたわけである。

　ところが2006年に出版された新発見の史料には，この考え方に疑問を抱かせるような記述がある。その史料はジャハーンギール宮廷に出仕していた文人が，君主臨席のもとしばしば行われた夜の座談会のようすを記録したものである。この史料がカバーしているのは，西暦1608年11月から1611年11月までの間に不定期に行われた122回の座談会である。わずか3年の間ではあるが，『ジャハーンギール・ナーマ』などからはうかがい知れなかった宮廷での出来事やジャハーンギールの言動を知らせてくれる貴重な史料である。

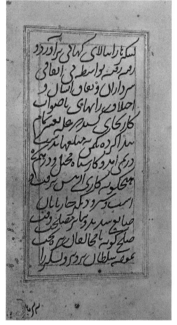

ジャハーンギール自筆とされる『ジャハーンギール・ナーマ』写本（インド国立博物館）

ジャハーンギール自筆の書き込みがある古写本　ジャハーンギールの書き込みはページの下3分の1ほどを占めている（ジョンズ・ホプキンス大学図書館）。

しかもこの文人が一連の座談会を記録していることはジャハーンギールも知っていた。そうした状況のなかで，西暦1610年6月22日夜の座談会に出席していたこの文人にジャハーンギールはこう言ったという。

「座談会における出来事の数々をおまえは書き記しているが，おまえとイゥティマードゥダウラは『ジャハーンギール・ナーマ』に収録することがふさわしいとみなしたことはすべて，ハーニ・アゥザムに知らせるように。ハーニ・アゥザムがふさわしいと思えば，私に上申してくるはずで，それは『ジャハーンギール・ナーマ』に収録されることになる」。

イゥティマードゥダウラもハーニ・アゥザムもジャハーンギールの大臣で，宮廷での政務のみならず，一連の座談会の常連でもあった。この記事に従うなら，宮廷文人が書き付けた記録は，君主の信頼厚い大臣たちのセレクトを経て，『ジャハーンギール・ナーマ』の記事の材料になる場合もあった，ということになる。

この文人の記録のなかで『ジャハーンギール・ナーマ』はもう一箇所登場する。1611年11月19日の座談会で，ジャハーンギールが王子時代に行った獅子狩りに話題が移った。ジャハーンギールは，突如あらわれた凶暴な獅子を一人の近臣が弓と刀で見事に仕留めた話を長々と語ったあと，その近臣の武勇や長年にわたる忠義を賞賛してやまない。そうした場の空気を読み取った大臣の言動が次のように記録されている。

そこでイゥティマードゥッダウラが言上した。「もし御命令があれば，陛下が自らご覧になった弓の使い手のことは『ジャハーンギール・ナーマ』のなかに書き記されることになりましょう」。すると陛下は「書くように」と御命じになったのである。

家来に「書くように」と命じたということは，自分では書かないという意味である。このことと，ジャハーンギール自筆とされる写本があることとを矛盾なく説明しようとすれば，例えば家来たちが書いたのは草稿，ジャハーンギールの自筆写本は清書の結果，と考えることになるだろうが，いまのところこれは憶測にとどまる。もちろん君主の意志なしには家来たちは絶対に書けないわけだから，『ジャハーンギール・ナーマ』がジャハーンギールではなく家来の著作物だ，とまで考える必要はない。

ジャハーンギール宮廷における座談会（フリーア美術館）『ジャハーンギール・ナーマ』の挿絵入り原本から分かれたと推定されている絵画のひとつ。1618年3月，グジャラート地方を巡行していたジャハーンギールが同地の学者たちに書物を下賜した座談会を描写したものと考えられている。

■ 公的記録としての『ジャハーンギール・ナーマ』

　むしろ重要なのは，最初の例と同じように，『ジャハーンギール・ナーマ』には大臣のアドバイスを受けて書き込まれた部分がある点である。君主が書いたというこの歴史書は，君主だけではなく宮廷の有力者たちの関与も得つつ書かれたことになる。それゆえ『ジャハーンギール・ナーマ』は君主個人の私的な記録ではなく，帝国宮廷という社会にとっての公的な記録であったといえるわけである。

　そもそも重要なのは，宮廷文人が残した座談会の記録のなかで『ジャハーンギール・ナーマ』が言及されていることである。すでに述べた通り，この歴史書の第1バージョンができあがり，王族や貴族に写本が配られたのは1618年のことである。しかしそれ以前の1609年および1611年，『ジャハーンギール・ナーマ』の存在は宮廷の関係者たちに周知の事実であったわけである。君主が当時まさに執筆中の歴史書のなかみは帝国のエリートたちの関心事であったことになる。このように考えてくると，本視点の冒頭で発した，君主個人の記録が帝国の歴史書といえるのかという問いにはやはり，「いえる」と答えられそうである。

　君主個人の記録が，ジャハーンギール治世の公式の歴史書だったという実態は，別の事実からも説明できる。ジャハーンギールは，他の君主と違って宮廷歴史家に公式の歴史書を編纂させなかったのである。すでに述べたとおり『ジャハーンギール・ナーマ』こそが公式の歴史書だと，彼自身も彼の帝国の人々も考えていたからに違いない。

　アクバルが命令して編纂させた公式歴史書『アクバル・ナーマ』についてはすでに触れた。またシャー・ジャハーンは公式歴史書『パードシャー・ナーマ』を10年ごとに編者を代えて編纂させたし，アウラングゼーブは『アーラムギール・ナーマ』という歴史書を編纂させた。治世が短かったバーブルや，国を失った時期のあるフマーユーンを特別な例外とすれば，ジャハーンギールが自分の公式歴史書をもたなかったはずはない。『ジャハーンギール・ナーマ』こそがそれである。この書物はたしかに，一人称で記述される君主の「自分語り」ではあるけれども，宮廷の関係者の関与も吸収し，内容を意識的に取捨選択して，現在進行形で書き綴られていく，帝国唯一の公式記録であった。その点においては，ジャハーンギールこそが，帝国の記憶をつかさどる歴史の主宰者であったわけである。ここに立ち上がってくるジャハーンギールの人物像は，従来の通念

である「風流天子」とはかなり異なるものにみえてくるはずである。

　実際，他の君主の時代には公式歴史書以外にも，別のタイプの歴史書が編纂されるのが常であったが，君主の歴史書が圧倒的な存在感をもったジャハーンギール治世では，他の歴史叙述の営みを威圧するかのように，別の歴史書は書かれなかった。『ジャハーンギール・ナーマ』の代筆を担当したムウタマド・ハーンはジャハーンギールの死後，帝国の歴代君主の年代記『ジャハーンギールの幸福の書』を著し，そのなかでジャハーンギール治世の歴史も記述している。しかしその内容はほとんどが『ジャハーンギール・ナーマ』の節略であって，以下に述べるいくつかの例外を除くと，『ジャハーンギール・ナーマ』と異なったり，詳しかったりすることはほとんどない。これと同じ頃に別の歴史家カームガール・フサイニーが著した『ジャハーンギール事績録』も同じく『ジャハーンギール・ナーマ』を典拠にしていて，独自の情報はほとんどない。

　このように比較対照する同時代の文献が乏しいという史料状況のせいで，ジャハーンギール治世についての歴史研究には難しいところがある。先に挙げた新発見史料である座談会の記録はそれゆえにきわめて貴重なのだが，そのほかには中央アジアからムガル帝国宮廷にやって来た旅行者のペルシア語の見聞録，イエズス会宣教師が宮廷の滞在時に作成したポルトガル語の報告書，オランダ東インド会社の商務員が残した各種のオランダ語の文書，ジャハーンギールに向けて英国王が送った使者が記した英語の見聞記なども役に立つ。17世紀前半，インドが世界とそれまでとは異なる密度でつながり始めた時代だからこそ，外部の人々が多数の記録を残してくれている。そこから得られる断片的な情報を丹念に検討して，可能な限り多面的な観点から研究を進めていく必要がある。

■ 生じた出来事と記録された歴史

　すでに確認した通り『ジャハーンギール・ナーマ』は君主ジャハーンギールもしくはその帝国の関係者にとって「収録することがふさわしい」歴史が記録された歴史書である。ではそこに収録されていない出来事はどのように考えるべきだろうか。生じた出来事と記録された歴史の違いをどのようにみるべきだろうか。

　ここではジャハーンギールが王妃ヌール・ジャハーンと結婚した出来事を例に考えてみよう。この王妃にジャハーンギールが特別な親愛の情を寄せたことは確かである。彼が発熱と頭痛を伴う深刻な体調不良を覚えたとき，重臣や侍医たちよりも先に打ち明けたのは，

自分が「誰よりも親近感を抱いていた」この王妃であったと自ら『ジャハーンギール・ナーマ』に記しているほどである。そしてすでに述べた通り，この王妃はのちに，父イゥティマードゥッダウラ，兄アーサフ・ハーンとともにジャハーンギール宮廷で政治的な力をふるうようにもなった。王妃の称号が君主と連名で勅令書の印璽や貨幣の銘文にあらわれる場合さえあったが，このようなことは帝国の歴史上，ほかに例がない。これほどの女性との結婚は，ジャハーンギールにとって重要な出来事であったはずだが，そのいきさつを彼は果たしてどのように記録しているのだろうか。

ジャハーンギールの肖像画を持つ女性（クリーブランド美術館） 豪華な装身具と衣服をまとったこの女性をヌール・ジャハーンだと解釈する説もある。

ジャハーンギールが，のちにヌール・ジャハーンと呼ばれることになる女性ミフルンニサーと結婚したのは，1611年の4月もしくは5月のことである。ところが不思議なことにジャハーンギールはこの結婚について何も記していない。『ジャハーンギール・ナーマ』は同年4月の出来事を記述したあと，わずか2行分の記事をはさんで，同年7月の出来事の記事にスキップするのである。その2行の記事とは，イゥティマードゥッダウラ，すなわち結婚相手の父親の官位が加増された出来事を記すものである。

4月から7月までの約3カ月分の記事がとんでしまっているというのは，上に述べた通り『ジャハーンギール・ナーマ』の緻密な叙述を考えると，かなり異様な脱落である。たしかに数カ月分にわたる叙述のスキップは，『ジャハーンギール・ナーマ』にほかにも2箇所ある。しかしこの脱落の場合，王妃の父親のことを記す一方，王妃との結婚に触れないという，かなり不自然な叙述を呈しているのである。もとはあった原稿のページをあとから削除したのではないかと憶測さえしたくなるほどである。

この不自然な空白に違和感を覚えたのは，当時の歴史家も同じであったらしい。『ジャハーンギール・ナーマ』の代筆を担当したムウタマド・ハーンがシャー・ジャハーン時代に歴史書を執筆したことはすでに述べた。『ジャハーンギールの幸福の書』（以下『幸福の書』）と題するその歴史書は，ジャハーンギール治世について，基本的に『ジャハーンギール・ナーマ』の内容を大幅に節略した，いわば「縮小コピー」の体となっている。しかしこの結婚については，『ジャハーンギール・ナーマ』がスキップしている箇所に，長大な記事を補っているのである。

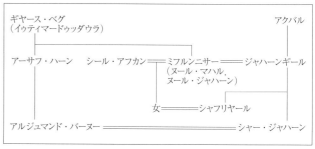

ヌール・ジャハーン関係系図

その記事は大略，以下の通りである。彼女の父親ギヤース・ベグ（のちのイゥティマードゥッダウラ）が一家を連れてイランからムガル帝国に移住してアクバルの宮廷に出仕した。彼女はその途中で生まれ，ミフルンニサーと呼ばれていた。彼女はアクバルの仲介によって，シール・アフカンというイラン出身者と結婚したが，この夫はジャハーンギールの乳兄弟を殺害した廉（かど）で処刑された。彼女の身柄は宮廷の王族女性に預けられた。ある年のノウルーズの祭礼でジャハーンギールが彼女をみそめたことがきっかけで結婚に至った。結婚後，ミフルンニサーはヌール・マハル（「後宮の光」の意）という称号，さらにその後にヌール・ジャハーン・ベギム（「世界の光たる妃」）という称号を与えられた。彼女の一族は出世し，彼女自身も政治に関与するようになった，という。

『幸福の書』の記事はたしかに周辺の事実をおさえてはいる。1607 年に彼女の最初の夫が処刑されたこと，彼女の身柄がハレムに預けられたこと，結婚のあと，ヌール・マハルという称号，さらに 1616 年にはヌール・ジャハーン・ベギムという称号を与えられたことは『ジャハーンギール・ナーマ』からも裏付けられるし，彼女の一族の出世もその通りである。しかし『幸福の書』が 1611 年 4 月から 7 月の間に起きた出来事として伝えているのは，結局のところ結婚ということがらだけである。1611 年当時，満 41 歳になっていた君主ジャハーンギールと，同じく 35 〜 36 歳になっていた寡婦との結婚の詳しい経緯を説明する情報はない。初婚がいわく付きの結末を迎えた女性と君主とのなれそめ，当時の他の例からすればかなり高齢のカップルの誕生といった，「知りたいこと」だらけのこの結婚については，同じ時代を生きたムウタマド・ハーンも沈黙しているわけである。

他の史料もこの結婚には触れていない。先に紹介した，宮廷の座談会を記録した史料は，1611 年 4 月から 7 月の期間をカバーしているが，その間に君主が結婚したことをうかがわせる記事はみられない。そうなると宮廷の座談会で君主の結婚は話題にならなかったことになる。一方，英国東インド会社の意を受けて 1609 年 4 月から 1611 年 11 月までアーグラーに滞在していた英国人ホーキンズはこの結婚について簡単に触れているが，彼女の名はジャハーンギールのおもだった妻たちの一人として挙げているにすぎない。別の箇所で彼は彼女を「筆頭の王妃」と言及するが，これは彼女の兄弟（アーサフ・ハーン）と自分が「親しい友人だった」と主張する文脈がある言葉なので，割り引いて考える必要がある。また 1611 年 2 月か

ViewPoint

『ジャハーンギール・ナーマ』が記録していない出来事をほかの歴史書はどのように記しているのだろうか。

ViewPoint

君主の結婚は帝国の宮廷で話題にならなかったのだろうか。当時の関係者たちの断片的な記録を調べてみる。

ら同年７月までアーグラーに滞在していた英国商人ジュアデンは，有力貴族たちの動向を記録するほど宮廷の事情を詳しく観察しているにもかかわらず，この結婚については何も伝えてない。つまりこの結婚は，ジャハーンギールのみならず宮廷の人々にとっても，記録すべきことがらとみなされなかったし，外来者の注意を特に引くほどの出来事でもなかったことになる。

　たしかに彼女の父イゥティマードゥッダウラは1611年当時，財務官の職にあり，ジャハーンギールの近臣の一人として座談会の常連でもあった。けれどもマンサブはさほどの高位でもなく，特に卓越した有力貴族とはいいがたい。彼女の兄アーサフ・ハーンの出世ものちの話である（彼の娘こそは，次代君主シャー・ジャハーンの王妃となり，かの有名なタージ・マハルに葬られることになるアルジュマンド・バーヌーである）。つまり1611年当時における彼女の一族の地位を考えれば，この結婚に君主と有力貴族との政略結婚という性格をみとめるのは難しい。彼女と彼らは当時権勢をふるっていたのではなく，次の通り，そのあとから権勢をふるうようになったのである。

　1615〜16年，ジャハーンギール宮廷に１年あまり滞在した英国人コルヤトは，「筆頭の王妃」として君主の側近くにいる彼女について記録しているし，ほぼ同じ時期に宮廷に滞在していた英国王ジェイムズ１世の使節ローも，宮廷政治における際だった彼女の役割に度々言及している。この使節団付きの牧師テリーは，彼女が「その帝国の支配者を，その愛情を独占することで支配している」と記したほどである。上に述べたとおり，ジャハーンギールの勅令書に捺される玉璽の銘文には，ジャハーンギールの名前に並んで，王妃ヌール・ジャハーンの名が刻み込まれることさえあったが，その既知の初例は1617年のものである。王権のシンボルに王妃の名があらわれるという帝国史上異例の現象は，彼女の特別な権勢を反映しているはずである。要するに彼女とその一族の権勢は，結婚のおよそ５〜６年後までには顕著になっていたということだろう。

　一方，ジャハーンギールにとってこの結婚が記録すべきことがらとみなされなかった理由はもう一つありそうである。1623年，インドに来着したイタリア人旅行者デッラ・ヴァッレが現地での見聞を記した旅行記のなかに，この結婚のいきさつについて興味深い記録がある。それによると，ジャハーンギールは寡婦となっていた彼女をハレムに入れたいと考えていたが，気位が高くて野心家の彼女は頑としてこれを拒否し，正式な妃としてでなければ絶対に嫌だ，

ViewPoint

君主の結婚という大きな出来事がなぜ記録されなかったのか。その理由を二つの観点から考えてみる。
①記録されるほどの重要事ではなかった。
②記録されることが望まれていない出来事だった。

ViewPoint

記録されることなく，人々の記憶に残った出来事が，あとになって浮上することもある。帝国宮廷とは距離があった外国人だからこそ記録できた「物語」の中に，出来事のありかを探ってみる。

と言ったのだという。この態度はさすがにジャハーンギールの気に障ったが、「愛情」の力によりこの要求を受け入れる気になった、というのが話のオチである。デッラ・ヴァッレはムガル帝国の領土にはほとんど入っていないため、伝聞に基づくこの記録の真偽は不明だが、ジャハーンギールの治世中すでに、この結婚をめぐる何らかのトラブルと、この王妃の女傑ぶりが話の種として巷に出回っていたことは確実な事実である。

　さらにジャハーンギール治世最末期のアーグラーに滞在していたオランダ東インド会社商務員ペルサールトが1626年頃に書き残したムガル帝国に関する歴史書には別の話が採集されている。いわく、ジャハーンギールは王子時代から彼女に恋情を抱いていたが、父アクバルからそれを止められていた。ジャハーンギールは即位すると、彼女を娶るべく、父親イゥティマードゥッダウラの館に一人の貴族を使いに送ろうとした。しかしその貴族はその婚姻に反対したため、業を煮やしたジャハーンギールは自ら相手の館に向かい、その父親を説得して、彼女との婚礼を挙げた、という始末の話である。王子の恋物語はアクバル時代の史料には出てこないし、彼女は結婚の直前、王宮のハレムに身柄を預けられていたのだから、この話が史実であるはずはない。ともかく、こちらの場合、話の展開を主導しているのはジャハーンギールだが、彼が望んだ結婚はアクバルからも貴族からも反対された、やはりトラブル含みのものであったという仕立ての物語になっている。

　さらに時代がくだり、17世紀後半にインドに滞在したイタリア人マヌッチの『ムガル帝国史』という書物に採集された物語は、もはやゴシップ的な噂話である。いわく、宮殿の横を流れる河を進む舟のなかにみかけた美女にジャハーンギールはすっかり魅入られてしまった。しかし彼女はシール・アフカンという兵士の妻だったため、王様のアプローチをきっぱり断った。そこでジャハーンギールはシール・アフカンの赴任先の総督に命じて、彼を殺させた。こうしてジャハーンギールは彼女を宮殿に迎え入れた、というのが話の次第である。王様の横恋慕というお話が史実であったとは考えにくいが、ジャハーンギールにこうした役回りを負わせるゴシップ話が巷に流れたことそのものは史実である。

　以上のとおり、トラブル含みのいきさつを物語る三つの記録を総合すると、ジャハーンギール時代においてすでに王族や宮廷のなかに、この結婚に対する何かネガティブな受け止め方があったのではないかと推測できる。特段の注目に値しない貴族の娘の結婚である

ばかりでなく，宮廷の座談会でも話題にしないことが望ましいような案件。それがジャハーンギールと彼女との結婚だったのではなかろうか。

　すでに述べた通り，1618年に完成した『ジャハーンギール・ナーマ』第1バージョンは，当時すでに権勢を極めていた王妃ヌール・ジャハーンとその一族の目にも触れたはずである。そしてこの帝国の事実上の公式記録が，1611年における問題の婚礼に全く触れない形で伝世したことは，その処置が彼女たちの意志にもかなっていたということだろう。「自分の結婚を記録しないなどけしからん」とはならずに，それを記録しないことが選ばれたのである。すでにみたとおり，この歴史書は「収録することがふさわしい」出来事を選んで書かれたのだから。

　史料に記録された歴史は，過去に生じた出来事の集合ではない。『ジャハーンギール・ナーマ』がジャハーンギール治世に関する第一級の史料であることに疑いはないが，すべての出来事を均等かつ客観的に並べたデータ集ではない。いかなる史料にも歪みと偏りがある。それゆえに史料は客観的ではないし，全面的な信頼をおけるような測定器でもない。むしろ『ジャハーンギール・ナーマ』がそうであるように，きわめて「私」的な視点から「ふさわしいこと」を選びとって帝国の時間を刻みつけようとした歪みや偏りを含んでいるのが常である。そして，歴史を研究するときには，そうした歪みや偏りにこそ，ムガル帝国とこの君主が生みだした歴史的所産が潜んでいると考えるべきなのである。

読書案内

小谷汪之編『南アジア史 2——中世・近世』(世界歴史大系) 山川出版社　2007 年

バーブル (間野英二訳注)『バーブル・ナーマ——ムガル帝国創始者の回想録』(全 3 冊) 平凡社　2014 ～ 2015 年

グルバダン・ベギム (間野英二訳注)『フマーユーン・ナーマ——ムガル朝皇帝バーブルとフマーユーンに関する回想録』平凡社　2023 年

真下裕之「ムガル帝国の栄光——アクバルからアウラングゼーブへ」『近世の帝国の繁栄とヨーロッパ』(アジア人物史 7) 集英社　2022 年

図版出典

Okada, A. 1992, *Imperial Mughal painters: Indian miniature from the sixteenth and seventeenth century*. Paris: Flammarion, p. 29, no. 27.　146 上

Beach, M. C. & Koch, E. (eds.). 1997, *King of the world: The Padshahnama, an imperial Mughal manuscript from the Royal Library, Windsor Castle*. London: Azimuth, p. 5.　146 下

Das, A. K. 2012, *Wonders of nature: Ustad Shah Mansur at the Mughal court*. Mumbai: Marg Publication, p. 116.　148

Hāshim, M. (ed.), *Jahāngīr Nāmah: Tūzuk-i Jahāngīrī athr-i Nūr al-dīn Muhammad Jahāngīr Gūrkānī*, Tihrān: Bunyād-i Farhang-i Īrān, 1359 Sh. (1980/1), p. 1.　151

Thackston, W. M. (tr.), *The Jahangirnama: Memoirs of Jahangir, Emperor of India*, New York: Oxford University Press, p. xv.　152 上

Arnold, T. W. 1930, *Behzād and his paintings in the Zafar-Nāmah MS*. London: Bernard Quaritch, frontispiece.　152 下

Beach, M. C. 2012, *The imperial image: Paintings for the Mughal court. Revised and expanded edition*. Washington D. C.: Freer Gallery of Art and Arthur M. Sackler Gallery, Smithonian Institution.　153

Lal, R. 2016, 'From the inside out: Spaces of pleasure and authority'. In: Quintanilla, S. R. & DeLuca, D. (eds.), *Mughal paintings, art and stories: The Cleveland Museum of Art*, Cleveland: Cleveland Museum of Art, p. 303.　156

第Ⅲ部
近現代

嘉慶の宗教反乱はなぜ「白蓮教徒の乱」と呼ばれるに至ったか

歴史の記憶を塗り替えた史料をめぐって

緒形　康

■ 「紅巾の乱」と「白蓮教徒の乱」

　高校世界史では，「清の動揺と変貌する東アジア」などの項目で，1796年から白蓮教徒の乱が起こったと書かれる。これだけ読めば，白蓮教徒の乱は，1796年に初めて始まったようにみえる。ところが索引には，別に「白蓮教」という事項があって，1351年から66年にかけてモンゴル帝国崩壊の一因となった「紅巾の乱」が白蓮教徒によると本文に書かれている。したがって，注意深い学習者は，白蓮教が14世紀半ばから大きな力を持った教団であることに気づくことはできよう。だが，この14世紀の「紅巾の乱」が，18世紀末になって「白蓮教徒の乱」と呼ばれるに至った理由について，教科書は十分に説明してくれない。

　そのことを明らかにするためには，モンゴル帝国下の白蓮教の動きと，明朝末から清朝にかけて生まれた様々な宗派の活動を長いタイムスパンで見渡し，「紅巾の乱」から「白蓮教」が生起した社会的背景を知らねばならない。そうして初めて，満州族の支配する清朝に生まれた数ある宗教反乱のなかでも「白蓮教」が特に重視され，時の宗教反乱の代名詞となって，かつての「紅巾の乱」の位置に取ってかわった，決定的な歴史的瞬間を捉えることができる。「白蓮教」が清朝に起こった宗教反乱を代表するものであることを初めてはっきりと述べたのは，嘉慶6(1801)年1月29日に，ある邪教教団の教主を極刑に処する理由を書いた，嘉慶帝の「御製邪教説」であった。これは清朝の公式記録である『清実録』のなかの嘉慶帝の時代をまとめたファイル（『仁宗睿皇帝実録』）に収録されており，オンラインで誰でも原文を参照することができる。長くなるため全文の引用はしないが，嘉慶帝が挙げる教主極刑の事由は以下の3点にまとめられる。

(1) 台湾の中央研究院・歴史語言研究所のHPにある「明実録，朝鮮王朝実録，清実録資料集」参照（https://hanchi.ihp.sinica.edu.tw/mql/login.html　最終閲覧日：2023年2月10日）。

史　料

①白蓮教という邪教を宣教し，王双喜を買収し，「牛八」の名に借りて，前明朝の復辟をはかった。

②その教徒の姚之富，斉王氏（王聡児）たちと辰年辰月辰日の一

斉蜂起を企てた。

③各地に潜伏し，宝豊と郊県で村荘を攻撃し，「天王」の旗幟を掲げた。

『清実録・仁宗睿皇帝実録』巻 39，嘉慶 6（1801）年 1 月 29 日

　これからみてゆくように，嘉慶帝のこの「御製邪教説」は，当時の歴史の出来事を正確に反映したものではない。しかし，極刑に付された教主を捕まえるために皇帝や官僚たちが試みた様々な方策をたどってゆくと，必ずしも歴史の事実にふさわしくないこのような結論が下されたのには，それなりの理由があったことがわかるだろう。嘉慶帝がこの「御製邪教説」を書いた前後で，中国の宗教反乱に対する人々の見方は大きく変わってしまったのだ。その変化の現場に，これから，皆さんをご案内することにしよう。

■ 明代宗教結社の雄，李福達

　「紅巾」という赤い頭巾を被って女真族の金王朝に対抗する武装集団が出現したのは，北宋から南宋へと交替する 12 世紀初頭であった。この「紅巾」の活動はモンゴル帝国からの解放を求める民族運動が興起する 14 世紀に，白蓮教に代表される民間宗教との結びつきを強め，弥勒菩薩が濁世を救済するという弥勒下生の信仰に基づいて，現世の変革をめざす宗教結社を組織したのである。

　やがてモンゴルの支配は打破され，漢民族の王朝である明が建国される。建国から 150 年が経った正徳年間（1506 〜 21 年）には，山西の崞県（今の太原市）の李福達が，「弥勒仏が降臨し，世界の当主となる」という白蓮教の教えを再び唱えるようになった。白蓮教は，「紅巾の乱」のように異民族からの独立を求める民族運動を呼びかけるのではなく，民衆を抑圧する現政権に対する対抗運動を理論づける教義となったのである。

Column

「紅巾」と『水滸伝』

「紅巾」を被った武装集団を最もリアルに描いたのは，書物の出版が盛んになった明朝後期にあらわれた『水滸伝』である。梁山泊に立て籠もった英雄好漢たちは，「紅巾」を戴き，「紅襖」を身につけ，「紅幟」を掲げて官憲との戦いに臨んだ。

正徳1（1506）年，李福達は蜂起したが，事前に発覚し，甘粛の山丹衛（今の甘粛省張掖市）に流罪となった。そこから逃亡したあと，女真の部族（建州女直）の軍隊に捕縛され，今度は山海衛（今の河北省秦皇島市）に流罪となり，女真に国家機密と軍需物資を売り渡す明朝上層官僚や山西商人の腐敗した実態を目の当たりにした。再び逃亡し，陝西の洛川県で蜂起，潼関に進駐したとき，謎の失踪を遂げるも，のちに張寅を名乗って，京師（首都の北京）に乗り込み，明の建国に功労のあった長老の子孫，郭勛の信頼を得て，宦官社会のなかに白蓮教を浸透させた。

■ 徐鴻儒の反乱と聞香教

天啓2（1622）年には，山東で徐鴻儒が率いる大規模な白蓮教の反乱が起こる。徐鴻儒は直隷（今の河北省）の薊州の人で，白蓮教の流れを組む民間宗教，聞香教の教主である王森の弟子であった。王森は直隷の灤州・石仏口に宗教王国を築いた。狐の芳香を放つと謳い，その芳香にあやかって聞香教を開いたのである。万暦23（1595）年，邪教を広めた科で逮捕されるが，賄賂によって釈放，京師に潜入した。そして，皇貴妃に近づき，宦官勢力と結託し，後宮で皇太子暗殺を企てるまでの闇の力を蓄えた。だが，教団の主導権争いが起こると，その煽りを食らって，万暦42（1614）年に逮捕され，獄死した。

しかし，子息の王好賢は良く教団の指導力を保ち，彼の代に教団はさらなる発展を遂げ，その高弟の徐鴻儒が山東で決起するまでになった。聞香教は，異民族王朝である清朝の厳しい弾圧下でもしぶとく生き延び，直隷から山東，湖北，安徽までを勢力範囲とする広大な宗教ネットワークを形成した。清朝の時代には清水教を名乗り，白蓮教よりもむしろ，明末に生まれた新興宗教である羅祖教などの影響を色濃く反映するようになった。

■ 明末の新興教団，羅祖教

羅祖教とは，明代の国防の重点地域の一つである，首都北方の要塞，密雲で，16世紀の初めに，羅祖という教主が，禅宗の教義を白蓮教の弥勒信仰とブレンドさせた新宗教にほかならない。やがてそれは，北京と杭州を結ぶ世界最長の京杭大運河を往復する糧船で働く，貧しい水運労働者たちの心の拠り所となった。彼らは法律で禁止された塩の密売に従事した。羅祖教の首領が乗る「老官船」に率いられ，大運河沿線各地で塩や高価な物資の運搬を担った。

万暦43（1615）年に礼部が作成した邪教リストには，涅槃教，紅<ruby>封<rt>ぽん</rt></ruby><ruby>教<rt>こう</rt></ruby>，<ruby>紅陽教<rt>こうようきょう</rt></ruby>，<ruby>黄天教<rt>こうてんきょう</rt></ruby>，老子教，羅祖教，<ruby>円頓教<rt>えんどんきょう</rt></ruby>，南無教，浄<ruby>空教<rt>くうきょう</rt></ruby>，<ruby>悟明教<rt>ごみょうきょう</rt></ruby>，<ruby>大成教<rt>たいせいきょう</rt></ruby>など多くの教団の名前が並んでいるが，これらは，大きく分類すれば，ここまで述べてきた白蓮教と羅祖教の2つの系列にまとめることができるのである。

　「紅巾の乱」とは，元来は，赤い頭巾を被って元朝の異民族支配に対抗する民族運動をあらわす言葉だった。明末には，それが腐敗した現世を救済する革命を呼びかける白蓮教との結びつきを強めた。満州族の清朝の建国初期になると，羅祖教というもう一つの民間宗教が，現世救済の新しい原理を人々に提供し始めたのである。

■ 張太保大乗教と老官斎教

　時代は清朝の治世に変わった。初期の統治者は，宗教の鎮圧に当たって，江蘇と浙江という長江下流域，つまり清朝の支配に最後まで抵抗して南明政権（1644～62年，<ruby>鄭成功<rt>ていせいこう</rt></ruby>が築いた海上帝国も含めれば1683年まで）を支えた地域を重点的な捜査の対象とした。摘発の最初の標的となったのは<ruby>張太保<rt>ちょうたいほ</rt></ruby>大乗教である。

　<ruby>乾隆<rt>けんりゅう</rt></ruby>11（1746）年，雲南の<ruby>大理鶏足山<rt>だいりけいそく</rt></ruby>（今の大理<ruby>白<rt>ペー</rt></ruby>族自治区）で張太保が創設した大乗教を信奉する信者は，北方から江南，湖北，四川へと拡がったあと，今度は西南を拠点に，江蘇，浙江，山西へと逆流してゆき，中国の広大な領域に浸透した。この張太保大乗教は，羅祖教が発展したものと考えることができる。

　<ruby>雍正<rt>ようせい</rt></ruby>・乾隆時代（1723～35，36～95年）に，羅祖教はさらに強大化した。羅祖教を改名した福建の<ruby>老官斎教<rt>ろうかんさい</rt></ruby>が，その良い例である。福建は京杭大運河から外れた地域に位置する。しかし，浙江との境界を形づくる<ruby>武夷山<rt>ぶい</rt></ruby>（標高2100m）に銅鉱が埋蔵されていたため，一攫千金を夢見るアウトローが多数集まっていた。羅祖教の一派，老官斎教は，彼らの心を捕らえた。

　乾隆13（1748）年，この武夷山を取り巻く建安と<ruby>甌寧<rt>おうねい</rt></ruby>で，老官斎教徒が反乱に立ち上がった。それは厳氏（法名は<ruby>普少<rt>ふしょう</rt></ruby>）という<ruby>巫女<rt>シャーマン</rt></ruby>を指導者とする点で，これまでの宗教反乱にはない特徴を備えていた。白蓮教以来の弥勒下生の思想に，<ruby>巫術<rt>ふじゅつ</rt></ruby>という新しい要素が加わったのである。

■ 八卦教の歴史

　乾隆39年（1774）8月28日には，山東の<ruby>寿張<rt>じゅちょう</rt></ruby>（今の済寧市）で<ruby>王倫<rt>おうりん</rt></ruby>の率いる清水教徒が蜂起した。民間医学療法に精通していた王倫

は，拳法の達人たちを「義子」に従え，この腐敗した世界へ弥勒が下生し，清水教を信じる人々を救済すると説いた。

1774年は山東で食糧危機が起こった年である。清水教反乱は飢えた農民を救済する世直しの側面も持っていた。王倫の壮絶な焼身自殺で幕を閉じた反乱は1カ月余りと短命だったが，彼が布教に努めた清水教の影響は持続的なものであった。清水教が八卦教という，より大きな宗教結社に属していたからである。

八卦教はその創設の初めに五葷道を名乗り，また収元教とも呼ばれた。乾隆13（1748）年2月初め，先にみた福建の巫女による老官斎教徒の反乱から官憲の捜査の網が広がり，山西の定襄県（今の忻州市）の人，韓徳栄を首領とする収元教徒が逮捕される。『五女伝道』，『八卦図』，『訓蒙説』，『小児喃』，『雑鈔』という5冊の宝巻が押収された結果，この教団の秘められた実態が初めて明らかになった。韓徳栄は，山東の劉儒漢一族の教えを伝道したと自供した。この供述を手がかりに，第3代教教主の劉恪が逮捕された。

■ 乾隆帝は八卦教の革命プログラムを見破った

1774年に王倫が清水教の乱を起こした当時，八卦教は第4代教主，劉省過に率いられていた。彼らが企てる革命のプログラムを，時の皇帝，乾隆帝はすでに2年前の1772年，押収された『訓書』のなかの一節から見破っていた。

『訓書』には，「明朝を平らげるのは周劉の家からは出ず，さらに未来の戊辰（1808年）より己巳（1809年）の間にあろう」というフレーズがある。その裏面に秘められた革命の隠喩は，乾隆帝によれば，次のようなものであった（以下史料はすべて拙訳。読みやすさに配慮し意訳している。〔　〕内は訳者による補足・解説）。

> **史　料**
>
> 朕は，この「明を平らげる」のなかの「明」字の左の旁に，改竄の跡があるのを発見した。筆跡をチェックすれば，これは「胡」〔異民族の清朝を指す〕の字だ。「胡」から「明」に改竄するのは容易だから，そうしたとみえる。ここに込められた大逆の意は明瞭だ。その後の「太公が渭水で釣りをしていた故事も学ぼうではないか。一度，周朝を釣り上げてから，八百の秋を経過したのだから」というフレーズにも，紀元前11世紀の殷周革命〔前1046年〕における太公望呂尚〔前11世紀の人〕と周公旦〔？〜前1032〕が起こした革命の故事が込められている。
>
> 「上諭」（乾隆37〔1772〕年4月13日）

「明を平らげる」という『訓書』の文面は，実は「胡を平らげる」

であった。「胡」とは清朝という異民族の支配者を指す隠喩であって，以前の統治者である明朝のことではない。つまり，『訓書』は，単なる宗教教義を説いた本ではなく，清朝を打倒する革命のプログラムを呼びかける決起文であった。この『訓書』を書いた王中は，八卦教徒で，のちに清水教を唱えたのである。八卦教の教団では震卦に属し，「東方震宮王老爺」を称していた。

■ 「白蓮教徒の乱」には羅租教が混在している

羅租教を代表とする明代半ば以降の新興宗教は，白蓮教とは重なりつつも，独自の教義を唱えた。ここまで紹介した，李福達，徐鴻儒，老官斎教徒，王倫の反乱のうち，前の2つは「白蓮教徒の乱」といって良いが，3つ目は羅祖教徒の反乱である。4つ目の清水教の乱になると，その評価はかなり難しい。白蓮教の一派である紅陽教の後裔でありながら，同時に羅祖教の特色をも備えていたからである。あとでみるように，1796年から始まる反乱にも，この2つの宗教の影響は混在していた。だから，これらを単に「白蓮教」の乱と呼んだのでは，その反乱の複合性を正確に理解することはできない。

そこで誤解を避けるために，みなさんが「白蓮教徒の乱」としてこれまで学習した事件を，ここでは「嘉慶の宗教反乱」という名前で呼ぶことにしよう。「嘉慶」とは，この反乱が起こったのが嘉慶帝の時代（1796～1820年）であったことから来る命名である。

この「嘉慶の宗教反乱」を，台湾や中国の学界では，「川楚教乱」とか，「川湖陝白蓮教起義」と呼ぶことがある。「川」，「湖」，「陝」は，それぞれ四川，湖北・湖南，陝西を指す。もっとも，この反乱は安徽，江西，貴州でも起こっている。「楚」という呼称は，そうした広い地域をカヴァーするための命名だろう。周知の通り，紀元前の春秋戦国時代，南方に興った強国は「楚」であった。この国家は，今の湖北に生まれ，長江沿いに東南方向へと勢力を拡大して，湖南，江西，安徽，江蘇，浙江，福建を支配下に収めた。だから「川楚」という呼称で1796年以後の反乱を語れば，それが中国の広い地域におよんだ史実をうまく説明できる。しかし，このあまりにも漠然とした称呼は，反乱の中心をなす地域への注意力をかえって削いでしまう。反乱指導部の一つである河南が，ここからはすっぽり抜け落ちるのである。

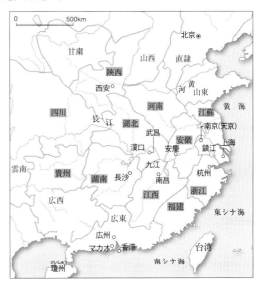

18世紀末の中国

■ 「嘉慶の宗教反乱」の2つの中心

　嘉慶1（1796）年3月4日，劉之協，張正謨，姚之富，斉王氏（本名は王聡児，サーカス団の曲芸師出身の女性指導者）らを首領として爆発した大規模な蜂起には，2つの中心があった。一つは劉之協が指導する河南の汝州であり，もう一つは張正謨を指導者とし，姚之富，王聡児を実働部隊とする湖北の襄陽である。河南の蜂起を率いた劉之協は混元教を奉じ，湖北の蜂起を率いた張正謨は収元教を奉じた。前者には白蓮教の，後者には羅祖教の影響がある。反乱の主要な舞台は，湖北の襄陽であって，河南の汝州ではなかった。河南の主な指導者は，1794（乾隆59）年の大量摘発によって，運良く逃亡できた劉之協以外，ほとんどが姿を消していた。襄陽を中心に，漢江を経由して，西北は陝西へと，あるいは長江を通じて，西南は四川へと至る，四川・湖北・陝西の三省境界地域で，反乱軍は清朝の八旗や緑営軍と激突したのである。

■ 反乱の舞台，襄陽

　襄陽を取り巻く地方は，標高1500m級の山岳が連なり，「棚民」と呼ばれる猫の額ほどの狭い棚田を耕作する貧しい農民や，山間地帯で木材を伐採して生計を立てる山民がいた。長江の支流である漢江がこの地域を北西から南東へと斜めに横断しているため，水運労働者も多く，あとでも触れるが，漢江の各集積地で荷卸しをした彼らは，新しい交易品を積んで漢江を武漢に向けて下ってゆくまでは仕事にありつけず，漢江沿岸一帯で腕力に頼んだ略奪まがいの行為におよぶことも稀ではなかった。社会の最下層の彼らは，過酷ですさんだ生活を支える精神的支えを必要とした。張太保大乗教がこれらの地域に普及した理由は，ここにあった。水運労働者の守護神である羅祖教系統の宗教結社が，1796年の反乱のずっと前から，この地域には深く根を下ろしていたのである。

■ 劉之協と宋之清は別の「牛八」を奉じた

　清水教の乱が起こったのと同じ乾隆39（1774）年，河南の鹿邑（今の周口市）の人，樊明徳を指導者とする混元教の教団が，河南・安徽・湖北一帯に勢力を伸ばした。混元教は白蓮教の一分派である。乾隆40（1775）年に，その樊明徳が逮捕，処刑された。信徒の家から『混元点化』という宝巻が押収された。樊明徳の高弟，王懐玉は捜査の網から逃れたが，その弟子である劉松が逮捕され，流罪となった。

Column

サーカス団出身の女性反乱者たち

この時代，サーカス団の女性曲芸師で反乱の指導者に就く例は多い。この王聡児のほかに，明を滅ぼした李自成の反乱軍で制将軍を務めた李岩を洛陽の監獄から救って，その妻となった紅娘子もサーカス団出身である。もっとも，これら女性反乱指導者のモデルは『水滸伝』にあり，李自成の軍団には，武将の称号や大順という年号に至るまで『水滸伝』の影響が濃く，紅娘子が歴史的に実在したか否かは現在も定論をみない。

Column

革命の隠喩である拆字法

漢字を幾つかのパーツに分解する謎掛けを拆字法といい，革命軍の暗号としてよく用いられた。八卦教の基本経典の一つである『定劫宝巻』は，当時の華北の民衆の心の奥深くにあった清朝打倒という秘められた願望を，次のように表現するが，ここにも拆字法が使われている。

　十八の子供が「尭」の上に生まれ，幼いときからよく人を殺した。鋼の刀を振り回すこと九十九，胡人を殺し尽くして今や太平。九分の悪人が皆死んで，一分の善人が太平に住まった。燕と趙と魏の地で賢民が立ち，秋の九十日間，関所で明王を拝まん。

（『定劫宝巻』）

「尭」とは，「尭竜」という言葉が示すように，天子の礼服，転じて天子その人を指す。「十八の子供」とは，拆字法に基づき，「李」という漢字を，「十」「八」「子」という3つのパーツに分解したものである。「尭」は「岩」に通じ，李自成軍の制将軍であった「李岩」を指す。つまり，この第一フレーズは，崇禎年間（1628～44年）に起こった李自成の蜂起を遠回しに語ったものなのだ。

「鋼の刀を振り回すこと九十九，胡人を殺し尽くして今や太平」のフ

しかし，彼は布教を諦めなかった。自分の育てた弟子たちを遠隔組織して再起をはかった。その弟子の一人が，安徽の太和県（今の阜陽市）で劉松の教団にいた劉之協であった。

劉之協は混元教の名を三陽教と改め，信徒を増やすために，劉松の息子の劉四児を弥勒仏の転生であるとして擁立した。さらに，明朝復興のため朱元璋の一族を推戴する17世紀以来の運動を受け継いで，安徽の亳州で10両の銀貨で買い取った11歳の少年，王双喜こそは「牛八」（「朱」のパーツを分解すると「牛」，「八」となることから，明朝の朱家の子孫を示す隠語とされた）なのだと主張して，この教えを信じる者は「水火刀兵の厄災」を逃れることができると述べたのである。

乾隆54（1789）年，劉之協は湖北へと宣教の旅に出た。そして，漢江の半ばにある襄陽で宋之清という新しい弟子を獲得した。宋之清は収元教の教徒であったが，このとき三陽教（つまり混元教）に改宗した。宋之清は，湖北，河南で多数の収元教の信徒を抱えていたが，彼らもこのとき一斉に三陽教（混元教）に改宗したのである。

しかし，乾隆57（1792）年，宋之清は劉之協や劉四児と布教活動の方針をめぐって激しく対立する。宋之清は新たに西天大乗教を創設したが，この新教団は，その名称からもわかる通り，張太保大乗教という羅祖教の原点に先祖返りする志向をもつ。西天大乗教は，劉四児ではなく，河南の南陽の人，李三瞎子（隻眼の李家の三男）を擁し，李こそ真正の弥勒仏の転生者だと説いた。こうして，劉之協と宋之清は，それぞれ別の「牛八」を掲げることになったのである。

乾隆59（1794）年，清朝は大規模な邪教摘発に動いた。宋之清，劉松，劉四児，李三瞎子はこの大捜査の網にかかり，逮捕，あるいは処刑された。しかし，劉之協は捕縛を免れ，地下に潜伏した。

■「嘉慶の宗教反乱」の始まり

嘉慶1（1796）年3月4日，湖北の荊州府の枝江，宜都の両県で，収元教徒の張正

レーズは，モンゴル帝国末期（14世紀後半）の民間歌謡で広く普及した一節である。1351年に始まる白蓮教徒の反乱軍（紅巾の乱，明朝を建国した朱元璋（1328〜98年）はその指導者の一人であった）が，モンゴル族という異民族を中原から追放したことをあらわす。これもやはり，暗に，18世紀の満洲族支配を批判したものである。

「燕と趙と魏の地で賢民が立ち」とは，「燕」は北京，「趙」は山西，「魏」は河南であるから，李自成軍が山西に起こり，河南を占拠し，北京を陥落させた史実を踏まえる。「秋の九十日間」とあるように，この闘いは秋いっぱい継続される，苦難に満ちたものだが，必ずや異民族支配を終焉させて，「明王」の誕生を実現してみせるという固い決意が語られるのである。

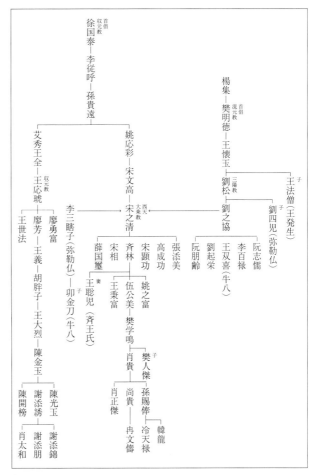

「嘉慶の宗教反乱」指導者関係図

謨，聶傑人によって「嘉慶の宗教反乱」の火蓋が切って落とされた。反乱軍の首領である張正謨は，政府軍に逮捕されたあとの供述書のなかで，蜂起の2カ月前に，白培相という収元教の指導者から，蜂起が辰年辰月辰日（嘉慶1年に当たる）に神の名において予言されたので，至急その準備に着手せよという指令を受けたと供述している。白培相の予言の詳細は次のようなものである。

史 料

　山西の平陽府の楽陽県〔今の臨汾市〕に王家荘がある。この王家荘で，ある日突然，大石が真っ二つに割れ，なかから経文があらわれた。経文の文言はこうである。太陽が二つ昇り，黒風が巻き起り，無数の人民が死亡して，その白骨は山をも埋め，その血は流れて四海を満たす。しかし，人々がこの予言を呪文に唱えれば，厄災を避けることができる。王家荘の長春観に李犬児という人がいるから，直ちに彼を推戴して蜂起せよ。彼を補佐する軍師に朱九桃を充てよ。　　　　　　　　　　　張正謨「張正謨供」

　この白培相の予言にある朱九桃とは，天地会という秘密結社の伝説が語る5人の開祖の一人，朱洪竹のことである。襄陽で蜂起した「嘉慶の宗教反乱」の主力部隊は，鄭成功が築いた海上帝国を支える福建省に生まれた天地会の成員たちを，今回の蜂起の同盟軍とすることを模索していたのである。

■ 天地会の予言

　天地会には西魯伝説と呼ばれる創生神話がある。康煕13（1674）年に，西魯の国王が反旗を翻し清朝の国境に迫った。清朝はたびたび討征軍を向けたが，ことごとく失敗した。そこで，福建の莆田にある南少林寺の僧兵20数人を派遣したところ，西魯を平定したので，康煕帝はこれを高く評価した。ところが，この南少林寺の僧兵を讒言する官僚があらわれ，その讒言を信じた康煕帝は八旗兵を福建に遣り，南少林寺を焼き払った。このとき南に難を逃れたのはわずか5人の僧だったが，万道宗を首領に，陳近南を軍師に戴き，洪門（洪は紅に通じ，明朝の皇室である朱家を指す）を組織した。そして，難を逃れた5人を「洪門五祖」に当て，「天を父に，地を母に」して，「反清復明」を誓ったのである。こうして天地会が創設された。

　鄭成功は福建の延平府（今の南平市）を拠点とし，明朝から王号を授けられたので，延平王と呼ばれた。天地会がこの鄭成功（延平王）を老祖としたのは，彼が台湾を占拠したあと，中国大陸に，清朝を打倒する秘密結社の細胞を張りめぐらせたからである。清朝の歴史

Column

蕭一山の天地会研究

天地会の研究が大きく進展するのは，近代史研究者の蕭一山が1930年代に大英博物館で，天地会の起源を語った西魯伝説の記録を発見してからである。図は，彼の『近代秘密社会史料』（岳麓書社，1986年）に掲げる「洪門腰牌第四」であり，天地階の結合原理が，一枚の腰牌に寓意化されている。

南少林寺の怪僧

万道宗（1613～1701年）は俗姓を張，名を雲竜という。福建の最南端，漳州府の詔安県，二甲九社の人。天地会と香花僧の創始者に擬せられる。

少時，故郷を離れ仏教を学び，文武を兼修し，交遊の範囲ははなはだ広かった。崇禎4（1631）年，道宗を法号とし，福建の漳州府平和県の竜湫岩に五都興教寺を建立する。崇禎8（1635）年，法号を無智に改め，五都興教寺の旧址に初来寺をつくる。崇禎12（1639）年，法号を達宗とし，漳州の名士，盧若驥を知る。崇禎の末年，政治的大動乱のなかで，九甲に帰り，堂兄の張礼，郷友の郭義，蔡禄ら18人と結拝同盟し，「万を姓とする集団」を創設，自ら名を万雲竜と改め，結盟の排行が5番目であったことから，万五和尚を名乗った。同時に九甲に長林寺を建立し，法号を道宗と決し，「長林寺開山僧」を自称した。

万氏集団は急速に発展し，数千の結盟者を擁するまでになった。だが万道宗は，客家の出自で，鄭成功の直臣ではないことから，不測の事態に対処するため，天地会の秘密結社の組織化を密かに始めた。順治18（1661）年初め，鄭成功が台湾から万義，万禄に向け，部隊を率いて漳州府の銅山（東山の至近にある）を離れ，台湾に結集するよう求める伝令を発した際，万道宗は，万義と万禄を説いて清朝に投降させ，同じ年の5月にも，漳州府の東山にて，結盟兄弟である蔡禄と郭義に，1万の軍勢とともに清朝へと投降するよう命じた。これが史上名高い「銅山の変」である。

しかしながら，清朝の万氏集団に対する処遇は冷酷そのものであった。万義と万禄は投降後，広西と河南の総兵官となった。万道宗は江西督糧道に任命されたが，官には就かず，詔安県に帰って信仰の道に復した。康熙13（1674）年，三藩の乱が勃発すると，万禄は，密かに呉三桂に通じたため，清朝によって河南で惨殺され，連座する者多数に上った。万義もまた，広西にあって鄭成功の後継者，鄭経と関係回復をはかろうとしたので，事態は急を告げた。万義は詔安県へと逃走し，万道宗に救援を求めた。

万道宗の考えは，結盟兄弟間の義理はあらゆる人間関係を超越するというものだった。盟友の多くが清朝に惨殺されるなか，清朝への恨みは深かったが，万氏集団の勢力は孤立していたから，社会の前面に出て清朝に対抗するのではなく，秘密社会を形成して，世代をこえて清朝との闘争を継続しようと考えた。こうして，康熙13（1674）年7月25日，漳州府詔安県官陂鎮の高渓廟に，残存部隊と仏教門徒を集め，指を切って血を垂らした酒を汲み合い，「結盟拝兄弟」の誓いを立て，秘密社会である天地会を正式に立ち上げたのである。

万道宗はこの時すでに，鄭成功の旧部隊と関係を修復していた。康熙14（1675）年5月，鄭経の軍団が広東の潮州で清朝軍と激突した際，惨敗した鄭経の兵士たちの遺骸3000を，道宗は手厚く葬った。この後，道宗は興化府仙游県の鳳山にあった四都報国寺に鎮座し，住職の身分で，北は福州，江西，浙江，江蘇，南は広東，広西，雲南，貴州におよぶ天地会と秘密裡に連絡を取った。康熙20（1681）年には，仏教門徒の間に香花僧という宗派をつくった。彼らは禅宗の僧侶であると同時に天地会の伝道者でもあった。康熙40（1701）年の前後に，道宗和尚は円寂したと思われる。享年89歳。詩文に優れ，書画を良くした。福建の漳州府の東山県銅陵鎮九仙頂，あるいは詔安県官陂鎮の長林寺や高隠寺の一帯に，彼の残した題刻があり，『香花僧秘典』（伝道宗著，鈔本）が，その大部分の遺作を収める。

「万を姓とする集団」は血縁集団ではなく，血縁を擬制した社会契約に基づき形成された政治集団である。こうして近代中国の秘密社会のなかに，「異姓結拝」という新しい規範があらわれることになった。

を通じて，天地会は，度重なる弾圧をくぐり抜け，官憲の目をかわすために，乾坤会，添弟会，三点会，三合会，三河会，圏子会，漢流（留）など50をこえる名称を冠した。

嘉慶1（1796）年3月4日に湖北の襄陽で起こった革命を最前線で支える実働部隊は，この天地会の予言を受け入れた。彼らのそうした戦略は，繰り返すが，河南の汝州を拠点とした，混元教徒である劉之協の指導部とは微妙に相違していたのである。

■ 「嘉慶の宗教反乱」の主力をなす 襄陽の収元教徒たち

襄陽で蜂起した「嘉慶の宗教反乱」部隊は収元教徒で占められていた。反乱の5年前の乾隆54（1789）年，この収元教は三益教と名を変えて，混元教と同盟関係を結ぼうとしたことがある。三益教の創始者は姚応彩といい，その再伝の弟子が宋之清にほかならない。

ViewPoint

「嘉慶の宗教反乱」における，混元教を奉ずる指導部と収元教を奉ずる指導部という2つの中心のせめぎ合いの様相について，さらに立ち入って検討することにしよう。

宋之清は乾隆47（1782）年まで河南の新野（今の南陽市）で貿易商を営んだが，収元教徒で姚応彩の弟子であった宋文高を知り，彼を通じて収元教の信者になった。

　宋之清は，すでにみたように，一度は混元教徒の劉之協に仕え，混元教に改宗したが，まもなく離脱し，新たに西大乗教を興した。宋之清の高弟は王聡児の夫，斉林であった。斉林の刑死後に，王聡児の愛人となって清朝に対抗する軍団を率いた姚之富も，宋之清の弟子であった。三益教といい，西大乗教というが，その教義は，羅祖教の流れを汲む収元教を踏襲したものである。

　この収元教には，宋之清を指導者とする教団以外に，もう一つ有力な教団があった。それは王応琥に率いられ，やはり，嘉慶の宗教反乱で大きな役割を果たした。乾隆57（1792）年，王応琥は艾秀とともに，湖北と陝西の境界に近い房県，竹谿，大寧の一帯で布教活動を展開した。呪法や儀式は西大乗教に倣った。蜂起の象徴的シンボルに朱九桃を使うアイデアは，むしろ王応琥の方が，宋之清の教団よりも先に取り入れ，「弥勒仏が転生して張家（天地会が推戴する五虎将の一人）になり，朱紅桃を自ら名乗った。牛八は朱紅桃のことである」という呪文を唱えたのである。

　宋之清と王応琥は密接な連携を保っていた。この収元教の2つの教団が集めた資金は，襄陽の「薛掌柜（薛の旦那）」の元に送金された。薛掌柜とは，収元教の財務責任者である薛国璽を指している。

　王応琥は，漢江の支流の獐落河沿いにある石嶺地方に住んだが，そこは房県に属する。一方，襄陽の蜂起軍司令官となった張正謨の師である白培相も，やはり同じ房県の出身であった。房県は，湖北の西北にあって陝西と境を接する鄖陽府（今の十堰市）に属し，武当山の南西12kmにある。武当山は明朝を滅ぼした李自成が命を喪う原因をつくった宗教聖地である。玄天上帝を祀り，紅陽教を創建した飄高が神となる修行を行った場所でもある。最初の蜂起は，この鄖陽府の房県より，さらに南に60kmも下った宜都や枝江から始まったが，これらの地の収元教徒より集められた300両は，房県の白培相の元に送られたという。

　白培相は，収元教徒のなかで天地会との連合戦線を最も熱心に推進した。そのため天地会の影響は，湖北中部の襄陽（襄陽府）から，その西にある房県（鄖陽府）や，蜂起が始まった南の宜都や枝江（荊州府）にまで広くおよぶことになったのである。

　嘉慶教乱が6つの省（湖北，河南，陝西，四川，甘粛，貴州）にわたる広範な領域で展開できたのは，宋之清，王応琥，白培相など

が推進した天地会とのネットワークづくりがあったからであり，その豊富な資金力も大きく物をいった。「嘉慶の宗教反乱」を立ち上げるうえで果たした重要な役割に因んで，収元教徒たちは「襄陽老教徒」と呼ばれることになった。

■ 「李桃紅」と「李朱洪」

　乾隆51年11月27日（1787年1月16日），台湾中部の彰化県で，天地会の会員，林爽文が，清朝からの台湾独立をめざして蜂起した。蜂起は台湾全土を巻き込み，清朝はその鎮圧にほぼ1年を要した。それまで地下工作を主としていた「天地会」の存在を初めて人々の目の前に明らかにしたのは，この林爽文の乱だった。関係者の追跡，逮捕，尋問は峻厳を極め，乾隆53（1788）年に，27歳の厳烟が蜂起の重要参考人として逮捕されたのである。

　厳烟は福建の平和県（今の漳州市）の人である。乾隆47（1782）年，万提喜という天地会員の孫弟子である陳彪の推薦で天地会に入会した。明くる乾隆48（1783）年，台湾に渡り，彰化県に服飾店を開き，そこで天地会の秘密活動に従事した。林爽文は，この厳烟の紹介で，この年の3月，渓底（今の新北市）の阿密里荘において，天地会に入会した。

　その厳烟の尋問調書に，天地会の結盟に関する極秘情報がある。彼によれば，雍正甲寅，すなわち雍正12（1734）年の天地会第2回の結盟は，広東の恵州府石城県の高渓廟で挙行され，このとき「分房起会」（地方分会）の新方針が決定された。その時，天地会の由来を語る言葉として，次の詩が陳彪から人々に発表されたのである。

> **史 料**
>
> 　三姓が万に結実して，李桃紅。九竜が天を生んで，李朱洪。
> 　　　　　　　　　　　　「上諭」（乾隆53〔1788〕年8月3日）

ViewPoint

この詩の「万に結実」という一節には，天地会の西魯伝説における「万道宗」の故事が反映している。172ページの「天地会の予言」の部分を，もう一度読み直してみよう。

　この詩は何を物語るものだろうか。林爽文の乱における副参謀の地位にあった楊咏の供述書（乾隆52〈1787〉年）によれば，「李桃紅」と「李朱洪」は，それぞれ，万人の連合になる天地会と，その天地会を導く指導者を指す言葉である。「李朱洪」は15～16歳の少年で，朱洪竹といった。

　彼は，康熙甲寅の年（1674年），少林寺を焼かれて逃亡した5人の禅僧の前にあらわれたが，明朝最後の皇帝，崇禎帝の皇貴妃である西宮娘娘，李神妃の孫であった。李自成が北京に進駐し，崇禎帝が景山で自死したあと，李自成の子を懐妊した李神妃は，密かに李

自成軍の元から逃亡し，伏華山（河南の伏牛山か？　それなら，李自成の根拠地の一つである）に隠れて，朱洪英という男の子を生んだ。この朱洪英の子供が朱洪竹にほかならない。嘉慶16（1811）年に官憲に押収された姚大羔の抄録になる天地会「会簿」は，さらにこの間の経緯を詳しく述べている。

■ 「李朱洪」と朱九桃

　「会簿」によれば，天地会は，父方を朱姓，母方を李姓とする家系の朱洪竹を首領に戴いた。だから，朱と李はいずれも天地会の祖に当たる。しかも，朱家と李家は，朱姓の明朝の皇族として一つの家族に包摂されるものである。明朝の開国の年号は洪武であるから，朱と李からは，洪という姓が導かれるであろう。「洪」が示唆するものは，朱家であり，同時に李家でなければならない。陳彪が厳烟に伝えた詩は，万をこえる家族兄弟が洪の姓を共有して，天下に結集するとき，清朝が滅亡し，明朝の当主が復興するという「反清復明」の革命のプログラムを語ったものだった。

　収元教徒の白培相が伝えた，朱九桃を副司令に登用せよという予言には，「李朱洪」によって天下を再興する革命のプログラムが組み込まれている。白培相を指導者の一人とする収元教が，天地会との連携に踏み切ったということは，収元教もまた「反清復明」という政治目標を受け入れたことを意味している。

■ 四川への反乱の波及

　湖北の襄陽で蜂起した姚之富と王聡児は，嘉慶1（1796）年10月に北方への進軍を始め，河南に入り，さらに西の陝西へと戦線を拡大した。そして陝西の白蓮教徒と連合して，今度はそこから南の四川に向け侵攻したのである。

　四川には徐天徳と王三塊という首領がいた。前者は天地会会員で，後者は収元教徒のマジシャンであった。ところが，襄陽軍と四川軍の連合戦線を結成するという試みは，マジシャンの王三塊が，現地の指導権を王聡児たちに奪われることを恐れたために実現しなかった。再び，単独行動に戻った姚之富と王聡児の軍団は，圧倒的な軍勢を誇る清朝軍を前に山間部へと追いつめられ，22歳の王聡児は手勢の15騎とともに，鄖陽府の「三岔河」にある絶壁から愛馬もろとも投身自殺し，襄陽軍は全滅した。

　襄陽軍を見殺しにした四川の徐天徳と王三塊の軍団は，鉄壁の親衛隊に防御され，難を逃れた。その親衛隊は「嘓嚕」という組

織の出身者からなっていた。

■ 清代における四川の開発

　東南沿海で反清活動を行った鄭成功の蜂起が1783年に終息すると，戦乱で荒廃した沿海部の人々は，食を求めて四川省へと移住を始めた。四川には，李自成とならぶ反乱軍の首領，張献忠の成都根拠地があった。張の軍隊は，湖北・湖南の下層農民，無頼，運輸労働者からなっていた。彼らの部隊が独立王国をつくったことを聞くと，湖北と湖南から四川への移住の機運が高まった。これら外来人口が，四川土着の無頼と合体したものが「嚕嚕」である。

　乾隆年間になると，四川の人口増加に耕地の開拓速度が追いつかなくなり，清朝政府は四川への移民禁止を決断することを強いられた。しかし，以後も，高額の金銭を要求して四川への移住を非合法に斡旋する闇商売があとを絶たず，四川に移住してから生活の糧を得られなくなった人々は，山間部に避難して「山民」となった。これも「嚕嚕」の予備軍となった。

　「嚕嚕」という言葉が意味するものについては2つの説がある。

■ 彝族かチベット族か

　一つは，「轂轆」という擬音語が転じたという説。「轂轆」は「グッグッ」という物を飲み下す音をあらわす。四川地域の少数民族である涼山（今の西昌市）の彝族が，戦いに際して，山の上から敵に向かって「グッグッ」という叫び声を上げたことから，彝族を意味する言葉となり，その彝族が漢族の居住地域に流れてきたのを示す呼称に充てたという説である。これに対して，「嚕嚕」は四川の東北部にある老山地区に活躍したのであって，彝族がここにあらわれたのは嘉慶年間よりあとだから，康熙帝の時代に早くもその存在が確認される「嚕嚕」の名称とするのは誤りだという意見がある。けれども，その見方は間違っている。

　清朝が四川の少数民族の征服戦争を進めたのは，なるほど乾隆帝の時代になってからである。しかし，四川西北部にあって南北に縦走する河流である，2つの金川（大金川，小金川と呼ぶ）の沿岸にいたチベット族との紛争は順治7年（1650）より始まり，雍正帝の時代の1720年代に本格化した。なるほど，そこは彝族の住む場所ではない。しかし，チベット族との戦争が本格化するころから，チベット族の逃亡兵が四川の重慶や夔州にまで落ち延びた例が報告されており，平時も武装したままの彼らの特異な行動が「嚕嚕」の風

俗として語られている。「軲轆」という擬音語で表現された戦時の叫び声はチベット族のものかもしれないのである。

「嘓嚕」に関するもう一つの説は，それが「孤孀」という言葉から転じたものだという考え方で，こちらの解釈は「軲轆」説よりはるかに多くの人々に支持されている。「孤」は，読んで字のごとく，両親を亡くした孤児のこと。「孀」とは，貧しさのどん底にあって礼儀を忘れた様を指す。「孤孀子」は，すさんだ生活に慣れ，盗みや殺人を敢えてする孤児のことで，唐宋時代に，孤児収容所は「孤孀」と呼ばれた。「嘓嚕」とは，だから，物乞いの異称にほかならない。

四川の「嘓嚕」の組織は拡大を続け，やがて「紅線」「黒線」という二大集団に分類されるようになる。「黒線」とはコソ泥，盗賊，ペテン師など一匹狼の集まりだが，「紅線」は厳しい規律のもとで略奪，殺人，放火に従事する「紅線兄弟」というマフィア集団である。

■ 文化大革命につながる中国民衆の価値観

やや蛇足になるが，中国民衆の意識のなかには「紅」と「黒」をめぐって明確な価値観の対立があることを，ここに付け加えておきたい。紅は善であり，民衆の正義を代表する。黒は悪であり，民衆の正義に反したものを指す。日中戦争期には紅黒点運動があり，共産中国においても，1964 年の社会主義教育運動から 66 年以後の文化大革命にかけて，黒五類，紅五類を冠した民衆組織が生まれた。

黒五類は外国勢力のスパイ，国民党の家系，資本家階級の親族，農村地主階級など，共産党が打倒の対象とした階級出身者を指し，紅五類は下層労働者，小作農民，貧農，はてはルンペンプロレタリアートといった階級の出身者を意味した。いずれも毛沢東個人崇拝を極限まで推し進めたが，文化大革命における武闘のなかで，黒五類の多くは虐殺，粛清された。

■ 「川江」の「嘓嚕」集団

さて再び，清朝乾隆帝の治世に時計の針を戻すことにしよう。

乾隆帝の治世の後半，特に大規模な結社の取り締まりが行われた乾隆 46（1781）年以後，「嘓嚕」の活動は，四川の東北部に位置する「老林」地区とならんで，長江を遡った上流域である重慶，夔州一帯を拠点とする 2 つの集団に分かれた。

天地会の影響を最も深く受けていたのは，この重慶，夔州へと向かう水運労働者（糧船水手）の集団だった。彼らは，長江の支流沿いに，湖北，湖南のみならず，貴州，江西からも四川に流入していた。

紅五類と黒五類を告発した青年

文化大革命の初期，北京の 23 歳の青年，遇羅克は，黒五類の出身者であった。進学，就職の機会を剥奪され，厳しい差別に苦しんだ彼は 1966 年 7 月，「北京家庭問題研究小組」を組織し，「血統論」批判を開始，同年 10 月，「出身論」を発表して，大きな反響を呼ぶ。だが，67 年 2 月より北京紅衛兵の激しい攻撃を受け，68 年 1 月 5 日，「反革命を組織した」という罪状で公安部に逮捕。70 年 3 月 5 日，北京工人体育場で人民裁判にかけられ，公開処刑された。遇羅克は，「出身論」に，こう書いている。「出身階級・階級区分は重視されるべきでなく，具体的実践を通じてあらわれる『表現』のほうを重視すべきである。ただし出身階級・階級区分の判定は『檔案』をひとめくりすれば容易にわかるが，具体的実践における表現の善し悪しの判定基準はきわめて恣意的になりやすく困難が多い」。彼の批判は，文化大革命の運動論理の限界を見極めたうえで，当時の中国の社会支配体制を，きわめて理路整然と批判・告発したものであった。

長江のなかでも「川江」と呼ばれるところは，重慶から夔州に至る標高の高い流域を指す。その河上において，木製帆船に乗って，舵取り，水手，舟引人夫として働く水運労働者の多くが「嘓嚕」であった。彼らはその集団の原理を天地会から学んでいた。

　外国艦船が長江に進出するまで，その中下流域，すなわち重慶から夔州を経由し，湖北の宜昌を経て，上海に至る支流は，貨物船や客船の帆柱が河道上に溢れるほどの交通量を誇ったが，それらはすべて木製帆船を使っていた。蒸気船はまだであった。この木製帆船に多くの舵取り，水手，舟引人夫が乗り込んだ。イギリスが湖北の漢口に領事館を設ける 1861 年直前には，合わせて 20 万人がいたといわれる。

　厳如煜（げんじょいく）（1759 ～ 1826 年）が道光 2（1822）年に書いた『三省辺防備覧』14 巻（刻本，初版は湖南図書館に所蔵）は，湖北，湖南，四川に関する交通史の名著だが，長江上流域の水運労働者であった「嘓嚕」の生態を鮮やかに描いている。

史　料

　大船は舟引人夫を 50 ～ 60 人使い，小船は 20 ～ 30 人使った。船頭は良く曲がる櫂を用いて，大きく振り上げ，水の中に振り下ろし，長江の逆流のなかを上流へと遡った。砂州にぶつかると，3 船か 4 船の船引き人夫 100 人余りが動員されて，皆で 1 艘を砂州の上に引き上げ，またもう 1 艘を引き上げるが，これを人夫繋ぎと呼んだ。人夫が木帆船の荷物を運ぶ道は，山の頂きに登ったかと思うと，谷底まで降らねばならず，石だらけの岸壁には鉄のロープを巻く。これを足場換えという。また小さな岩の隙間を削って，足の踵を引っかける場所をつくり，猿のように身を翻して，ロープを伝って物を運ぶ。ロープを巻きつけない場所では，良く曲がる櫂の出番である。船が長江を移動している時に，ロープを山頂まで引き上げるから，人間の声はなかなか届かない。船の上で銅鑼を鳴らして，銅鑼の音で，ロープに沿って進め，止まれの合図を送る。ロープを絶壁の樹木の先に掛けて，足をそこに乗せ，銅鑼が鳴ると，人夫は前進する。ほかにもロープ使いで「命知らず」と呼ばれる者がいて，岩の切り通しであれ，樹木の生い茂るなかであれ，身体一つで飛び込んで，ロープから足を踏み外すことも厭わない。ロープがあっても，船はいつも揺れているから，阿吽の呼吸で危険を脱せねばならない。ロープが切れれば，もちろん一巻の終りである。数ある江河の危険のなかでも，長江流域のそれは群を抜き，長江流域でも，三峡付近〔今は，ここに三峡ダムがつくられた〕ほど危険な場所はない。

厳如煜『三省辺防備覧』巻 14「芸文下」

当時の長江は木帆船が一般で，湖北の荊州や宜昌（「嘉慶の宗教反乱」の発祥地の一つ）から四川の重慶までは，水手，舟引人夫の数が突出して多い。けれども，重慶から荊州や宜昌に戻る時には，その数は少なくて済むから，大量の水手や舟引人夫が「川江」上流域の重慶一帯におき去りにされてしまう。力仕事しか能のない彼らは，暇を持て余して，ここまで来る途中で儲けた金を，博打や酒や女で擦ってしまう。最後は物乞いに転落するか，「嘓嚕」の厄介になるのである。

『三省辺防備覧』の別の場所の記述はもっと具体的である。

史 料

　四川東部での危険を適切に防ぐには，長江の水手の手を借りないわけにはいかない。川江の大船が船客や交易品を積んで，湖北の漢陽，荊州，宜昌から上流へと遡るにつれ，水流が急となり，人夫の需要がますます多くなる。大船一艘につき数百石の交易品を積むと，人夫は70〜80人が必要となる。夔州の入り口は通過点にすぎず，重慶に着いてやっと荷下ろしが始まる。船主たちは改めて小船を貸借して，それぞれ四川の北部や西南部へと向かうが，そのなかでも嘉陵江，渠江，潼江，瀘江，涪江を下る船には，熟練した水手や船主を別に雇って出発する。荊州や宜昌から来た人夫は，重慶府の河岸のバラック小屋で，荷物を積んで長江を下る雇い主を待つ。しかし，重量級の下船に必要な水手の数は，長江を遡る時よりずっと少なくて済む。一艘につきせいぜい30〜40人もいれば十分である。重慶に到着する船が毎日10艘だと仮定すると，重慶にたどり着いた水手は700〜800人である。長江を下る船も毎日10艘だとして，必要な水手は300〜400人である。10日で計算すれば，河岸に逗留したまま仕事にありつけない人々は常に3000〜4000人いることになり，1カ月では1万人に達する。彼らは重慶に着いたばかりの頃は，まだ懐が暖かいが，それがすっからかんになると，身に着けた衣服や靴を売り払い，「精膊溜」となってしまう。「精膊溜」とは，山中で裸のまま悪事を企む人々のことである。そのなかの弱者は乞食となり，強者は「嘓嚕」の集団に加入する。　　　　厳如煜『三省辺防覧』巻5「水道」

　以上が，「嘉慶の宗教反乱」において四川の徐天徳と王三塊が率いる軍団の親衛隊として活躍した「嘓嚕」の実態である。やがて，この「嘓嚕」集団は，重慶から，湖北，湖南，貴州，江西といった地方に向かってゆくようになる。そして，この地域に元からあった秘密結社と結びつき，「哥老会」と呼ばれる新しい宗教集団をつくった。辛亥革命を成し遂げた孫文の初期の革命活動は，これら「哥老会」の軍事力に大きく依拠していたが，それはのちの話である。

Column

辛亥革命と「哥老会」

辛亥革命後，孫文は自らの革命運動と「哥老会」の関係とは無関係であったと主張するようになる。秘密結社との関わり合いを避け，近代的な政党活動を展開することをめざしたわけだが，反面，秘密結社の近代的な政治集団への改編をなおざりにした結果，自らの率いる国民党内部に，結社の原理が引き続き温存されることになったともいえる。

■ 乾隆帝の執念

宋之清，王応琥，白培相など収元教徒は，天地会との連合戦線を追求して，天地会の「反清復明」の革命プログラムを取り入れた。重慶を拠点とした徐天徳や王三塊の「嘓嚕」親衛隊もまた天地会の革命プログラムを自らの組織原理とした。

だが，「嘉慶の宗教反乱」のもう一つの中心である混元教の状況は，これらの動きとはかなり異なっていた。

安徽の頴州府太和県（今の阜陽市）の人である劉之協が，乾隆58（1793）年，清朝に捕縛された護送の途中，脱走に成功し，地下に潜伏したところまで述べたが，明くる乾隆59（1794）年，清朝は白蓮教徒の一斉検挙を展開し，7月，宋之清が襄陽にて逮捕，9月，劉松と劉四児が甘粛で逮捕され，いずれもただちに処刑された。だが，乾隆帝は捜査の手綱をゆるめず，劉之協の徹底捜索を命じた。10月12日，安徽巡撫の陳用敷は，劉之協逮捕の上諭に接すると，劉の親族や信者合わせて50人以上を捕縛したが，劉之協その人は太和県を脱出した直後だった。信徒の劉起栄の裁判に出るため，河南の扶溝県（今の周口市）に向かったおかげで，逮捕を免れたのである。

乾隆帝の捜査網をくぐり抜け，逃走を繰り返すうちに，劉之協はいつしか官憲の目には白蓮教徒の最高指導者と映じるようになった。乾隆帝は劉の逮捕に失敗したことを知ると激怒し，各省に改めて徹底捜索を命じるとともに，彼を捕えても拷問によって死に至らせてはならない，京師に護送したあと，厳罰に処すべしと注意喚起する念の入れようだった。

劉之協は逮捕令を知って河南の扶溝県を脱出したあと，安徽の太和県に再び潜伏した。安徽の捜査網が狭められたと知るや，湖北の樊城（今の襄陽市）に逃げ，当地の混元教の頭目の家に隠れた。

乾隆帝はある想念に凝り固まると，異様な執着をもって物事を自分の思い通りに完遂せずにはいられない性格の持ち主だが，その粘着質の気性は，劉之協の捜査において遺憾なく発揮されている。1年経っても，劉之協の行方が摑めないとわかると，劉が潜伏していると疑われるすべての州県の家宅捜査を行うよう命じたのである。

湖北の武昌府の同知（府の長官を補佐する重要な役人）である常丹葵は，のちになって嘉慶帝から捜査の行き過ぎで逮捕されることになるが，「村民を誰彼となく脅迫して，劉之協を探し出せなかっ

ViewPoint

混元教の指導者，劉之協（1740～1800年）のプロフィールを，170ページの「劉之協と宋之清は別の「牛八」を奉じた」を振り返りながら，ここで再確認してみよう。

た人々を拷問にかけ，数千人の被害者を出した」ことが，その逮捕の理由だった[2]。

安徽では，劉之協が混元教の「教頭」であることから，「教頭」逮捕の御触れが口頭で告げられたが，「教頭」と「轎頭」の発音が同じであったため，逮捕された「轎頭」(運送人夫の監督者)は100人をこえた。

ある村が一人の信者の容疑者を出せば，その村全体が連帯責任を問われた。人々はそれを指して「賊開花」(賊の爆撃)と呼んだ。銀貨を役場に供出しない限り，彼らは釈放されなかった。

地方官も，劉之協逮捕に無理やり協力させられた。河南では，養廉銀といって一種のボーナスに当たる役人臨時手当が，劉之協が逮捕される日まで支払いを凍結された。

こうした捜査にともなう苛斂誅求が，各地の収元教徒と混元教徒の忍耐の限度をこえたところで，「嘉慶の宗教反乱」は爆発したのである。

宜都の聶傑人は収元教徒だったが，のちに教団から離脱した。しかし，同知の常丹葵が彼に対する追及をやめなかったので，聶の家は破産寸前となっていた。それが彼に再決起を促したのである。一方，宜都の収元教徒の張正謨は早くから蜂起の準備に余念がなかった。密かに火薬を製造し，刀剣を鋳造し，山中には食糧を備蓄して，湖北の教徒たちに枝江と宜都に集結するよう秘密の伝令を発した。

嘉慶1(1796)年，張正謨は官憲の逮捕が近いという情報を得ると，1000人の信徒を自分の邸宅の周りに集め，武器を渡して蜂起を宣言した。宜都が蜂起したあと，枝江もそれに呼応し，襄陽が計画を前倒しにして，枝江と宜都に続いた。湖北の広い範囲に反乱の波は拡がった。湖北巡撫の恵齢は，総兵の富志那に聶傑人の自宅を包囲させた。68歳の聶傑人は，5人の信者を連れて司令官の前で叩頭した後，投降した。けれども，張正謨は雨夜に乗じて聶傑人の身柄を奪い返し，山中に立て籠もった。

張正謨は1万の信徒，さらに1万の宜都民衆とともに，6カ月の間，山間で抵抗を続けたが，疫病が発生し，食糧も尽きて，清朝軍に撃破された。張正謨は収元教徒の名簿を全部焼却したうえで縛に就いた。そして北京の軍機処で激しい拷問を受け，劉之協の行方を問われた。しかし，張はこう答えたのである。

(2) 『清実録・仁宗睿皇帝実録』巻39，嘉慶4(1799)年2月25日の，軍機大臣への上諭(臣下に告げる書)。

■ 劉之協の逮捕

その劉之協は，3年にわたって官憲の目を眩まし続けたが，嘉慶5（1800）年6月，河南の汝州から葉県に移動する途中で逮捕され，北京にて8月，極刑に処される。

宜都と枝江が反乱に立ち上がったとき，劉之協は，河南の宝豊（今の平頂山市）と郟県（紀元前の周王朝の王宮があった場所）の境にある秘密のアジトに潜伏した。彼が河南に到着したのと前後して，混元教徒の王仲芳が逮捕され，劉之協は黄河の北岸にいると供述した。河南巡撫の景安が劉の調査を命ぜられた。しかし，劉之協の行方は全く摑めなかった。乾隆帝はついに劉之協を逮捕できないまま，嘉慶4（1799）年1月3日，北京で87歳の生涯を閉じた。

乾隆帝の死後も，劉之協の捜査は続けられた。河南の僻地に潜伏してから3年後の嘉慶5（1800）年6月，劉之協は宝豊での蜂起を計画した。しかし，その情報は王遠志という郷紳から宝豊知県の邱世俊にリークされ，政府の大軍が宝豊を幾重にも包囲した。6月23日から，混元教徒の軍団は宝豊と郟県の県城攻撃を始めた。しかし，教徒の軍団はあっという間に蹴散らされた。劉之協は，弟子の李傑に布教の場所を湖北に変えることを告げた。7月7日，混元教徒の反乱は鎮圧された。

劉之協が官憲に捕縛されたのは，それより先の嘉慶5年（1800）6月28日のことである。郟県から南へ6km離れた葉県の知県，廖寅は宝豊と郟県で混元教徒の反乱が起こったと聞くと，すぐに葉県の北側に関所を築いて通行人の検問を始めた。劉之協は教徒の冀大栄を連れて逃亡中であった。冀大栄はもはや逮捕は時間の問題だと思い，どうせ逮捕されるなら，劉之協を官憲に差し出して処罰を軽くしてもらおうと考えた。葉県の県城に入るとき，劉がここはどこかと聞くから，冀が葉県だと応えると，劉は顔色を変えて，自分は「葉」という言葉を警戒し，これまで「葉」姓の者を近づけたことがない。なぜ「葉」県に入るのか，と詰問した。冀は取り合わず，劉之協を茶館におき去りにして，城門兵の朱中林に劉之協のことを通報した。朱中林は，千総（司令官）の某に告げたが，某は対応に苦慮し，知県の廖寅が出張中で不在だと知ると，廖の息子の某に知ら

せた。息子の某は千総に食事を出して手懐け，劉之協を茶館で現行犯にて逮捕させた。のちの尋問で，冀は自分がだまされて教団に無理やり加入させられたと供述し，罪に問われることはなかった。

劉之協逮捕の報に接した嘉慶帝の喜びは尋常のものではなかった。劉之協を200人の護衛付きで北京まで護送し，軍機大臣の合同裁判にかけたあと，9月11日，劉を極刑に処し，その心臓をえぐり出して，乾隆帝の位牌の前に捧げた。そして，4年6カ月かけてようやく賊を捕えたことを亡き父に報告し，ここまで逮捕が遅れた自分の不明と不孝を泣いて詫びた。

■ 一つの史料が，人々の歴史の記憶を塗り替え，世界を認識し表現する枠組みを再編する

ここで，ようやく冒頭で述べた嘉慶帝の「御製邪教説」（嘉慶6〈1801〉年1月29日）について語ることができる。嘉慶帝は嘉慶5〈1800〉年6月28日，劉之協を極刑に処してから7カ月後に，彼の罪状を3つ列挙したのである。

①白蓮教という邪教を宣教し，王双喜を買収し，「牛八」の名に借りて，前明朝の復辟をはかった。
②その教徒の姚之富，斉王氏（王聡児）たちと辰年辰月辰日の一斉蜂起を企てた。
③各地に潜伏し，宝豊と郟県で村荘を攻撃し，「天王」の旗幟を掲げた。

ここまで読み進めてきたみなさんには，もはや明らかであろう。劉之協の逮捕に4年6カ月を要した官憲側の不手際を糊塗するため，この嘉慶帝の「御製邪教説」には，劉之協が預り知らぬ事柄のいくつかが数え上げられているのである。

「嘉慶の宗教反乱」の一斉蜂起の指令は，すでに書いたように，劉之協ではなく，白培相を通じて宋之清の弟子の張正謨が出したものである。ところが，罪状②において，この指令は劉之協の単独指令であるとされている。劉之協はこうして「嘉慶の宗教反乱」の最高指導者に祭り上げられた。しかし，それが歴史の真実とはかなり異なることは，すでに述べたとおりである。収元教（西大乗教へと改宗したあと，羅祖教の色彩をより強く帯びた）と天地会の連立政権の重層的な革命プログラムが，混元教（白蓮教）の弥勒下生の教義に一元化されてしまっているからである。その論理的帰結として，罪状①に明記されるように，「嘉慶の宗教反乱」が「白蓮教の乱」と記述されるに至った。1796年に始まる反乱を「白蓮教の乱」と名付

ける現代の通説は，今からおよそ 220 年前の嘉慶帝の文章から生
まれたものであった。一つの史料が，人々の歴史の記憶を塗り替え，
世界を認識し表現する枠組みを再編してしまった例が，ここにある。

　「嘉慶の宗教反乱」を組織したのは，収元教と天地会の統一戦線
部隊であって，混元教ではなかった。反乱は，宋之清亡きあと，白
培相や張正謨によって指導され，姚之富や王聡児ら収元教徒が推進
した。反乱を担った人々が，劉之協の肉声に触れたことはない。劉
之協自身も，反乱勃発後は，地下工作に忙しく，反乱の戦略を練る
余裕をほとんどもたなかったのである。

　劉之協の逮捕より早く，重慶の王三塊の軍団が嘉慶 2 (1797) 年
に投降していた。徐天徳も，劉之協の逮捕の翌年に自首した。嘉慶
7 (1802) 年 9 月 11 日，四川と陝西の境界秘境に立て籠もった 360
人の反乱兵が平定され，9 年の長きにわたり，5 つの省を巻き込んで，
銀元 2 億両を費消せしめた「嘉慶の宗教反乱」が収束した。しかし，
この宗教反乱で生まれた革命のプログラムは，その後の中国民衆の
心性に深く確かな痕跡を残した。

読書案内

野口鐵郎編『結社が描く中国近現代』(結社の世界史 2) 山川出版社　2005 年
酒井忠夫『中国帮会史の研究　紅帮篇』(酒井忠夫著作集 3) 国書刊行会　1998 年
谷川道雄・森正夫編『中国民衆叛乱史 3　明末〜清 I』(東洋文庫 408) 平凡社　1982 年
鈴木中正『中国史における革命と宗教』東京大学出版会　1974 年

図版等出典
中央研究院・歴史語言研究所 WEB サイト「明実録，朝鮮王朝実録，清実録資料集」より (https://hanchi.ihp.sinica.edu.tw/mql/login.html　最終閲覧日：2023 年 2 月 10 日)　　　　　　　　　　　　　　　　　　　　　　　　　　　　165
谷川道雄，森正夫編『中国民衆叛乱史 3 (明末〜清 I)』(東洋文庫 408) 平凡社，1982. をもとに作図　　171
蕭一山『近代秘密社会史料』岳麓書社，1986.　　　　　　　　　　　　　　　　　　　　　　　　　　172

検閲からみる1920年代日本の社会

「検閲」の資料学

吉川　圭太

■ はじめに

　史料1（右ページ）は，1920年代に発行されていた『進め』という月刊雑誌の誌面である。これは社会派の弁護士として知られる布施辰治が執筆した論文で，1927年当時の言論出版規制を法律的に批判する内容だが，多くの「×」で埋められているのがわかるだろう。この「×」が，いわゆる伏字（ふせじ）と呼ばれるものであり，特定の文章や語句を意図的に記号（○，×，■など）や空白におきかえたものである。この伏字は戦前の出版物に散見されるものだが，とりわけ社会運動や社会主義などを扱った文献（「左翼出版」「左翼もの」などと呼ばれた）で多用された。『進め』もまたそうした「左翼」的な性格の雑誌だった。しかし，これでは読む側は何が書いてあるかわからない。執筆者の布施は自分の文章が伏字だらけで掲載されたことに対し，まるで「魂が骨抜き」にされたようだと別の雑誌で憤りを吐露している。執筆者ではないとしたら，いったい誰が何のために伏字を施したのだろうか。これには戦前日本に厳存した検閲制度が深く関係している。

　私たちのいまの日本国憲法は，第21条で「集会，結社及び言論，出版その他一切の表現の自由は，これを保障する。検閲は，これをしてはならない。通信の秘密は，これを侵してはならない」と定めている。ただし，第二次世界大戦後の占領期にはGHQによる検閲が存続したし，その後も税関検査，教科書検定などが日本国憲法の禁じる「検閲」にあたるかどうかが争われた。だが，戦後の判例は「検閲」を限定的に捉えることで，これらは検閲にあたらないとしてきた。近年の動向に目を向ければ，2000年代以降，特に「戦争と植民地支配」をめぐる報道や表現行為に対する政治介入や社会的圧力が様々な問題を引き起こしており，メディアの自主規制なども問われている。戦後社会は一時期を除いて，たしかに「制度としての検閲」から解き放たれたが，実際は検閲にあたる事柄が根強く存在しているといえないだろうか。検閲や言論統制の問題は，遠い過去の話ではない。現代社会が直面する課題と無縁ではなく，歴史認識とも関

史料 1　布施辰治「言論出版暴圧排撃の法律的根拠」『進め』(1927 年 11 月号)

わっているのである。

　それでは，検閲とはいったい何か。一般的な定義に従うならば，公権力が表現の内容を検査し，不適当と判断するものには禁止などの規制を加えることを指す。しかし，一口に検閲といっても，その制度や運用のあり方は国によって違い，時代によっても変遷する。近代日本の検閲がどのような制度に基づき運用されていたのか，その実態や社会に与えた影響はどうだったのかを問われると，答えに窮する人が多いのではないだろうか。

　実は，検閲が存在した戦前日本でも，一定の言論出版の自由は認

めれていた。大日本帝国憲法は第29条で，「日本臣民ハ法律ノ範囲内ニ於テ言論著作印行集会及結社ノ自由ヲ有ス」と定め，一応「自由」を認めている。しかし，その自由は「法律ノ範囲内」という限定条件つきだったことに注意したい。人々の諸活動を規制・制限する「法律」ができ，運用されれば，それだけ自由の幅が狭められる構造だった。実際，言論出版・表現行為を規制する法律や規則が存在し，それらを根拠とした制度が運用された。その対象は，新聞・雑誌・書籍にとどまらず，映画フィルム，演劇，レコード，ポスター・ビラ，暦やマッチのラベルなど，実に幅広かった。

　したがって，戦前の社会や文化を考える場合，検閲という権力的な作用が介在していたことを無視することはできない。私たちが歴史研究の素材として扱う様々な活字メディアも，このような検閲の制約下で生成されたということを意識する必要があるだろう。

　本視点では，社会運動が盛んに展開された1920年代から1930年代を対象に，主として社会運動メディアの検閲を中心に取り上げる。そもそも，戦前の日本には検閲についてどのような法律，制度があったのだろうか。本視点はまず，検閲制度について，およその状況を確認することから始めたい。続いて，当局による検閲が実際にどのように行われていたのかを検討し，当時の検閲の実情について統計や証言などをもとにみたうえで，最後に検閲が社会にもたらした影響を考えていくこととしたい。こうすることで冒頭の**史料1**に施された伏字の意味がはっきりとみえてくるだろう。

■ 戦前日本の出版検閲の概要

　明治政府は，近代化・文明化をはかるため新聞・書籍を奨励する一方，政府批判や時事に関する言論には厳しい制限を加えた。明治初年以来，出版法制は時事を掲載する新聞（定期刊行物）と書籍とを区別して規制する形をとり，自由民権運動など反政府言論との対抗や大日本帝国憲法制定と関連しつつ，幾度かの法改定を経て，「出版法」（1893〈明治26〉年）と「新聞紙法」（1909〈明治42〉年）の二つの法律が確立した。

　この両法律が戦前の出版規制の基本法として，第二次大戦敗戦まで最も長く運用されることとなる（両法律1945年9月失効，1949年5月廃止）。大まかに言うと，「出版法」は単行書籍やその他ビラなどの印刷物，「新聞紙法」は新聞・雑誌（定期刊行物）を対象としたが，情報の速さや影響力の広さから，新聞紙法のほうが規制の強い内容だった。

ViewPoint

史料の性格やその歴史的意義を考えるには，まず法制度の背景を押さえる必要がある。どのような法律があって，どのような組織が検閲を担当していたのか。そもそも「検閲」は具体的に何を取り締まろうとしていたのだろうか。

▶ 出版検閲を担った組織

　1875年（明治8）以降，出版検閲を所掌したのは内務省であり，部局の変遷を経て1909年から同省警保局の図書課（1940年に検閲課と改称）が事務を担った。検閲を含む広い意味での言論表現規制は「出版警察」と呼ばれた警察活動の一部であり，中央集権的な警察機構のもと各道府県の警察部（高等課，のちに特別高等警察課）を手足とし，日常的な検閲と取り締まりが行われていた。

　内務省警保局図書課の職員は大きく3つの職階に分かれ，①高等官と呼ばれたエリート官僚たる図書課長・事務官（係長），②正規雇用の一般官吏である属官，③非正規職員の嘱託（語学などの専門家）・雇（事務補助）で構成されていた。処分を実質的に決定するのは図書課長や事務官だったが，日々の検閲実務の主力は②の属官たちであった。数年で異動する図書課長や事務官に対し，属官には嘱託や雇として図書課に入り下積みを重ねた人や長年在籍するベテランもいた。

▶ 届出と納本の義務

　戦前の日本では，あらゆる出版物が内務省への納本を義務づけられていた。納本には期日が決められており，出版法による単行書籍等は，「発行日の3日前」までに製本2部を添えて内務省に届出る必要があった。これに対し，新聞の場合は日刊もあるので，新聞紙法による新聞・雑誌は創刊時に所定の届出を行い，その後は毎号の「発行と同時」に内務省へ2部を納本すべしとなっていた。また，新聞紙法の場合は内務本省に加えて，管轄地方官庁（東京は警視庁，そのほかは各警察部）・地方裁判所検事局・区裁判所検事局にも各1部納本の必要があった。発行同日の納本でよい新聞・雑誌の検閲は寸刻を争うので，地方発行のものは各地の警察部が実際に検閲を行い，問題となる点を本省に電話・電報で照会し，指示を仰いで対応していた。春画淫本などごく一部を除き，処分権限は内務省にあったためである。

　ちなみに届出・納本せずに出版した場合，発見されれば発行者は刑事罰（罰金・科料）の対象となった。戦前では「合法出版」や「非合法出版」という呼び方が使われたが，出版の合法／非合法を分かつのは届出・納本の有無であり，いわば検閲の門を通過したかどうかが問われていた。

　こうした納本と検閲の関係において重要なのは，明治初期の一時期を除き，近代日本の出版検閲が基本的に届出主義に基づく事後検閲の方式を採ったことである。これは，草稿段階の事前検閲で許可

Column

新聞紙法の規制事項

出版法との主な違いとして，新聞紙法では①保証金制度（12条），②検事・陸海相・外相による記事差止命令権（19,27条），③司法処分の発行停止権（43条）が定められている。

　①は，時事を掲載する新聞・雑誌を創刊するためには，一定額の保証金を管轄地方官庁に納付しなければならず，報道・出版活動に対する経済的な制約となった。

　②については，これとは別に法に定めのない内務大臣による記事差止命令（特定内容の記事掲載を制限する事前警告）が慣行的に行われた。

　③については190ページのコラムで触れる。

ViewPoint

図書課長などのエリート官僚，あるいは検閲を受けた側の証言や自伝が多く残されているのに比し，検閲現場の中心を担った属官ら，いわゆる「検閲官」に関する記録は少ない。近年では検閲官に関する記録の丹念な調査に基づいた研究も出てきており，千代田図書館『「内務省委託本」調査レポート』（同館WEBサイトで閲覧可）などが参考になる。

ViewPoint

現在でも納本制度はあり，戦後の国立国会図書館法（1948年）により，国内で発行されたすべての出版物は国立国会図書館に納本することになっている。これは現在と未来の読者のために，出版物を国民共有の知的・文化的財産として永く保存・継承することを目的とするものであり，戦前の検閲のための納本とは真逆の趣旨である。

を得なければ発行できないというものではない。すでに印刷製本された状態の完成品を事後的に検閲するわけだから，規制・禁止の焦点となるのは，発行（生産）自体ではなく，その後の発売頒布（流布）であった。出版物の流れをさえぎる発売頒布禁止を取り締まりのメインとした点に，戦前日本の出版検閲の大きな特徴があった。「発禁」という言葉を聞いたことがあるだろう。これは「発売頒布禁止」の略称として一般化したもので，それだけ出版者や著作者に大きな影響を与えていたのである。

▶ 発禁処分とその基準――「安寧秩序」と「風俗」

　検閲において，処分の判断基準となるのは，出版物の内容が「安寧秩序」または「風俗」を乱すものかどうかだった。その法的根拠となった条文を抜き出してみよう。出版法では第19条で，「安寧秩序ヲ妨害シ又ハ風俗ヲ壊乱スルモノト認ムル文書図画ヲ出版シタルトキハ内務大臣ニ於テ其ノ発売頒布ヲ禁シ其ノ刻版及印本ヲ差押フルコトヲ得」と定めており，新聞紙法第23条もこれと同趣旨だった。

　これは発売頒布禁止に関する規定であり，「安寧秩序」と「風俗」という国家が措定した二つの物差しで流布の適否を判断し，問題ありと認められれば，内務大臣の権限で発禁処分が下される。発禁命令が出ると，内務省から打電を受けた各地の警察が出版元や取次店・書店などを回り，当該出版物の差し押さえ（押収）に動いた。

　なお，発売頒布禁止は内務大臣の命令による行政処分である。戦前においては，行政による権利侵害に対して行政裁判所が存在したが，出訴できるのは土地・税関係など経済的事案に限定されており，言論表現の自由などの領域は基本的に除外されていた。それゆえ行政処分たる発禁に対しては，処分の妥当性を争うことができず，救済を求める途はほとんど閉ざされていた。この点が大正期以降の検閲制度改正を求める運動において一つの焦点となった。

　では，「安寧秩序」や「風俗」とはいったい何を指すのか。この点は，新聞社・出版社や著作者をはじめ当時の人々には明示されていなかった。経験的に，「安寧」は国家体制を揺るがす政治的内容や社会主義思想など，「風俗」は猥褻・残酷・乱倫な内容という程度は認知されていたとはいえ，具体的に何を書き，何を掲載したら処分されるかは不明瞭であり，検閲官のさじ加減とさえ考えられていた。出版者・著作者側からの批判が集中したのは，この「安寧秩序」と「風俗」という概念の曖昧さであり，具体的な禁止事項を明示せよという要求が，新聞・出版界から繰り返し主張された。

　一方，「安寧秩序」「風俗」といった基準のみでは検閲業務がまま

Column

「発売頒布禁止」と「発行禁止」

新聞紙法では，行政処分（内務大臣の命令）である「発売頒布禁止」とは別に，司法処分である「発行禁止」も定めている（第43条）。

　発売頒布禁止は新聞・雑誌の特定の号の発売頒布を禁止するが，その後の号は発行できる。

　これに対し，裁判所による発行禁止は以後一切発行してはいけないという，新聞・雑誌の"死刑宣告"に相当する。ただし，発行禁止となった新聞・雑誌は少数であり，むしろ言論・出版界に打撃を与えたのは，行政処分たる発売頒布禁止だった。

ならないのは，検閲当局も同様であった。そのため，図書課では内規として具体的な禁止基準を定め，それに基づいて検閲業務を行っていた。もちろん，この禁止基準は戦前においては極秘だった。政治・社会情勢によって禁止項目に若干の変更はあるが，例えば，1933年段階の「安寧」に関する禁止基準は以下に掲げる15項目であった。

史　料

(1) 皇室の尊厳を冒瀆する事項
(2) 君主制を否認する事項
(3) 共産主義，無政府主義等の理論乃至戦略，戦術を宣伝し，若は其の運動の実行を煽動し，又は此の種の革命団体を支持する事項
(4) 法律，裁判等国家権力作用の階級性を高調し，其の他甚しく之を曲説する事項
(5) テロ，直接行動，大衆暴動等を煽動する事項
(6) 殖民地の独立運動を煽動する事項
(7) 非合法的に議会制度を否認する事項
(8) 国軍存立の基礎を動揺せしむる事項
(9) 外国の君主，大統領又は帝国に派遣せられたる外国使節の名誉を毀損し，之が為国交上重大なる支障を来す事項
(10) 軍事外交上重大なる支障を来すべき機密事項
(11) 犯罪を煽動若は曲庇し，又は犯罪人若は刑事被告人を賞恤救護する事項
(12) 重大犯人の捜査上甚大なる支障を生じ，其の不検挙に依り社会の不安を惹起するが如き事項
(13) 財界を攪乱し，其の他著しく社会の不安を惹起する事項
(14) 戦争挑発の虞ある事項
(15) 其の他著しく治安を妨害する事項
(内務省警保局『昭和八年中に於ける出版警察概観』)

ある程度細かい事項が列挙されているが，これとて各事項をどう判断するかは，検閲当局の裁量に委ねられる部分が大きかった。また，発行時点では問題なしとされた出版物が，政治・社会情勢の変化によってのちに発禁処分となる事例もあり，検閲のあり方と政治・社会は相互に影響しあったのである。

■ 検閲の痕跡を読む

検閲の制度はこれまでみてきたような枠組みだったが，実際のところ，検閲官たちはどのように検閲業務を行っていたのだろうか。この問いに答えるために，実際の検閲に使用された本（検閲原本）

Column

失期処分

過去に遡って出版物を発禁処分にすることを失期処分という。戦時中には，過去に問題なく公刊された左翼関係文献のうち多くが一斉発禁に処せられた。

また，刑法学者・瀧川幸辰の著書が「共産主義的」として発禁となった1933年滝川事件や，学界でも通説だった憲法学者・美濃部達吉の天皇機関説が「国体」に背くとして排撃され，美濃部の過去の著書が発禁となった1935年美濃部事件などもこれにあてはまる。これらの事件は検閲当局の主導というより，政治・社会的圧力に押されて検閲当局が対応したという側面が強い。しかし，そのことがまさにのちの取り締まりを規定していく歴史的転機ともなったのである。

ViewPoint

検閲の具体的な作業はどうなっていたのだろうか？　実際に使われた検閲原本から，作業の痕跡（メモ，スタンプなど）をみることで，作業の様子を再現できる。

を検討してみよう。そこに残された作業の痕跡（メモ，スタンプなど）は，検閲業務の具体的な様子をありありと伝えている。

　史料2（右ページ）は，マルクス書房という出版社が発行した『マルクス学教科書第一篇 社会主義の必然』（1927年9月20日発行）の検閲原本である。史料2aの右下に一際目立つ「安寧禁止」のスタンプがあるように，この本は発売頒布禁止処分を受けた。

　検閲の流れとしては，まず図書課の属官や嘱託らが納本された出版物の下読みという作業をする。下読みとは内容に目を通し，問題となるような箇所に線を引いたり，コメントを書き込んだりすることであり，二人の検閲官であたることが多かったといわれている。史料2bはモノクロ画像なのでわからないが，原本には青と赤の線が引かれており，この本もダブルチェックされたことを示している。

　検閲官は下読みを経て処分案を作成し，上官の決裁を仰ぐが，処分案や決裁情報は本の表紙や見返しに記される場合が多い。この本の場合，本の見返し（中表紙）にそれらが記されている（史料2a）。一人目の検閲官が赤鉛筆で「禁止可然哉」（禁止でよろしいか）と書き込み（①），二人目の検閲官が青鉛筆で「九八頁以下　稍々抽象論ナルモ私有財産ノ廃滅ヲ期シ国家権力ノ滅亡ヲ希望スルモノト認ム」とコメントし，禁止に同意している（②）。次いで係長にあたる事務官（久慈学）が確認印を押し（③），図書課長→警保局長（山岡萬之助）と稟議を上げ，それぞれが承認印を押すことで処分の決定に至った（④・⑤）。なお，この場合は図書課長（土屋正三）が不在だったためか課長の印はない。こうした手順を経て，この本は，出版法第19条が定める「安寧秩序」を乱すものとして9月23日付で発禁処分が下された（⑥）。この検閲に対するマルクス書房の反応についてはあとで触れよう。

　このように内務省の検閲では，納本された製本自体に検閲官の判断や決裁過程が記録された。検閲の対象物と行政の決裁記録が一体となって残されたことが，検閲原本の大きな史料的特徴である。行政組織の意思決定プロセスでは，文書主義に則って決裁文書（稟議書）を作成し，役職者の決裁を得るのが一般的である。これに対し，大量の納本を手早く処理しなければならない内務省検閲では，決裁文書をいちいち別に作成する手間を省くため，本に情報を直接書き込んでいったのだろう。そうすれば判断根拠となった記述を照合しやすく，行政内部での情報伝達も確実になる。実に合理的な方法だが，それはあくまで検閲の効率化のためにすぎなかった。処理過程や具体的な禁止理由などの情報は開示されることはなく，出版者を

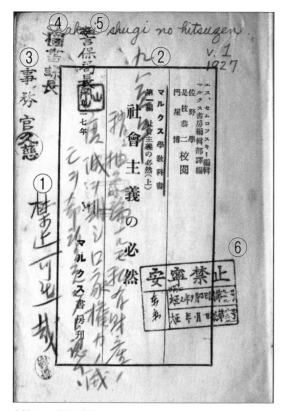

史料 2 a　見返し部分

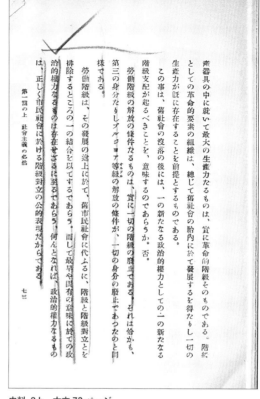

史料 2 b　本文 73 ページ

はじめ当時の人々にとって検閲はまさにブラックボックスにほかならなかった。

　もう一例紹介しよう。日中戦争中まで時期は降るが，194 ページの**史料 3**は山形県の財団法人飽海学事会が編纂した『青年学校農業書』第 1 編（1941 年 5 月）の検閲原本である。小学校卒業後の勤労青少年男女を対象とした青年学校向けの，ありふれた農業解説書だが，この冊子は「安寧秩序」の絡みで「訂正」処分となった。

　検閲官のコメントが表紙に残されており（**史料 3a**），一人目の検閲官が「本版訂正可然哉」（この版で訂正させる措置でよいか）のスタンプを押している（①）。これに対し，二人目の検閲官が手書きで「扉ニアル菊花御紋章ハ花弁ノ位置不正ナルガ故ニ」と追記して同意し（②），さらに左端に「自第二至第五皆同様」（第 2 ～ 5 編も同様措置）と付け加えている。その後，事務官（③）→検閲課長（④，1940 年 12 月に検閲課に改組）が承認し，山形県警察部の「原田」に処分内容が打電されたことがうかがわれる（⑤）。

　問題とされた皇室の菊花紋章の図版（**史料 3b**）をみてみると，中心部から斜線が引かれ，その角度分だけわずかに花弁が傾いているのがわかるだろうか。作為によるものではなく不注意によるミスと

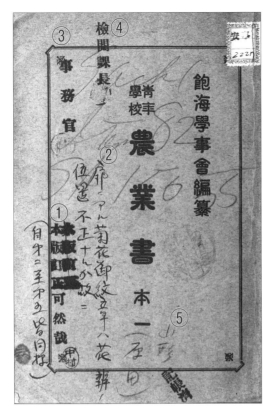

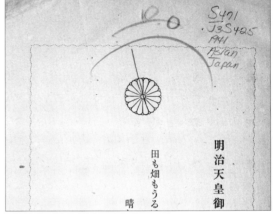

史料 3 a　表紙　　　　　　　　　　　史料 3 b　扉（部分）

　思われるが，わずか数度の傾きも見逃さず至急訂正させる検閲のシ
ビアさが垣間見えるだろう。そこには戦時期における統制の強まり
も反映されているが，天皇・皇室に関わる事項は，もとより厳しく
検閲されたといってよい。先に触れた図書課の内規では，常に安寧
禁止基準の筆頭に「皇室の尊厳の冒瀆」が掲げられ，また明治期か
ら「御肖像取締ニ関スル件」「菊御紋章並禁裏御用等ノ文字取締ノ件」
など皇室関連の検閲事務規則が布告・通牒・訓令の形で数多く出さ
れた。

　天皇制に関する事項の取り締まりは出版警察（のみならず戦前の
治安体制全般）の核心だった。1920 年代から 30 年代前半にかけて
は社会運動の興隆・展開に伴い，反・非天皇制思想として社会主義・
共産主義思想が取り締まりの焦点となるが，1930 年代以降は反・
非天皇制思想の範疇に自由主義的な思想・言論も含まれるようにな
り，一方でテロ・クーデタにつながる急進的な国家主義・右翼思想
も対象となる。言論取り締まりの対象といえば，このような一定の
思想性をもった言論や理論がまず思い浮かぶだろう。しかし，その
後景では，**史料3**のような学校教育や日常生活に関係する「普通」
の出版物に対しても，天皇制との関わりを中心に検閲官が目を光ら

せていた。30年代以降は校報・社報・青年団報などの会報類や大学の講義プリントの類まで納本と取り締まりが厳重となる。例えば，島根県立江津工業学校『同窓会報』（1940年）は，出征中の卒業生名簿に「満州国内駐屯地名，指揮系統」が記されていたため，「指導的安寧注意」を受けた。

特徴的なのは，こうした一般出版物や新聞に対しては即物的な発禁処分もさることながら，むしろ法に規定されていない便宜的処分である「訂正」や「削除」，「注意」，新聞・雑誌に対して法的根拠なく慣行的に行われていた内務大臣による記事差止命令の形で，権力が柔軟に介入していったことである。この傾向は30年代以降，戦争に向かう時代状況において顕著となる。検閲は本来的には権力にとってのタブーを排除するものだが，その排除した隙間に「指導」や「情報宣伝」を注入することによって，世論を誘導するプロパガンダとしての機能もあわせもつようになる。[1]戦時期の言論統制・情報操作は，長きにわたる内務省検閲（排除の論理による言論規制）を下地として展開されていくのである。

■ 検閲原本の来歴

ところで，**史料2・3**のような当局内の検閲記録を現在の私たちがみることができるのはなぜだろうか。ここで，検閲に用いられた原本が，その後どのような経緯をたどり現在に引き継がれているかについて触れておこう（**196ページ図1**参照）。

内務省への納本2部のうち，検閲業務に使われたのは1部（正本）であり，前項でみたような書込みなどが残されている場合が多い。もう1部は副本と呼ばれた。検閲を問題なく通過した場合には，正本は内務省で保管し，副本は帝国図書館に送られたが，発禁などの検閲処分を受けたものについては正本・副本とも内務省で保管された。しかし，1923年9月の関東大震災で内務省庁舎は被災し，それら検閲原本の一部は焼失してしまった。

その後も発禁等の処分を受けた原本2部は内務省が引き続き保管していたが，1937年以降，発禁本の正本を内務省で，副本については閲覧禁止を条件に帝国図書館へ移管し分散保管する仕組みとなった。帝国図書館の蔵書は戦後に国立国会図書館へ引き継がれ，そこに含まれていた発禁本副本が日の目をみるようになったのである。[2]

では，内務省に残された発禁本正本はどうなったのか。これにはアメリカの対日占領政策とその後の日米関係が深く関わっている。第二次世界大戦後，GHQは戦争裁判の証拠資料収集を目的に，日

(1) 第二次近衛文麿内閣期の1940年12月，マス・メディア統制と内外情報宣伝の機能を統合した国家機関として内閣情報局が設置された。国策遂行の基本事項に関する情報収集・宣伝，報道・出版・映画などの検閲・統制を行い，戦時期の「世論指導」に力をもった。検閲は情報局第四部が担当したが，内務省警保局検閲課の職員が兼務した。

Column

東京の公立図書館に残る検閲正本

検閲処分を受けなかった正本の一部も，1937年頃から東京市立の図書館4館に委託された。千代田図書館では，これらを「内務省委託本」と呼んでおり，現在約2,300冊が確認されている。発禁本は含まれていないが，正本なので検閲の痕跡が残るものも含まれている。「不問」となった理由や経緯を知ることができる貴重な資料群であり，千代田図書館のWEBサイトで閲覧できるものもある。

(2) 国立国会図書館オンラインから請求記号に「特500*」と入力すると検索でき，ほとんどがオンラインで閲覧可能である。

本の行政省庁や教育機関などから膨大な文書・図書を接収し，アメリカへ送り出した。そのなかには旧内務省保管の検閲原本も含まれており，その大部分は後に米国議会図書館（LC）へ移管された。内務省では敗戦にあたり，資料の焼却・廃棄を組織的に行ったと伝えられているが，それを免れた資料・文献群が占領という戦勝国体制のもとでアメリカへ大移動し，保存されたわけである。**史料2・3**にみえるアルファベットはアメリカに渡ったことを示す痕跡である。

　しかし，このことは戦前・戦中の言論出版規制の実態を日本自らが検証することを遠ざけてしまうことにもなった。そうした問題意識から日本の歴史研究者や歴史学会，国立国会図書館などが1960年代後半から接収文献の調査を始め，返還に向けた動きを起こした。返還をめぐる議論は日米両国間交渉へと進展し，1974年に返還合意がなされ，LC所蔵の旧内務省検閲原本の一部（1,062冊）が1978年にかけて日本へ返還された。現在この返還本は，国立国会図書館に所蔵されている。⁽³⁾ただし，返還されずアメリカに今なお残されている検閲原本は多い。それらについては国立国会図書館がLCと協力してデジタル化などの取り組みを進め，2017年，LC所蔵1,327点について国立国会図書館デジタルコレクション「内務省検閲発禁図書」として公開された。先の返還本と同様に，検閲の痕跡が残る正本であり，戦前の言論出版規制のありようを生々しく今に伝える資料群である。

　このように，検閲の資料は震災・戦争・占領などを契機に，時に失われ，あるいは移動を伴って今に伝わっている。和田敦彦が指摘

（3）国立国会図書館オンラインから請求記号に「特501*」と入力すると検索でき，ほとんどがオンラインで閲覧可能である。

ViewPoint

国立国会図書館デジタルコレクションで，検閲の痕跡が残る本を実際に閲覧してみよう。

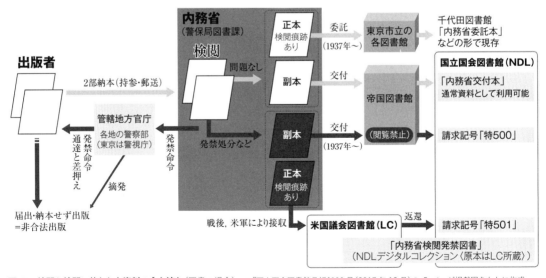

図1　検閲と検閲に使われた資料の主な流れ（図書の場合）　＊『国立国会図書館月報』680号（2017年12月）の5ページ掲載図をもとに作成。

するように，出版物は発行された時の読者との関係のみではなく，その後の人々との長い関係のなかにおかれる。検閲で途切れた出版物と人々とのつながりが，その後どのように結びつき，その過程に人々がいかに関わったか，このことは検閲と社会・文化を考えるうえで重要な視点である。

■ 1920年代の出版文化と社会運動

さて，これまで戦前の日本において検閲作業がどのように行われたのかを，具体例を通じて考察してきた。しかし，検閲のあり方は政治・社会状況によっても変化する。出版物が増えるだけでも作業に影響が出るだろう。検閲の具体的な状況をより理解するために，当時の出版文化やそれと関係しあった社会運動についてみてみよう。

第一次世界大戦後は，それまでの政治社会で成員としての権利や位置付けを与えられていなかった労働者・農民をはじめとする「大衆」が，自らの人格と政治的・社会的権利の承認を要求し，政治社会への参入を求めていく時代である。労働運動や農民運動，社会主義運動，普通選挙運動など様々な社会階層による運動が盛んに展開された。それは同時に，「大衆」をいかに統合していくかという権力的反応を引き出し，1925年制定の男子普通選挙法と治安維持法[4]による新たな支配体制を成立させる。

出版状況や文化のあり方は，このような「大衆社会」の形成と相互に関係しあう。第一次世界大戦後はマス・メディアや出版界が技術的・商業的に大きな変化を遂げていく時期にあたり，新聞については，第一次大戦前より政論新聞から商業新聞への転換が進行し，1920年代には大資本による販売競争の時代へ突入，発行部数を急増させる。大正初期から増加傾向にあった出版物では，第一次大戦期以降の社会運動の高まりのなか，社会科学・社会問題に関する文献が数多く出版され，関東大震災後の1920年代後半には，左翼出版を中心とする社会運動メディアの急増と円本ブームによって発行数がさらに拡大していく。

こうした1920年代の出版文化の特徴は，社会運動の展開のなかから機関紙・ビラ・ポスターなどの多様な媒体が族生し，また，そうした運動と重なりあう形で多くの社会科学・社会主義に関する文献が生み出され，人々に受容されていったところにある。その受容のあり方は，大都市のみならず地方都市や農村の労働者・農民・青年層，さらには植民地にまで広がりをみせ，職場・学校・地域の仲間同士での貸借・回し読みなど「共同体」的な読書行為もみられた。

ViewPoint

具体的な事例を歴史的に位置づけるには，社会状況を把握する必要がある。検閲を知るためにも，まず出版状況や社会運動の動向について1920年代の特徴をおさえよう。

(4) 共産主義運動の抑圧を狙った治安維持法は，第1条で「国体変革」「私有財産制度否認」を目的とする結社の組織・加入を処罰対象とした。「国体変革」の概念が曖昧で拡大解釈が可能なうえ，1928年法改定で新設された「目的遂行罪」は，共産党に加入していない人でも，その行為が党の「目的遂行のため」と当局がみなせば処罰対象となった。このことが30年代以降の適用対象拡大を招いた。

マルクスの『資本論』が読まれた時代だったが，マルクス主義の平易な解説本（山川均『資本主義のからくり』など）の普及によって，『資本論』を直接読んでなくとも，内容をある程度知っている人も少なくなかったという。また，名望家と呼ばれる地域有力層の間にも『資本論』の購入者がいた事実も指摘されており[5]，彼らは地域社会が慢性不況に直面するなか，『資本論』を経済の基本的仕組みを理解する参照枠としたのである。

　近代日本におけるマルクス主義の普及は国際級であったといわれる。その一つの条件は，第一次世界大戦後の日本社会が，実態的にも人々の意識のうえでも格差や分断が大きい「階級社会状況」であったことに求められる。1920年代は，「無産」「階級」という表象が氾濫したが，それらは当時の人々にとって概念以前の，あらゆる差異を包摂する実感的・可視的なものだった[6]。こうした特質をもつ社会状況のなかで社会運動やマルクス主義に関する文献が受容され，その盛況がもたらされたのである。

　この影響は一般出版社にもおよび，『改造』や『中央公論』などの総合雑誌が社会問題や社会主義に関する記事を積極的に取り上げ，社会運動家・社会主義者に誌面を提供した。いわば一般ジャーナリズムの「左翼化」の現象であり，それだけ「左翼もの」が売れる時代だったのである。さらに，1920年代には，国内外の社会主義文献を専門的に扱う商業的な左翼出版社が簇生し（共生閣・希望閣・叢文閣・白揚社・南宋書院・マルクス書房など），経営的に成り立ったところにも一つの特徴があった。

　このような1920年代の出版文化の形成と展開において駆動力となったのは，20年代後半に本格化するプロレタリア文化運動である。美術家に目を向ければ，本や雑誌の装丁，イラスト・ポスターの制作などが組織的に行われ，社会運動のスローガンを前衛的なデザインで可視化した（**史料4**）。特に普通選挙戦では，労働者・農民の利益を代表する無産政党のポスターがプロレタリア美術家によって大量につくられ，街頭が政治的な表現空間と化した。演劇や映画も含め，狭義の政治言論の枠をこえた多彩な表現を社会運動にもたらし，1920年代特有の社会運動文化が形づくられつつあったが，それは当然ながら検閲制度との衝突を招いていくことにもなった。

(5) 有山輝雄『近代日本のメディアと地域社会』（吉川弘文館，2009年）を参照。

ViewPoint

社会運動はその主張を広げていくものだから，出版・宣伝活動は運動の中核部分となる。社会運動史と聞くと，政治・経済との関係や思想・理論の検討がメインと思うかもしれないが，社会運動を文化形成やメディア受容との関係から見ることも重要な視点であり，それは古くて新しい論点でもある。梅田俊英『社会運動と出版文化──近代日本における知的共同体の形成』（御茶の水書房，1998年）や，新藤雄介「大正期マルクス主義形態論」『マス・コミュニケーション研究』86（日本マス・コミュニケーション学会，2015年）などが参考になる。

(6) 林宥一『「無産階級」の時代』（青木書店，2000年）を参照。

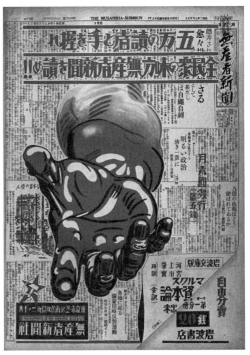

史料4　プロレタリア美術の代表的画家・柳瀬正夢制作「無産者新聞ポスター」（1927年）

■ 1920年代の検閲実態

　1920年代の日本では社会運動が盛んに展開され，それに関する
出版も相次いでいた。そうした状況は，検閲の実態に対してどのよ
うな影響を与えたのだろうか。それを知るために，当事者（出版者，
検閲担当者）の声が残されている当時の雑誌・新聞記事，証言記録，
関連する統計資料，当局の内部資料などを用いて検討していくこと
にしたい。

　まず検閲を受ける側である出版者は，検閲をどのように受け止め
ただろうか。ここで前掲**史料2**の『社会主義の必然』を発行したマ
ルクス書房に目を向けてみよう。マルクス書房は，小学校教師・新
聞記者の経歴をもつ社会運動家・難波英夫が1927年半ばに東京小
石川でおこした小さな出版社である。レーニンやゴーリキー，ブ
ハーリンなどの翻訳本，国内の社会主義パンフレットなどを専門に取
り扱っていた。

　左翼出版社として新参のマルクス書房は，開業半年間
で発行した8冊のうち3冊が発禁処分を受けた。そのあ
たりの実情について，難波は「検閲官は資本家に握られ
た鋏だ」と題する小論のなかで触れている（東京記者連
盟機関誌『号外』1928年1月号）。それによれば，難波
が発禁理由を検閲当局に質すと，「全体的に調子が激越
だからいけない」「全体的に煽動的」，何頁から何頁まで
「不穏」など漠然とした返答だったという。なかでも『社
会主義の必然』の発禁に難波は承服しかねた。というの
も，同書の問題箇所の一部は，マルクス『哲学の貧困』，
エンゲルス『空想より科学的社会主義へ』からの抜き書
きにすぎず，両書はすでに国内でも公刊され，「数年間
公然と読まれてゐる事実」があったためである。事実，
1920年代は社会科学理論については，実践につながる
と看做されればもちろん規制されたが，「研究」ならば
ある程度寛大だった（**史料5**参照）。難波もそれを踏まえ，
同書を「マルクス学教科書」と銘打ったはずだったが，
発禁の憂き目をみた。その一方で，自社発行のパンフレ
ット『支那革命の意義及び批判』は，過去に発禁処分を
受けた雑誌論文を収録したにもかかわらず，これは問題
なく検閲を通ったと難波は明かす。発禁による経済的打
撃もさることながら，ここで難波が問題にしているのは，

ViewPoint

社会運動や出版文化の隆盛は，検閲
の実態にどのような影響を与えただ
ろうか。当時の雑誌・新聞記事，証
言記録，統計資料，当局の内部資料
から探ってみよう。

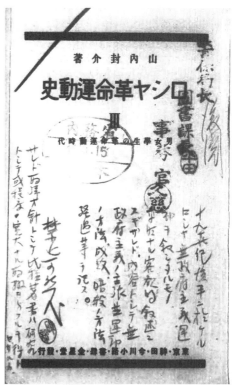

史料5　山内封介『ロシヤ革命運動史 第3輯』（金星堂
1926年）
検閲正本の見返し部分。この本は無政府主義の主張・運動
方法などを記述しているということで結果的に発禁処分と
なったが，検閲官の一人が「サレド取締方針トシテ此種著
書ハ研究トシテ或程度寛大ナル取扱ヲ与フルヲ得トセザル
カ」と疑義を呈している（左端の2行）。裏を返せば，「研究」
的内容はある程度寛大に扱うという検閲官の認識が垣間見
える興味深い書き込み。

「検閲官の気紛れとしか見られない」ような発禁処分の不可測さだった。

　検閲の揺らぎともいえるこの事態は，当時の出版物の増大と，それに対応しきれない内務省図書課の態勢に要因があった。関東大震災の影響でいったん減少した出版数は，その後急速に回復し，震災前を上回る勢いで急増していた。出版法による図書等の納本数は震災前年（1922年）の48,404件から1927年には63,258件へ，新聞紙法による新聞・雑誌は同様に4,562件から8,350件へと拡大した。

　これに対し，図書課の人員数は1927年まで属官10人未満，嘱託・雇を合わせても計20人余りであり，意外ともいえる少人数で全国からの納本をさばいていた（**表1**）。『読売新聞』（1928年4月16日夕刊）は，「閲覧地獄に検閲係の悲鳴」との見出しで，当時の図書課の多忙さを伝え，「平凡なものは実際の所見て居ません，盲判です」との一課員の声を取り上げている。他の新聞記事でも，タイトルや著者・出版者，目次から目星をつけるといった検閲のコツが報じられており，実際の検閲業務では，すべてに目を通すのではなく，問題がありそうなものを選択・優先してチェックすることが常態化していたであろうことは想像に難くない。これに関連して，1927～1929年に図書課長を務めた土屋正三も，のちに次のような証言をしている。

表1　内務省警保局図書課の人員数の推移

年	書記官	事務官	理事官	属官	嘱託	雇	計
1924	1	2		8	5	9	25
1925	1	1		7	4	9	22
1926	1	1		7	5	10	24
1927	1	1		6	6	10	24
1928	1	3		24	8	25	61
1929	1	3		23	7	24	58
1930	1	3		20	7	24	55
1931	1	3		24	6	19	53
1932	1	2		24	7	23	57
1933	1	3		29	10	27	70
1934	1	3	1	37	9	32	83
1935	1	4	1	43	19	39	107
1936	1	4	1	46	19	41	112
1937	1	4	1	41	20	38	105
1938	1	4	1	42	19	36	103
1939	1	4	1	42	19	34	101
1940	1	4	2	45	21	37	111

＊内務省警保局『警察統計報告』第1～17回より作成。
＊人数は各年末現在。1940年の合計数には技師1名が含まれる。

史　料

　〔検閲官がチェックした本を〕事務官が見て課長のところへ出す。大きな本を初めからしまいまで読むわけにはいかないから，結局スジのところだけを読むんですが，考えてみると，これはいいかげんな話しだね。私が課長になってまもなくだったが，ある日，事務官が大きな本をもってきて，発売禁止にしたいという。……それでおそるおそる〔警保局長の所へ〕行ったわけだ。局長が何んだというから，こういうわけでこの本を発売禁止にしたい，そこまではいいんですね。局長がどういうことが書いてあるんだと聞く，……それで一々第一章から読んだら大変なことになるから，私はさあ，そうですね，大変悪いことが書いてありますといったら，ああ，そうかといって，ポンと判を押した。

　（「日本の警察の歩みを語る（その二）」『警察研究』第 45 巻 11 号，1974 年）

　1920 年代後半の出版物の量的増大，しかも社会運動メディアの比重増は，図書課の対応力を後退させた。こうしたなか，1927 年 4 月に発足した田中義一内閣は，山東出兵をはじめとする対外強硬政策をおし進め，内政面では社会運動の取り締まりを強化した。その強権的な方針と検閲現場の実情とが相まって，いきおい発禁処分が濫発され，その反面で検閲「漏れ」が生じるような，いわば検閲の「機能不全」化が起こっていたともいえよう。マルクス書房が参入したのは，まさにそうした時期だった。

　もっとも，このような恣意的ともいえる検閲に翻弄されていたのは，左翼的な出版に限らず，総合雑誌や一般新聞，書き手の文芸家たちも同様であった。そのため，出版者らは様々な検閲対応策を試み，検閲への批判の高まりを背景として，広範な人々による検閲制度改正の運動が形成される。1927 年 7 月には無産政党左派の労働農民党の呼びかけにより，各種運動団体・文化団体・左翼出版社はもとより，『改造』『中央公論』などの総合雑誌社，文芸家協会，編集者協会などを糾合した「検閲制度改正期成同盟」が結成された。「吾等の自由の擁護獲得の為に，出版の自由，上映上演の自由」を要求し，法改正や不当処分に対する救済制度確立，禁止理由

Column

井上哲次郎の「不敬著書」事件

『読売新聞』（1928 年 4 月 16 日）は，多忙な検閲業務のなかで「井上博士の不敬著書問題の起つたのも当然」との図書課員の声を伝えている。

　これは哲学者・井上哲次郎の著書『我が国体と国民道徳』（1925 年）のなかの「三種の神器」記述等が「不敬」にあたるとして，右翼の頭山満らの批判にあい，同書が 1927 年 1 月に発禁処分となった事件を指す。国家主義に立つ井上は，この時期，日本の「国体」と民主思想・人道主義は矛盾しないなどの観点から国体論の再編をはかろうとしていた。その点が伝統的国体論の側から批判されたのである。天皇制に関する事項に細心の注意を払っていたはずの検閲だったが，左翼出版に傾注するあまり，国家主義的な本だから大丈夫だろうとしたがゆえに生じた問題でもあったといえよう。

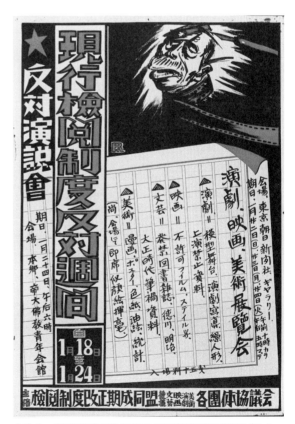

史料 6　検閲制度改正期成同盟の現行検閲制度反対週間ポスター
（1928 年 1 月）

公表などの実現に向けて動き出した（**201 ページ史料6**）。

　こうした状況に対し，治安維持法による 1928 年の日本共産党弾圧事件（三・一五事件）を機に，田中内閣は特別高等警察（特高）の拡充をはかる。それに伴い図書課員も増員され，1927 年計 24 人だった人員数は 1928 年末には 61 人へ，主力である属官については 6 人から 24 人へ大幅増員された（**前掲表1**）。また内務省警保局では，1928 年 10 月から極秘月報『出版警察報』を作成し，各地方警察部や関係省庁と情報共有を密にし，取り締まりの全国的な統一と連携強化をはかった。

　しかし，経済不況による労働・小作争議増加や日本の対外侵出への批判・反戦運動を背景に，三・一五事件以後も社会運動出版は不可逆的に進展拡大していった。1930 年代にかけての特高・出版警察体制の再編強化のなか，検閲と言論出版の自由をめぐる抗争はより熾烈を極めていく。

■ 「発禁本」はどれくらい差し押さえられたか

　ところで，私たちが古本屋をめぐっていると，戦前に発禁処分を受けた「発禁本」をみかけることがある。ここで一つの疑問が浮かばないだろうか。戦前の検閲は，発売頒布（流布）をさえぎるものだったのだから，読者の手にいっさい渡らず，闇に葬られたのではないか。なぜそれらの本を，今の私たちが入手することができるのかと。先に答えをいえば，1920 年代においては，たとえ発禁になっても市場に出回ったり，読者の手に渡ったりしたものも少なくなかった。次の証言は当時のそうした状況の一端を示している。

『戦旗』創刊号（1928 年 5 月）

史　料

　　『戦旗』は，発禁で買いそこねることが多かったので，雑誌が店頭に出さえすれば，読者はあらそって買ってくれた。……『戦旗』の全盛時代，新宿の紀の国屋では，一日数百部うりつくした……。発禁になっても，二，三日店頭にでる時間をかせぐことができたら，残部を押収されても，損害はそうとうくいとめることができたのである。
　　　　　（山田清三郎『プロレタリア文学風土記』青木書店，1954 年）

　これは，小林多喜二や徳永直らの代表作を生んだプロレタリア文芸誌『戦旗』の編集発行人だった山田清三郎の回想である。やや誇張が入っているようにも思われるが，1928 年 5 月に創刊された『戦旗』は，地方の青年層や植民地にも広がり，当初発行 7 千部から最盛期 1930 年には 2 万 2 千部に達する人気の雑誌だった。三・一五

小林多喜二『蟹工船』改訂版（戦旗社 1930 年 1 月）　検閲正本の表紙。21 頁「天皇陛下」と 123 頁「献上品」の 2 箇所について「削除命令ヲ遵奉セザルヲ以テ禁止」との検閲官の書き込みがある。

事件以降，左翼に対する抑圧が強まる時代にあって，これだけの発行部数を維持できた陰には，発禁への様々な対抗策や，読者とのつながりを重視した出版活動があった。

　1920年代は発禁本がかえって売り物になり，「前号発禁」などと出版広告を打つことで発禁処分を販売競争に利用することもあった。また，特に新聞・雑誌の場合，新聞紙法の定める納本期日が「発行と同時」だったことを逆手にとり，納本から発禁命令が出るまでの時差を突いて，警察に差し押さえられる前に売りさばく，あるいは読者への直接送付ルートを駆使して，発禁本でも流布させるといった対抗手段がとられた。出版の流通形態は交通網の発達や郵便制度の整備とも関連するが，当時の流通経路は取次店も多く多様であり，いったん市場のルートに乗るとさえぎることは容易でなかった。

　さらに，『戦旗』をはじめとする左翼雑誌や社会運動機関誌では，市場販売だけでなく，各地の読者層を読者会などの形に組織し，直接配布網を築くことが重視された。資力の乏しい出版社や運動団体にとって，この方法は発行部数の見通しが立てやすく，また迅速に直接配布ルートに乗せることで読者の手に届け，損害を抑えるという利点があった。

　では，警察側は発禁本をどれくらい差し押さえることができただろうか。一例として，プロレタリア文学の代表作とされる小林多喜二『蟹工船』についてみてみよう。この作品の初出は『戦旗』1929年5月号・6月号に分載発表され（6月号は発禁），その後，戦旗社より単行本として出版されるが，発禁にあうたびに改訂を重ねていった。『蟹工船』改訂版（1930年1月31日発行）は，当初，天皇に関係する記述2箇所に対し「削除処分」が出されるが（2月8日付），戦旗社がこれに従わなかったため，発禁命令が出された（2月15日付）。では，同書はどれくらい差押えられたのだろうか。

　差押え状況を知る手がかりとして，先に触れた内務省警保局の内部資料『出版警察報』がある。その第19号（1930年4月）によれば，上記『蟹工船』改訂版の印刷部数は11,000部，そのうち警察が差押えたのは1,609部であった。差押え率は約15％となる。地域別の差押え状況は，上位から東京1,376部，京都101部，兵庫28部，大阪26部であり，この4府県で全国の差押え数の9割余りを占めていた。要するに，改訂版発行から約半月経ってからの発禁処分だったこともあるが，85％が差押えを免れ，そのうちの多くは当時の読者の手に渡った可能性があるわけである。

　このように，発禁処分にあった出版物でも，その流布をめぐる攻

防が展開され，1930年代初頭までは出版側が検閲を押し返し，実質的に後退させるようなせめぎ合いを繰り広げた。警察による差押えは後手に回り，差押え率は概して低調だった。**表2**は警視庁における1933年の差押え率ごとの新聞・雑誌，書籍の件数（タイトル数）とその割合だが，差押え率40％未満のものが新聞・雑誌で9割を占め，書籍でも7割余りだった。

　ここで，出版物の流通・流布について視点を変えてみよう。1920年代には，日本「内地」で発行された左翼出版物を含む様々な書物が，植民地朝鮮・台湾へと渡った。朝鮮・台湾でも検閲は実施され，日本内地にならった法令・規則によって朝鮮総督府警務局図書課，台湾総督府警務局保安課が検閲にあたった。ただし，日本内地と植民地とでは検閲の法制度が異なり，植民地では「事前検閲」を含む，より厳しい制度下におかれた。さらに内地／植民地の差異に加え，植民地に住む内地人（日本人）と朝鮮人・台湾人との間にも出版経営などの面で差別がもちこまれた。

　こうした植民地における制度的締めつけによって，朝鮮・台湾の人々が現地において時事や政治に関する言論媒体を発行することはきわめて困難だった。それゆえ，1920年代には海外や日本内地から植民地内へ出版物の輸移入が増加し，先の『戦旗』も，こうした日本─植民地の検閲体制のもとで越境していったのである。移入制限がより厳しかった台湾でも，日本内地の発禁物を雑多な記事の切り抜き帳に紛れ込ませて台湾にもちこんでいた文学者の呉新栄などが知られている。検閲体制は「帝国日本」の膨張とともに転移し拡張したが，そのことに規定されつつも，帝国を内側から問うような言論出版と「知」の流通・交流が一面で促されたのである。

　さて，1928年の三・一五事件以降，内務省はたしかに特高・出版警察体制の拡充をはかったが，上でみてきたように検閲後の差押え執行の「不成績」に課題があった。そこで1930年代に入ると，当局は検閲事務とともに取り締まりの実行面を重視していく。『出版警察報』58号（1933年7月）は，警視庁によるこの取り締まり方針見直しを「検閲第一主義に対する執行第一主義」の重点化と表現しており，具体的には，差押え迅速化や郵便物の取り締まり厳重化，非合法出版の摘発強化，さらに治安維持法等の発動による読者組織そのものの壊滅としてあらわれた。当時の有力な左翼新聞だった『無産者新聞』の配布行為自体が，治安維持法の目的遂行罪にあたるとの大審院判決も1930年に出されていた。また，納本前に発禁命令を出す，印刷所に踏み込み印刷途中で押収するなど「違法」な取り

表2　1933年差押え比率表（警視庁）

差押え率	新聞・雑誌		書籍	
	件数	（％）	件数	（％）
90％以上	20	（3）	31	（10）
80％以上	4	（1）	5	（2）
70％以上	3	（0）	8	（3）
60％以上	10	（2）	4	（1）
50％以上	8	（1）	12	（4）
40％以上	15	（2）	18	（6）
30％以上	21	（3）	30	（10）
20％以上	40	（7）	48	（16）
10％以上	62	（10）	43	（14）
10％未満	418	（70）	105	（35）
合計	601	（100）	304	（100）

＊警視庁検閲課「昭和八年出版警察統計表」（1933年）より作成。
＊新聞・雑誌のうち主要日刊新聞紙は除外されている。

ViewPoint

「帝国日本」の膨張に伴う植民地への検閲制度の遷移やそこでの言論出版規制・出版文化のあり方を考えていくことは重要な課題である。東京大学東洋文化研究所『東洋文化』86号（2006年），河原功『翻弄された台湾文学──検閲と抵抗の系譜』（研文出版，2009年），紅野謙介・高榮蘭ほか編『検閲の帝国』（新曜社2014年）などが参考になる。

締まりもみられるようになる。

このような治安維持法体制と一体となった出版警察の再編強化の
なか，左翼出版は過当競争による経営難もあいまって，1930年半
ばまでに急速に衰退していくこととなる。

■ 伏字・内閲と「自己検閲」の深まり

さて，出版文化隆盛の時代にあって，検閲がその障壁になり，出
版者も対応に苦心していたことはここまでで確認できただろう。し
かし，そもそも多くの人の手と資金をかけて発行にこぎつけた出版
物が発禁処分になれば，出版者にはかなりの経済的打撃になったは
ずである。まして大量出版・販売競争の時代を迎えた第一次大戦後，
発禁処分がもたらす経済的損害は相当の痛手になったと考えられる。
それに対して出版者はいかなる手段を講じたのであろうか。じつは
その一つが，冒頭でみた「伏字」である。以下では，伏字とこれに

ViewPoint

検閲・発禁処分に対して，出版者側
は伏字や「内閲」という措置を講じ
ていたようだ。どのようなものなの
か，具体的にみていこう。そこから
検閲制度が社会や文化にもたらした
影響がみえてくるのではないだろう
か。

関連する「内閲」について検討
する。検閲という制度が，当局
の措置にとどまらず，広く社会
に影響をおよぼしたことについ
て考えてみたい。

制度のところでみたように，
発禁処分の基準が「安寧秩序」
や「風俗」と不明瞭で，具体的
な禁止基準が知らされないので
あれば，検閲を受ける側は発禁
を免れるために，それまでの経
験に鑑みて対応するか，検閲官
の内面や「読み」に想像を働か
せるほかない。そこで出版者が
採った手段が，冒頭で触れた「伏
字」だった。ほとんどの場合，
編集者が原稿中でひっかかりそ
うな部分を印刷前に記号や空白
におきかえたもので，執筆者の
意思とは無関係になされること
が多かった。伏字は明治期から
存在したが，特に1920年代後
半に多用されるようになる。そ

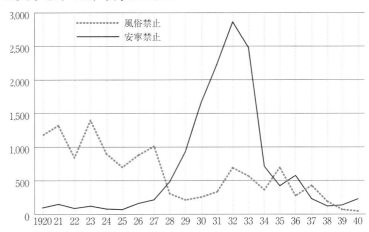

図2 　出版法による発禁処分数の推移

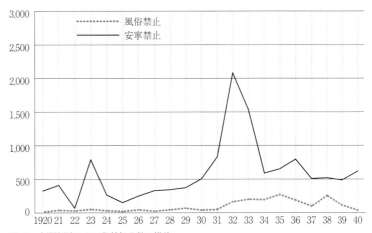

図3 　新聞紙法による発禁処分数の推移
*図2・3とも由井正臣ほか編『出版警察関係資料 解説・総目次』（不二出版，1983年）を
もとに作成。

の背景には，先にみたような検閲の実態と発禁処分の増加傾向があった。

　ここで発禁処分件数の推移を確認しておくと，出版法による書籍など（205ページ図2）では，もともと「風俗禁止」が上まわっていたのが，1926年頃から「安寧禁止」が増え出し，1928年に逆転していることがわかる。その後，安寧禁止件数は急増，1932年にピークとなり，1934年には急減する。新聞紙法による新聞・雑誌（205ページ図3）では，常に安寧禁止が上まわっているという違いはあるものの，30年代半ばまでその動向は出版法とほぼ同じである。1930年前後の安寧禁止数増加は，昭和恐慌や満州事変を背景とする政治批判や反戦論の高揚に対する検閲強化と，ビラなどのレベルまで取り締まりが厳重化されたことによる。34年の急減は前にみたような治安維持法と連動した取り締まり強化による左翼運動とその出版活動の衰退をあらわしている。

　こうした発禁処分の増加を背景に，発禁を回避するために多用されたのが伏字だが，それは検閲に対する疑心暗鬼と経済的動機とによって誘発される出版者の自主規制，いわば「自己検閲」の一つの表現でもあった。

　もっとも，伏字は削除や改変の跡を記号や空白として示すがゆえに，抑圧・禁止を想定して伏せざるをえなかった思想や言説を，むしろ伏字の存在によってより強く喚起させ，権力への批判意識を促すという作用もあった。総合雑誌や社会運動・左翼文献などの読者層の間には，自然と伏字を推測しながら読むという特有の読書行為も身につき，また伏字部分を文字に起こした別刷りが密かに出まわることもあったといわれている。

　このような伏字と関連するものとして，1920年代に行われていた「内閲」という措置について触れておこう。内閲とは，出版者が原稿やゲラ刷りの段階で内務省に伺いを立て，検閲官から問題になりそうな部分について事前に指摘を受け，その部分を削除なり改変して印刷製本するというものである。これは，法で定められた制度ではなく，あくまで内務省のインフォーマルな便宜措置であり，開始時期は定かではないが遅くとも第一次大戦中にはすでに始まっていたとされる。発行者や編集者がむしろ自主的に発行前の「事前検閲」を依頼する一見矛盾したものにも思えるが，彼らにとっては印刷製本後の発禁による経済的損害を回避する苦肉の策でもあった。なお，内閲を受けた場合でも，当然ながら印刷製本後に納本し「正式」な検閲を受けなければならなかった。

ViewPoint

伏字が多用された戦前に対し，占領期のGHQによるメディア規制では，検閲の存在が秘密とされたため，伏字や墨塗り，削除部分（空白）をそのまま残すなど検閲の痕跡を明示することは許されなかった。占領期検閲については，山本武利『GHQの検閲・諜報・宣伝工作』（岩波書店　2013年）が参考になる。

実際に内閲を受けて出版された文献をみてみよう。**史料7**は，大正後期におけるマルクス主義の代表的理論家・山川均と田所輝明の共編『プロレタリア経済学』の初版（1923年7月発行）である。同書は全体にわたって空白部分が多いが，下に掲げた図版では「以下六頁削除」との但し書きがあり，見開きのページ番号が58から65に飛んでいるのである。伏字と同様，内閲による対処も出版者側が著者の意思と無関係に行う場合が多い。伏字と違うのは，出版者が検閲当局と直接交渉していることであり，その点で，内閲における出版者と検閲官は，ある意味で［共犯関係］でもあった。**史料7**をみれば，いかに著者が埒外におかれているかが想像できるだろう。同書は翌年改訂版が出され，その序文で田所は，「初版は当局の内閲を受けたため殆ど目茶目茶に消され」，「読者諸君に申訳がない」と述べている。(7)

(7) 埼玉の農民運動家・渋谷定輔の日記（富士見市立中央図書館蔵）には，「『プロレタリア経済学』の削られた個所に池内君から借りて，書入れて貰ふことにした」（1925年6月7日付）と綴られており，削除部分の埋字がある別刷りのようなものが密かに出回っていた可能性もある。

史料7　山川均・田所輝明共編『プロレタリア経済学』初版（科学思想普及会　1923年）

　こうした内閲について，図書課長を経験した土屋正三はのちに次のように語っている。

史　料
　内閲のほうがどうしても厳しくなるのです。出してしまったものを押えるという時にはやはり人情がはいりますから大ていのことは我慢するが，内閲ですとその点は自由ですから，「ここはどうも危ないでしょう。」と言いますと向う〔出版社側〕でみんな消してしまいますから，したがって内閲したほうが激しいのではないですか。　　　（内政史研究会『土屋正三氏談話速記録』1967年）

　このように，過度の抹消を生み出すところに，内閲という名の「事前検閲」の本質があった。だが，内閲は1925年頃にはすでに機能

不全に陥っていたとされ，内閲を経て発行したにもかかわらず，発禁を受けるケースも生じていた。こうしたことから，内務省では1927年6月に内閲廃止を決定した。納本をさばくのに手いっぱいで，ましてや温情で対応している内閲まで面倒みきれないというのが図書課の本音だったろう。

しかし，このことが雑誌・出版業界，特に大手の商業出版社や総合雑誌社に与えた影響は大きかった。検閲当局との人脈を築いていた大手出版・雑誌社が内閲を活用し，その便宜を受けてきたことは確かだった。そのため内閲廃止に際して，業界団体である日本雑誌協会や編集者協会などは内務省に内閲存続を求める請願書を提出するなどした。

先に触れた検閲制度改正期成同盟も実は「内閲復活」を主な要求の一つに掲げていた。ただし，左翼勢力と商業出版・業界団体から成るこの同盟内には「内閲」をめぐって温度差があった。あえて図式的にいえば，労働農民党や運動・文化団体（左翼勢力）は，読者との関係（読む権利）や言論出版の自由を重視し内閲否定・廃止の立場であり，これに対し，編集者協会・総合雑誌は経済的利害に重きをおくがゆえに内閲復活・存続が主だった。零細な商業的左翼出版社は，この両者に挟まれ揺らぐ立場にあった。結果として広範な担い手を運動に引き入れるという観点から，左翼勢力が商業出版・業界団体に譲歩して「内閲復活」を採るが，上記の対立の存在が運動に亀裂をもたらし，「言論出版の自由」擁護運動としての発展を妨げる一つの要因ともなったのである。

さて，それでは，内閲の廃止はどのような影響をもたらしただろうか。端的にいえば，編集者による自主規制（自己検閲）がそれまで以上に促されていったという点を指摘できる。検閲当局の事前意見を聞く回路が閉ざされたことで，編集者自らが禁止対象を全面的に推測しなければならなくなり，それまで以上に検閲官を忖度し，過剰なほどに伏字を使うといった事態も引き起こされていった。仮に内閲で**史料7**のような大幅削除を経験したことがある場合は，検閲の本質的な暴力性を認知しているだけに，編集者はなおさら過度な自主規制（自己検閲）へと向かいかねない。1920年代後半以降の発禁処分の増加という現実は，そうした出版側の内的傾向をさらに促す要因としても作用した。そのことは，執筆者やさらに読者層との間に様々な軋轢や乖離を生み出していくことにもなる。

もちろん，こうした状況に対峙していった人々もいる。小林多喜二は，読者を意識しつつ，むしろ「発禁覚悟」で伏字を極力使わな

いよう編集者に要請し，そのぶん自身の叙述を高めようとした。検閲という制度を問うとともに，発禁を跳ね返すための著作者・出版者・読者の［共闘関係］をいかに築くかが問われ，模索された時代でもあったのである。

■ 改めて「検閲」とは何か

　本視点では 1920 年代の社会運動の展開，それと相互に関係する出版文化の隆盛のなか，検閲制度がどのように運用され，出版状況や社会運動とのせめぎ合いを通して，いかに変化し，社会にどのような影響をおよぼしたかを考察してきた。

　戦前の「検閲」と聞くと，厳しい取り締まりが一貫し，それが時代を追うごとに強められていったと考えがちである。しかし，みてきたように，1920 年代は社会運動や出版の側が検閲を押し返し，検閲体制が緩んだ時代でもあった。検閲をめぐる様々な動向や攻防が折り重なる 1927 〜 28 年頃，それは一つの頂点を迎える。ただし，この昂進のなかにこそ，検閲制度改正運動の抱えた限界や，出版側が自己規制を促していく要因が潜んでいた。本視点では具体的に「内閲」や伏字を取り上げ，そのことを確認してみた。1930 年半ばにかけての社会運動・左翼出版の急速な衰退は，権力による弾圧にのみ帰されるものではないだろう。社会運動や出版実情の進展のなかにある限界や制約の要因，それが 30 年代以降とどのように関係していくのか，ここを探り出していくことが検閲体制や「言論出版の自由」のあり方を考えていくうえで重要なのである。

　さて，改めて「検閲」とは何かと問われれば，本視点でみてきたうえで指摘すると，人々の自己抑制を深めさせることにあったといえないだろうか。もちろん，発禁処分など権力の強制力＝［力］による規制で，特定の言論を封じ込めることは検閲の本来的な機能である。しかし，社会や人々が自ら「自由」を抑圧していくような，［空気］による規制を醸成していくことに検閲のもう一つの大きな機能があるのではないだろうか。この［力］と［空気］による規制が密接に絡み合っていくことで，不可視の権力としての「検閲」が究極的に成立するのかもしれない。このことは「制度としての検閲」から解き放たれた現代にもつながる問題ではないだろうか。

読書案内

内川芳美『マス・メディア法政策史研究』有斐閣　1989 年

梅田俊英『社会運動と出版文化──近代日本における知的共同体の形成』御茶の水書房　1998 年

奥平康弘「検閲制度」『日本近代法発達史 11』勁草書房　1967 年

紅野謙介『検閲と文学──1920 年代の攻防』河出書房新社　2009 年

辻田真佐憲『空気の検閲──大日本帝国の表現規制』光文社　2018 年

牧義之『伏字の文化史──検閲・文学・出版』森話社　2014 年

和田敦彦『読書の歴史を問う──書物と読者の近代』文学通信　2020 年

図版出典

著者提供	187
国立国会図書館デジタルコレクションより（原本所蔵：米国議会図書館）	193 左右, 194 左右, 202 下
法政大学大原社会問題研究所提供	198, 201, 202 上
国立国会図書館所蔵	199
アジア歴史資料センター提供（原本所蔵：国立公文書館）	203
神戸大学附属図書館所蔵	207

KGBが捉えた「民意」

民情報告書の読み解き方〜ウクライナ西部の場合〜

藤澤 潤

■ ソ連の「ふつうの人々」とKGB

　ソ連にはどのようなイメージがあるだろうか。まずは多くの人が
スターリンのような独裁者をイメージするだろう。もう少し詳しく
知っている人は，多くの無実の人を即決裁判で銃殺するか，シベリ
アの収容所に送り込んだひどい国と答えるかもしれない。あるいは，
近隣諸国を侵略し，併合した粗暴な軍事大国という印象をもってい
る人もいるだろう。こうしたイメージは必ずしも間違ってはいない。
しかし，この「ひどい国」ソ連の大地には，もちろん「ふつうの人々」
が暮らしていた。この人たちはただ権力者に虐げられるだけの可哀
そうな人たちであったのだろうか。そもそも，彼らはどんなことを
考えて，どんな暮らしをしていたのだろうか。彼らのことを知らず
には，ソ連という国を十分に理解したとはいえないだろう。でも，
どうしたら彼ら——ソ連という国を構成する「ふつうの人々」——
に辿りつけるのだろうか。

　それらを知る手がかりはいくつかある。その一つが，KGB文書
である。KGBとは1954年に設立されたソ連閣僚会議附属国家保安
委員会（1978年以降はソ連国家保安委員会）の略称である。KGBと
いうと，スパイ映画などで主人公の敵役として登場することも多い
ため，ソ連の秘密スパイ組織というイメージをもっている人もいる
かもしれない。そうしたイメージは間違いではないが，KGBがカ
バーしていた領域はもう少し広い。対外諜報・防諜に加えて，国境
警備，要人警護，さらには国内の監視や反体制派の取り締まりなど
もKGBの管轄だった。つまり，KGBは業務の一環として，職員
や協力者などを通じてソ連国内の「ふつうの人々」の言動を監視し，
政治指導者に報告していたのである。そして，この報告を受け取っ
たソ連指導部は，民衆の不満や要望をある程度は意識して政策を立
案していた。民衆の日常的な不満を放置しておくと，社会不安など
が生じかねないと理解していたからである。

　現在，KGBの文書は，ロシアをはじめとする旧ソ連諸国の文書
館に保管されており，非常にわずかではあるものの，その一部は公

ザカルパッチャ州の位置

開されている。これらの文書を分析することで，ソ連の「ふつうの人々」の様子を理解する手がかりを得ることができるのである。

　それでは，さっそくKGBが残した民情報告書を読んでみよう。取り上げる史料は，1968年5月25日にウクライナ共和国KGBのザカルパッチャ州支局がウクライナ共産党第一書記シェレストに宛てて送った文書である。当時，ウクライナはソ連を構成する一共和国であり，ウクライナ共産党第一書記が共和国内の実務を取り仕切っていた。ザカルパッチャはウクライナの一番西に位置する州で，その西隣はチェコスロヴァキアである。そのチェコスロヴァキアも共産党が支配する社会主義国であったが，1968年1月以降，共産党第一書記ドゥプチェクを中心に，「プラハの春」とよばれる民主化が進んでいた（本視点後半で詳しく説明する）。これに対して，ソ連は他の東欧諸国とともに8月に軍事介入を行い，武力で民主化の動きを止めることになる。では，軍事介入の3カ月前の時点で，KGBはどのようにチェコスロヴァキアに隣接するザカルパッチャ州の民情を把握し，共和国上層部に報告していたのであろうか。

　なお，読みやすさを重視して，以下の史料では住民の居住地，年齢，職業等は括弧でくくったほか，ウクライナ共和国KGBザカルパッチャ州支局は，初出の箇所を除き，単にザカルパッチャ州支局と略して訳した。また，元の史料では人名はすべてフルネームで記載されているが，イニシャルに替えた。

史 料 1

1968年5月25日付ウクライナ共和国KGB
ザカルパッチャ州支局の報告書

　あなた〔シェレスト〕の指示に従って，1968年5月14日から24日にかけてウクライナ・ソヴィエト社会主義共和国KGBザカルパッチャ州支局が受け取った資料に基づいて，我々はチェコスロヴァキア社会主義共和国における出来事への住民の反応について報告する。

　5月14日から24日にかけてザカルパッチャ州支局が入手した情報からは，州住民の圧倒的多数が以前同様にチェコスロヴァキア社会主義共和国における出来事を正しく理解しており，ソ連共産党中央委員会およびソ連政府が採用した相応する措置に賛同しているといえる。……

　チェコスロヴァキア社会主義共和国における出来事への反応を特徴づけるうえで，次に多い集団は，愛国主義的傾向をもちつつも，西側のラジオ放送に欺かれたなどの様々な理由で，出来事を不適切に評価し，それらの出来事から不適切な結論を引き出し

ている。……

D（ウジュゴロド地区セレドネ村住民，1914年生まれ，非共産党員，地区病院内科医）は村の他の住人との会話のなかで，チェコスロヴァキア社会主義共和国へのソ連軍派遣が差し迫っているという噂に言及して，次のように述べた。

「こんなことは考えにくい。ソ連政府だって他の国々の怒りを買いたくはないだろう。ソ連政府はそんなリスクは冒したくないだろう。なにせ，ヨーロッパの心臓部で戦争の火種を撒くことになるかもしれないのだから」。

K（ムカチェヴォ地区パフシノ村住民，1951年生まれ，10年生[(1)]）は，ザポロージェでの兵役に招集された兄に宛てた手紙で次のように書いている。

「私たちの村の多くの若者が軍にとられました。彼らはポドゴロドナヤの兵舎に3日間いて，その後チェコスロヴァキア国境に移動しました……。みんなは軍に行くのを怖がっていたわけではないです。彼らと話をすると，彼らは一つのことしか言いませんでした。『そうだ，家でまだ数日過ごせるが，その後，我々はどこかに行くんだろう……』。そして，彼らはほとんど泣き出さんばかりです。みんなこんな感じです……」。……

加えて，チェコスロヴァキア社会主義共和国内の出来事とソ連共産党中央委員会およびソ連政府がとった措置の双方について，偏向的で明らかに敵対的な反応についての情報が引き続き届いている……。……

D（フースト市，公営カフェテリア工場ソーセージ部門チーフ，1923年生まれ，非党員）は，自分の能力を発揮することができないと不満を述べた。そして彼は次のように言った。

「一連の事件は恐ろしくなんてない。ザカルパッチャはまたチェコスロヴァキアに移管されるだろうし，そうなったら1939年までの古い体制が復活するかもしれない。俺はお金持ちの民間企業家になるんだ。彼らに俺の力をみせるつもりだ」。……

M（ヴィノグラードフ市，家庭用品工場勤務，商品販売専門家，1926年生まれ，非党員）は，次のように述べた。

「チェコ人はいいやつらだ。彼らは，マサリク時代のようにチェコスロヴァキアを再建したら，馬鹿なロシア人なんてすぐに置き去りにするだろう。当時，彼らは非常に良い暮らしをしていた。彼らは思いのままに何でももっていた。現役として軍務に招集されたら，俺はもうザカルパッチャには戻らない。西側に逃げるつもりだ」。

V（チャチェフ市，スクラップ金属積み込み設備の労働者，38歳，非党員）は以下のように断言した。

「もしソ連がチェコスロヴァキア社会主義共和国に対するどんな軍事作戦であれ実施したら，ロシアは他の社会主義諸国だけでなく全ウクライナ民族と対決することになるだろう」。……

(1) 日本でいうと，高校の最終学年に相当する。

チェコスロヴァキアの出来事については，現在ザカルパッチャ
州に私事または仕事で滞在中の同国人，または同国に旅行をして
帰ってきたソ連市民がどのような評価を下しているかについて，
継続的に情報が届いている。……
　プラハ住民Lは，ザカルパッチャ州イルシャヴァ地区の親類の
一人に対して，〔前チェコスロヴァキア共産党第一書記〕ノヴォト
ニーの解任後，当局はすべての政治犯を刑務所から釈放し，彼ら
の資産を返却している，と述べた。この親類は最近Lを訪問して
〔ウクライナに〕戻ってきた。
　Lが勤務する工場の労働者たちは，次のような議論をした。〔チ
ェコスロヴァキアの〕スヴォボダ将軍はザカルパッチャ解放のた
めに戦い，今や大統領なのだから，チェコ人はソ連からザカル
パッチャの返還を要求するかもしれないし，ズデーテン地方はドイ
ツ人に返還されるかもしれない，と。

■ KGB文書の特徴とザカルパッチャ州

　この史料を一読して，どのような印象をもったであろうか。まず
異様に感じられるのは，KGBが「ふつうの人々」の日常的な会話や
私信を詳細に把握していることではないだろうか。史料中には，「村
の他の住民との会話」，「兄に宛てた手紙」などの記載がある。これは，
KGBの職員か協力者がちょっとした雑談の場に居合わせて，その
内容をKGBに報告していたことを意味する。前後文脈が記されて
いないものもあるが，おそらくは似たような状況での発言であろう。
「兄に宛てた手紙」については，妹の手紙が兄に届く前にKGBが開
封して内容を検閲したのであろう。KGBがこれほど人々の日常生
活を監視していることに衝撃を受けた人もいるのではないだろうか。
　もっとも，こうした情報から，ただちにソ連の人々が常にKGB
の監視におびえながら生活していたと結論づけるのは性急である。
当時の人々とソ連指導部などとの関係を示す別の情報をみてみると，
その様子が浮かび上がる。例えば，当時，多くのソ連市民が，ソ連
共産党書記長ブレジネフをはじめとする党指導者をアネクドートと
呼ばれる諷刺風の冗談のネタにして笑っていた。例えばこんな調子
である。

史 料 2
　ブレジネフがコスイギンにいった。
　「国境を開放するように世論が要求しているが，もし自由に出
国を許すと，我が祖国には我々二人しか残らないのじゃないか
ね？」

するとコスイギンがいった。
　「二人しか残らないというが，それは君と，ほかに誰なんだい？」

　ブレジネフは当時のソ連共産党のトップで，コスイギンはソ連首相である。つまり，ソ連の最高幹部同士の会話という設定なのだが，首相のコスイギンすらも国境が開放されたらソ連を捨てて西側に移り住みたいといっている。それくらいソ連は住みにくいのだという日々の不満を笑いのネタにしているわけである。もちろん，当局もブレジネフを諷刺するアネクドートが無数にあることは知っていたが，黙認していた。

　ただし，そうした身内での批判めいた冗談のレベルをこえて，本気で体制に異論を唱える人間は少数派だった。文化人類学者のユルチャクは，インタビューをもとに，1970年代から80年代のレニングラード（現サンクトペテルブルグ）の若者たちの日常を活き活きと描き出しているが，彼によれば，「異論派」とされた人々は，周囲の「ふつうの人々」から「ふつうではない」と思われ，孤立しがちであった。面白いことに，「異論派」とは逆に，

右からコスイギン，ブレジネフ，グレチコ国防相，ポドゴルヌィ最高会議幹部会議長

社会主義イデオロギーに本心から賛同している本物の「活動家」もまた，自分たちとは異質で「ふつうではない」とみなされて煙たがられていた。では「ふつうの人々」はどのように暮らしていたかといえば，当局が求める政治集会などには儀礼的・形式的に参加しつつ，自分が満足感を得られる活動にのめりこみ，そこそこ「自由に」暮らしていたという。

　この説明は直感的にわかりやすいものであるが，「ふつう」と「ふつうではない」を分ける境界線は曖昧で流動的であった。特に，隣国のチェコスロヴァキアで民主化改革が進み，ソ連政府が軍事介入を検討しているという「ふつうではない」状況では，この傾向は顕著であっただろう。先にみた史料の例でいうと，ソ連政府の方針に──内心はともかく──「賛同」した人は，当時の感覚では「ふつうの人びと」とみなされた可能性が高い。逆に，KGBが「偏向的で明らかに敵対的」とみなすような言動をしている人は，周囲から浮いていたかもしれない。しかし，その中間にいる人たち──KGBが「愛国主義的傾向をもちつつも，西側のラジオ放送に欺かれたな

ViewPoint

ソ連時代のアネクドートには，現代日本を生きる私たちが読んでもおもしろいものがたくさんある。日本語に訳されているものも多いので，図書館などで探して読んでみよう。

ViewPoint

ソ連は共産党がすべてを支配する全体主義国家だといわれているが，そう単純な話でもないのだろうか？

ViewPoint

共産党が支配する国で，人びとがそこそこ「自由に」暮らせたというのは意外に感じられる。国家と民衆との関係はどのようなものだったのだろうか。さらに考えてみるとおもしろそうだ。

どの様々な理由で，出来事を不適切に評価」していると分類した人
たち——はどうであろうか。彼らの発言をみる限り，積極的にソ連
体制を批判しようという意図は見受けられない。彼らは，ソ連は周
囲の国から嫌われているとか，戦争になるかもしれないとか，徴兵
された若者はどうなるのだろうといった，ソ連当局が望まない不安
や憶測を語ったために，KGB の注意を引いただけである。こうし
た不安や憶測は，軍の移動や徴兵などといった出来事を通じて，ザ
カルパッチャの多くの「ふつうの人々」も抱いていたかもしれない。
なんといっても，ザカルパッチャはチェコスロヴァキアに隣接して
おり，軍事作戦が始まった場合，ウクライナで真っ先に影響を受け
る可能性のある地域であった。

　こう考えてみると，確かに「ふつうの人々」は，基本的にはソ連
政府に「賛同」しつつも，時局に応じて，政府が懸念するような憶
測なども共有していたのであろう。しかし，史料には「偏向的で明
らかに敵対的」とされる発言も多数収録されていた。これらはどの
ように理解できるだろうか。イデオロギー的観点から政権を批判す
る「異論派」と同一視してしまってよいのだろうか。例えば，1923
年生まれのフーストのDは，ソ連で自分の能力が適正に評価され
ていないとの不満を抱いていたようであるが，「ザカルパッチャは

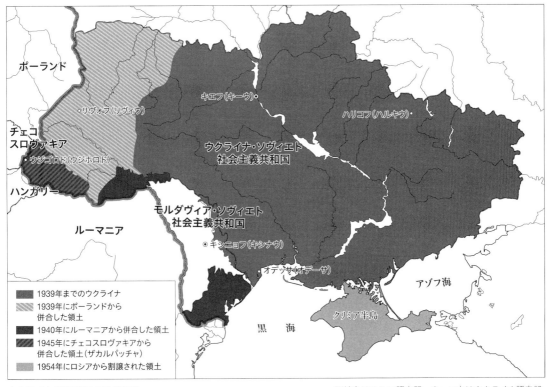

ウクライナ共和国領の歴史的変遷

※地名はロシア語表記，カッコ内はウクライナ語表記。

またチェコスロヴァキアに移管される」ことに期待を寄せ，「1939年までの古い体制が復活」し，「俺はお金持ちの民間企業家になるんだ」と発言している。明らかに彼は，自分の住む州が再びチェコスロヴァキアの一部となること望んでいる。1926年生まれのMもまた，戦間期（「マサリク時代」）のチェコスロヴァキアを懐古しつつ，徴兵されてチェコスロヴァキアに派遣されたら，そのまま西側に逃亡すると述べている。38歳の労働者Vにいたっては，もしソ連がチェコスロヴァキアに侵攻したら，「ロシアは他の社会主義諸国だけでなく全ウクライナ民族と対決することになるだろう」とまで発言し，ソ連に対する武力闘争の可能性さえちらつかせている。こうしてみてみると，ソ連共産党を政治的・イデオロギー的に批判する「異論派」というよりも，彼らが暮らす地域の歴史や民族意識の香りが漂ってはいないだろうか。

　彼らの発言を理解するためには，ザカルパッチャの複雑な歴史的・民族的背景を押さえておく必要がある。ザカルパッチャをはじめとするソ連西部——具体的には，モルダヴィア（現モルドヴァ）の大部分，ウクライナとベラルーシの西部，バルト3国，フィンランドとの国境地帯の一部——は，第二次世界大戦中から終戦直後に，ソ連に強制的に併合された地域である。そのため，一部の地域では，戦中から戦後にかけて，森林などを中心に，ソ連の併合に抵抗するゲリラ戦が繰り広げられていた。1950年代初頭までに，これらの武装抵抗運動は容赦なく鎮圧されたが，闘争に参加した者や彼らを支援していた者は少なくなかった。特にザカルパッチャは，1918年までオーストリア・ハンガリー帝国の一部で，その後，チェコスロヴァキア領になったが，1938年から39年にハンガリーに併合され，ハンガリーの敗北とともにチェコスロヴァキア領に戻ったものの，その直後にソ連に編入されたという複雑な歴史をもつ。そのため，民族的にも，ウクライナ人，ロシア人に加えてハンガリー人，スロヴァキア人，ルーマニア人などのマイノリティが州内に居住していた。さらに，ソ連当局によって「ウクライナ人」と分類された人のなかには，ロシア人ともウクライナ人とも異なる独自の民族アイデンティティをもった住民も多かった。しかも，戦後にはロシアやウクライナ東部から移住してきた人も多くいた。人びとの帰属意識や政治的傾向は非常に多様であった。

　当然ながら，こうした複雑な歴史・民族状況は，人びとの発言にも影響を与えた。民族・領土の複雑な歴史を踏まえたうえで，ここで改めて，最初の史料，特に「敵対的」な言動について分析してみ

たい。1923年生まれのフーストのDの発言をみてみよう。繰り返しになるが，彼はザカルパッチャが「またチェコスロヴァキアに移管される」ことを夢みており，チェコスロヴァキアで豊かになりたいとの希望をもっていた。この発言からは，第二次世界大戦の終結から20年以上の月日が経っても，国境線は変わりうるものだという意識がザカルパッチャの一部の住民に残っていたことが読み取れる。30年弱の間に何度も国境線と所属する国が変わった人々にとって，この時点では，戦後国境は決して不可逆的なものではなかったのである。

　では，同じくKGBからマークされている38歳の労働者Vはどうであろうか。彼の発言はDとは異なり，ソ連がチェコスロヴァキアに軍事侵攻したら「全ウクライナ民族」が「ロシア」に抵抗すると主張している。明らかにウクライナ人としてのアイデンティティを強くもち，おそらくは戦中・戦後のウクライナ民族主義者組織（OUN）やウクライナ蜂起軍（UPA）による反ソ・ゲリラ闘争のことも記憶していただろう。KGBはこうした人物のことを「民族主義者」などと呼び，特に厳しく監視していた。

　史料中の年齢にも注目してみよう。KGBは発言者の姓名・所属のみならず年齢も几帳面に記録している。これもまた，分析の材料にならないだろうか。例えば，1951年生まれの10年生Kの手紙をみてみよう。彼女は，兄に宛てた手紙のなかで，同じ村生まれの同世代の若者が軍に徴兵され，チェコスロヴァキア国境に移動したと伝えたうえで，彼らが大きな不安を抱いていることに同情している。軍役に服している兄もチェコスロヴァキアに行くことになるかもしれない，という不安もあったかもしれない。いずれにせよ，彼女の手紙からは，身近な人が戦争に行くかもしれないという懸念以上のことは読み取れない。この背景には，世代間の違いがあった。Kのように戦後生まれの若者は，年長者と異なり，チェコスロヴァキアやハンガリー統治時代の記憶がなく，生まれたときからソ連で生活していた。そのため，KGBからマークされるとしても，自分自身の経験に即してというよりは，「プラハの春」に対するシンパシーか，史料中のKのように「愛国主義的傾向をもちつつも……出来事を不適切に評価」しているなどの理由によることのほうが多かった。なお，この史料には学生などによる抗議活動は記録されていないが，別の史料では，大学で「プラハの春」を支持するビラが撒かれるなどの事例が散発的に記されている。そのため，KGBも知識人や学生の動向には神経を尖らせて，監視を強めていた。

ViewPoint

一口にソ連といっても，西はポーランドとの国境から東はサハリン（樺太）まで続く大きな国だった。では，ソ連にはロシア人以外にどんな宗教，言語，文化をもつ人々が暮らしていたのだろうか。

ViewPoint

時期によって多少前後するが，1989年の統計でみると，ソ連人口に占めるロシア人の比率は50.8%だった。他の民族はというと，多い順にウクライナ人（15.5%），ウズベク人（5.8%），ベラルーシ人（3.5%）となる（塩川伸明『多民族国家ソ連の興亡I──民族と言語』岩波書店2004年）。民族，言語，宗教，文化が異なる人々は，どのようにして同じ一つの国で暮らしていたのだろうか。さらに調べて考えてみるとおもしろそうだ。

さらに史料には，ソ連以外，すなわちプラハ住民Lの発言も収録されている。Lはザカルパッチャからプラハにやってきた親類と会った際に，チェコスロヴァキアの情勢について語っていた。史料からは確認できないものの，この話を聞いた親類は，ザカルパッチャに帰ってくると，今度は自分の周囲の人にその内容を話したかもしれない。こうした例はほかにも無数に報告されており，ザカルパッチャの住民はソ連のほかの地域に比べて，「プラハの春」の熱気や人々の様子を目や耳にする機会に恵まれていたといえる。さらに，史料中に「西側のラジオ放送に欺かれた」という文言があるように，当時のソ連，特に西部地域では東欧諸国や西側のラジオを聴くことはかなり一般的であった。こうした事例からは，様々な情報をもとに，ソ連政府が望まないような解釈や意見が広まる素地がおおいにあったことが確認できる。KGBやウクライナ共和国指導部もそのことをよく理解しており，この地域の動向に神経を尖らせていたのである。

■ 史料の嘘

　以上みてきたように，この史料は当時のザカルパッチャの情勢を理解する有力な手掛かりを与えてくれる。しかし素朴に信用できる情報ばかりではなく，慎重な検討を要するものもある。例えば，プラハの労働者がズデーテン地方の西ドイツへの「返還」について語っていたというLの発言は鵜呑みにはできない。というのも，1938年のミュンヘン会談の結果，チェコスロヴァキアはヨーロッパ列強に見捨てられる形で，ズデーテン地方をナチス・ドイツに割譲させられたからである。第二次世界大戦後にズデーテン地方を回復したとはいえ，この歴史的悲劇を経験してまだ30年しか経っていない。当時のプラハに西ドイツに同地方を割譲しようなどという動きがあり，しかもそれをプラハ市民が堂々と語っていたというのは信じがたい。したがって，この発言については，KGB職員か，Lの話を聞いた親族や会話を密告した協力者などが話を意図的に曲解ないし捏造した可能性がある。実は，似たような情報はこの報告書の別の箇所にも盛り込まれており，「プラハではそこらじゅうでドイツ語が話されている」，「ドイツ連邦共和国〔西ドイツ〕との友好と協力を要求している」といった発言が記録されている。いうまでもなく，当時の冷戦の文脈で，東欧の社会主義国が同じ社会主義国の東ドイツではなく西ドイツの「帝国主義者」と仲良くしているという情報は，ソ連に対するチェコスロヴァキアの「裏切り」を強

ViewPoint

当時，ソ連と東欧との間には，どのような交流があったのだろうか。

ViewPoint

国境沿いの地域には，国境をまたいで親戚や知り合いがいるケースが多かった。しかも，スロヴァキア東部では，ウクライナ系の住民のためにウクライナ語の新聞が発行されていて，その内容が国境をこえて簡単にウクライナ西部に伝わった。シェレストは情報の流入を止めようとしたものの，効果はほとんどなかった。境界地域にはほかにどんな特徴があるのだろうか。さらに調べて考えてみよう。

ViewPoint

よく当時の文書にこう書かれていたから，こうだったに違いないという言い方を耳にする。でも，本当に史料に書かれていたことが常に正しいのだろうか。史料は嘘をつかないのだろうか。

く示唆するものである。

　とはいえ，だからといってKGBが話を捏造しているとはいえないのではないか，と疑問に思う読者もいるかもしれない。もちろん，今となっては，本当にこうした発言があったかどうか確認することはほぼ不可能である。しかし，当時のKGBの活動に関する他の情報と照らし合わせることで，KGBの報告書の傾向や意図を推測することができる。

　少し脱線するが，1992年に，元KGB職員ミトローヒンがKGBの機密文書を大量に書き写して，イギリスの秘密情報部の助けでイギリスに亡命するという，スパイ小説さながらの事件が起こった。彼が持ち出した文書には，KGBの秘密工作に関する詳細な史料が大量に含まれていた。このいわゆるミトローヒン文書を分析したインテリジェンス史の専門家アンドリューによれば，1968年のチェコスロヴァキアでも，KGBは「積極的措置」と呼ばれる秘密工作を実行していた。何をしていたかというと，第一に，西側の人間を装ったKGBのエージェントがチェコスロヴァキアに入り，民主化改革の推進者に接近して彼らに関する情報，特に西側とのコネクションについて情報を収集していた。そのうえで，第二に，民主改革派が西側の情報機関と結びついているという虚偽の証拠を捏造することで，改革派の名声を傷つけると同時にソ連軍の介入を正当化する根拠をつくりだそうとしていた。具体的には，彼らは西側関係者を装いつつ，改革派のジャーナリストらに，ソ連に敵対的な記事を執筆するよう話をもちかけたほか，架空の地下組織をつくって改革派に接近し，「共謀」の証拠を偽造しようとしていた。そして，このKGBの活動の「成果」をもとに，7月にはソ連共産党機関紙『プラウダ』がチェコスロヴァキアでアメリカ製の武器がみつかったという虚偽の記事を掲載した，という。

　もちろん，このミトローヒン文書についても冷静な批判が必要である。しかし，概して史料には，作成する人間の意図が反映されるものである。少なくとも，冒頭に掲げたKGB文書の場合，西ドイツ関連の記述には，KGB側の意図に沿う形で変更や捏造が加えられた可能性も考慮しなくてはならないだろう。

　さて，史料には制作者の意図が反映されているのだとすれば，そもそもこの文書の作成をKGBに命じた人物には，どのような意図があったのだろうか。制作者を実際の執筆者に限定せず，「作成」に関わった様々な人びとについて広い観点からみていかなければ，史料の本当の位置付けを理解することはできない。冒頭史料の場合，

ViewPoint

史料の内容をそのまま鵜呑みにするのではなく，他の情報と照らし合わせて一つ一つ確認するのはとても大事なことだ。こういうテクニックは，歴史を分析するときだけではなく，現代の問題を考えるときにも使えるのではないだろうか。

「あなた〔シェレスト〕の指示に従って」とあるように，KGBはシェレスト（ウクライナ共産党第一書記）の指示に従って文書を提出している。では，シェレストはなぜそのような指示を出したのであろうか。まずは「プラハの春」の実情を簡単に確認したあとで，ソ連の事実上の最高意思決定機関であったソ連共産党中央委員会政治局における議論を分析してみよう。

■ 「プラハの春」とウクライナ

　1960年代のチェコスロヴァキアに目を転じると，経済は停滞し，市民の不満が高まっていた。1961年に6.8％だった国民総生産（GNP）の成長率は，1962年に1.4％，1963年に-2.2％に急落した。これを受けて，1960年代半ばより経済改革が始まったが，チェコスロヴァキア共産党内の保守派の強い抵抗に遭ったため，改革派の間では経済のみならず政治の改革も必要だとする声が強くなった。そうしたなか，1968年1月に，スロヴァキア共産党第一書記であった改革派のドゥプチェクが，ソ連指導部の承認のもと，チェコスロヴァキア共産党第一書記に就任した。のちにブレジネフは「プラハの春」を中止に追い込むためにソ連・東欧軍の介入を決定するが，少なくとも初めのうちは，彼はドゥプチェクに期待していたのである。

　しかし，ドゥプチェクは「人間の顔をした社会主義」というスローガンのもと，大胆な政治改革を進めた。ドゥプチェク自身には社会主義体制そのものを崩壊させる意図はなく，あくまでも機能不全に陥りつつあった体制の改革を目標としていた。しかし，ひとたび政治改革が始まり，検閲が事実上廃止され，言論・集会の自由が認められると，知識人を中心に下からの民主化運動がチェコスロヴァキア全土で急速に勢いを増していった。3月から4月には，軍や治安機関を含む政府の主要ポストから保守派が追放され，改革派がとってかわった。プラハに自由化・民主化という「春」が訪れつつあった。

　これを受けて，早くも1968年3月までに，ソ連指導部は，チェコスロヴァキアの社会主義体制が崩壊するのではないかと危惧するようになった。3月15日のソ連共産党中央委員会政治局の会議で，KGB議長アンドロポフはチェコスロヴァキアの状況は「ハンガリーで起こったことを強く想起させる」と発言した。「ハンガリーで起こったこと」とは，1956年のハンガリー事件のことである。当時，ハンガリーではソ連の支配に対する反発が高まり，大規模な蜂起に

ViewPoint

そもそもなぜチェコスロヴァキアで改革が始まったのだろうか。

ドゥプチェク

ViewPoint

ソ連指導部はなぜ「プラハの春」を恐れたのだろうか。

発展したが，ソ連は大軍を派遣してこ
れを徹底的に鎮圧した。その際，駐ハ
ンガリー大使として軍事介入を積極的
に後押ししたのがアンドロポフであっ
た。そのときの経験から，彼は「プラ
ハの春」を放置しておくと，チェコス
ロヴァキアでも体制転覆の動きが生じ
るのではないかと警戒していたのであ
る。そのため，21日の政治局会議で，
アンドロポフはチェコスロヴァキアに
対して「具体的な軍事的措置」をとる

1956年のソ連軍介入後のブダペスト

よう主張した。ブレジネフ自身は軍事介入には言及しなかったもの
の，チェコスロヴァキアが「反共産主義的方向」に向かいつつあり，
ソ連の「知識人，学生や一部地域」に影響を与えつつある点を不安
視した。「一部地域」とは，いうまでもなくソ連西部地域，特にウ
クライナのことである。ウクライナ共産党第一書記のシェレストも
ブレジネフの意見に賛同した。

　こうした議論を受けて，翌週の政治局では，ソ連全土の共産党幹
部に宛ててチェコスロヴァキア情勢に関する文書を送付することを
決定した。その内容は次のようなものであった。チェコスロヴァキ
ア社会ではマスメディアなどの「無責任な発言」のせいで民衆が戸
惑い，「正しい道」から外れているが，チェコスロヴァキア共産党
指導部は対処しようとしていない。「帝国主義者たち」すなわち西
側諸国は，チェコスロヴァキアにおける「社会主義のあらゆる成果」
やソ連・チェコスロヴァキア関係を損ねるために，この状況を利用
している。具体的には，彼らはチェコスロヴァキアを社会主義陣営
から離脱させるべく，民衆の間でソ連に対する不満を高め，「プラ
ハの春」を「他の社会主義諸国」にも拡散させようとしている，とい
う。つまり，ソ連指導部は「プラハの春」の背後には西側の陰謀が
あると考え，ソ連国内の幹部に向けて警鐘を鳴らしたのである。実
際には「プラハの春」は自由化・民主化を求めるチェコスロヴァキ
ア国内の動きであったが，ソ連指導部は冷戦の論理のもと，西側が
自国の勢力圏に干渉していると認識し始めていた。そして，この西
側の「陰謀」を暴く役目は，KGBやプラハのソ連大使館などに課せ
られることになったのである。

　しかし，チェコスロヴァキア情勢を危険視するという点では，ソ
連指導部の見解は一致していたものの，対応をめぐって温度差があ

った。KGB 議長アンドロポフやウクライナ共産党第一書記シェレストは当初より軍事介入を強く求めていた。これに対してブレジネフは，ドゥプチェクに強い圧力をかけて改革を中断に追い込むか，チェコスロヴァキア内の「健全な勢力」，つまり親ソ的な幹部がドゥプチェクを追い落とすことに期待していた。

　では，シェレストはブレジネフの対応をどのように評価していたのであろうか。彼が1968年6月に記した日記を確認してみよう。この史料もまた，無批判に使えるものではないが，チェコスロヴァキアへの対応をめぐるソ連指導部内の様子を理解する手がかりを与えてくれる。

史 料 3

　L・ブレジネフが私に電話をかけてきて，モスクワでの彼とI・スムルコフスキー〔チェコスロヴァキア国民議会議長〕との会談について語った。スムルコフスキーはチェコスロヴァキア議会代表団の団長としてモスクワにやってきたのである。私の感触では，会談を通じ，スムルコフスキーはL・ブレジネフに非常に「肯定的な」印象を与えたようだ。というのも，彼〔ブレジネフ〕は彼〔スムルコフスキー〕の知性や博識，会話での彼の率直さに感嘆しており，〔ブレジネフが下した〕結論も性急で軽率だった。L・ブレジネフは人を評価する能力が特にない。彼は最初の出会いや表面的な会話から，人について非常に肯定的な結論を出すことがありえたが，スムルコフスキーとの会談でもそうだったようだ。

　私はブレジネフに〔ウクライナ〕西部諸州での自分の印象や人々の様子について伝えた。私は直前にこの地域にいたのである。ここでは，人々はチェコスロヴァキアにおける恐ろしい出来事をより切迫したものと感じている。彼らは国境地域の住民と直接会話をして，より多くの情報を得ている。そのため，彼らはチェコスロヴァキアで生じているあらゆる出来事について，より現実的で客観的な評価を下しているのである。

　一読してわかるように，シェレストは政治家としてのブレジネフの能力を全く評価しておらず，彼よりもウクライナ西部の住民のほうが危機的な状況を理解していると考えている。ブレジネフに関する評価は措くとしても，チェコスロヴァキアやウクライナ情勢については，KGB 議長アンドロポフもおおむねシェレストと同じ評価を下していた。そのため，彼らからすれば，ブレジネフら軍事介入消極派に危機の深刻さを示す情報を提示し続けることは，重要な意義をもっていたと考えられる。この点を踏まえると，なぜ最初の史料の冒頭で，「あなた（シェレスト）の指示に従って」報告すると書かれているかが理解できる。シェレストは「プラハの春」のウクラ

イナ西部への影響を非常に強く警戒して，情報収集を命じたのであるが，この情報は態度を決めかねているブレジネフに「切迫した」状況を伝える証拠にもなるものであった。実際，シェレストはKGBの民情報告をまとめた資料を，執拗にソ連指導部に提出している。

　ただし，このシェレストの「日記」の扱いについても注意が必要である。これはシェレストが死ぬ一年前の1995年に出版されたものであるが，あくまでもダイジェスト版であり，しかもシェレスト自身がところどころで日記の内容について後付けの説明を付け加えている。シェレストの日記を分析した歴史家クラマーが指摘するように，基本的に後付けの箇所はそれと判別できるように書かれているが，本来であればモスクワの文書館で原本にあたって，本当に当時書かれた内容なのか，それともソ連解体後に付け足された文章なのかを確認する必要がある。しかし，残念ながら2022年2月に始まったロシアのウクライナ侵攻のために，モスクワやウクライナでの史料調査は不可能である。そのため，現時点では他の史料や研究成果と照らし合わせながら，どこまで信頼できるかを見極めるしかない。幸いにも，クラマーが日記の第二段落についてはそのままの形で英訳しているため，この部分については元のままであると判断できる。では第一段落についてはどうかといえば，断定はできないが，当時の両者の行動や発言をみるに，シェレストの当時の考えを反映している蓋然性は高いと考えられる。

■ ウクライナ西部の歴史

　それにしても，なぜシェレストはここまでウクライナ西部の状況を不安視していたのであろうか。この点を理解するには，この地域の歴史をさらに確認する必要がある。特に重要なのが，1956年の記憶である。この年，フルシチョフは第20回ソ連共産党大会の秘密報告でスターリン批判を行って人々に衝撃を与えた。では，当時，ウクライナ西部の状況はどうだったのだろうか。歴史家ウェイナーらの研究をもとに，確認しみよう。

　繰り返しになるが，1939年から45年にかけて，スターリンはバルト3国，フィンランドの一部，ポーランド東部，チェコスロヴァキア東部（ザカルパッチャ），ルーマニアの北東部などを強引にソ連に編入した。このソ連の一方的な措置に対して，一部の人々は武器を持って抵抗し，ゲリラ戦をしかけた。戦時中は一時的にナチス・ドイツに協力した組織もあった。彼らの一部は終戦後も森に潜んで

ViewPoint

ウクライナの国境線はどのようにしてつくられてきたのだろうか。陸続きの国で国境線を引くと，どのような問題が生じるのだろうか。

抵抗し続けた。ソ連の治安機関は彼らを容赦なく弾圧し、関係者と
みなした住民をカザフスタンやシベリアなどに強制移住させた。

　同時に，ソ連はポーランドやチェコスロヴァキアと協定を結び，
これらの国々との住民交換を行った。もともとソ連西部やポーラン
ド，チェコスロヴァキアなどにはポーランド人，ウクライナ人，ベ
ラルーシ人，ハンガリー人，スロヴァキア人，ルーマニア人，ユダ
ヤ人など，様々な民族的アイデンティティをもった住民が混住して
いた。強制的な住民交換は，このような混住を終わらせようとして
進められた。特に大規模だったのがポーランドとの住民交換で，ポ
ーランド国内のウクライナ人50万人弱をウクライナに，ウクライ
ナ領内のポーランド人100万人強をポーランドに強制移住させた。
この事例ほど有名でも大規模でもなかったものの，チェコスロヴァ
キアとの間でも同様の協定が締結された。このようにして強制的に
故郷を追われた「ウクライナ人」の一部は，ウクライナ西部に移住
した。

　ウクライナ西部への新たな移住者は彼らだけではなかった。ウク
ライナ東部やロシアから移住してきた人々もいた。彼らの多くは従
軍経験者やその親族であり，ソ連当局からすれば政治的により信頼
できる人々であった。ウクライナ西部の中・下級幹部のなかには，
こうした移住者が少なくなかった。このように，ソ連への併合後，
ウクライナ西部地域はスターリンによって徹底的に改造され，「ソ
ヴィエト化」されたのである。

　それだけに，1953年3月のスターリンの死はこの地域に大きな
影響を与えた。スターリン時代の強権的な政策が緩和されたうえ，
1956年にはフルシチョフがスターリンによる抑圧や民族強制移住
の実態を暴露し，スターリンの「個人崇拝」を批判したのである。
こうした新しい政策の一環として，「ウクライナ民族主義者」やそ
の関係者として収容所に送られた人々も故郷に帰還しはじめた。

　この動きに懸念を募らせたのが，当時のウクライナ共産党第一書
記キリチェンコである。彼はウクライナ民族主義組織の元メンバー
などがウクライナ西部に舞い戻り，再び抵抗活動を始めるなどして
地域が不安定化することを強く恐れていた。実際，彼の懸念は決し
て杞憂ではなかった。ウクライナ共和国内務省によれば，帰還者の
大部分は平和裏に職場に溶け込んでいったが，そうではない者もい
た。そして，状況をいっそう先鋭化させたのが，近隣のポーランド
とハンガリーの情勢であった。スターリン批判を受けて，ポーラン
ドのポズナンでは反政府デモが反ソ暴動に発展し，軍によって鎮圧

ViewPoint

この地域には多くのユダヤ系住民も
生活していたものの，ナチス・ドイ
ツによる迫害でその多くが命を落と
した。まさに，ヒトラーとスターリ
ンという二人の独裁者に翻弄され続
けた地域だった。第二次世界大戦前
後のこの地域の様子について，さら
に調べて確認しておこう。

ViewPoint

スターリンは新たにソ連国民になっ
た人たちのことをかなり強く疑って
いた。でも，強権的な統治はいつま
でも続けられるものではない。ス
ターリンの死後，ソ連の社会はどう
なったのだろうか。

された。先述のように，ハンガリーでは反政府デモが大規模な反ソ蜂起に発展し，ソ連は軍事介入を決定した。これを受けて，ウクライナ西部などでは，ソ連政府を批判する言動が著しく増加した。ザカルパッチャのハンガリー系住民のなかには，ソ連軍がハンガリーで敗北し，ザカルパッチャが再びハンガリー領となることを望む声さえもあった。ウクライナ系住民のなかにも，「すぐにハンガリーと同じことがウクライナで起きるだろう」という期待を示す者がいた。東欧との地理的な近さ，民族分布，歴史的な経緯などが入り混じった結果，ウクライナ西部は東部よりもはるかに外界の影響を受けやすく，不安定化しやすい地域であった。

この1956年の記憶は歴代のKGBやウクライナ指導部に共有されていた。だからこそ，1968年に「プラハの春」が始まると，シェレストやアンドロポフはウクライナ西部が再び不安定化することを強く危惧するようになったのである。

「プラハの春」の影響を恐れていたのは，ソ連の政治家だけではなかった。東欧では，特に東ドイツの指導者ウルブリヒトとポーランドの指導者ゴムウカが「プラハの春」の自国への影響を不安視していた。ブレジネフ自身は7月末までに軍事介入を決意したものの，なおも8月13日まではドゥプチェクに圧力をかけて改革をやめさせるという選択肢を完全には排除していなかった。しかし，最終的に「現チェコスロヴァキア共産党中央委員会幹部会からはもはや何も期待できない」と判断して，軍事介入を決断した。かくして，8月20日深夜に，ソ連軍を主力とするソ連・東欧5カ国の軍部隊がチェコスロヴァキアに侵攻し，武力で民主化を終わらせたのである。

ViewPoint

ウクライナと一口にいっても，地域によってだいぶ状況が違う。歴史的にみても，西部のほうが東欧と縁が深く，東部はロシアとのつながりが強かった。クリミアにいたっては，1954年にロシアからウクライナに移管されている。地域ごとの特徴について，さらに調べて考えてみよう。

■ 軍事介入の反響

では，このソ連軍による「プラハの春」の圧殺に，ソ連市民，特にウクライナ西部の人々はどのように反応したのであろうか。最初の史料で労働者Vが主張したように，あるいはKGBが恐れたように，「全ウクライナ民族」がソ連政府と対決するような事態になったのであろうか。軍事介入後のウクライナの人々の声をKGB報告書から洗い出し，具体例をみるとともに，統計的に分析することで世論の状況を確認してみよう。

チェコスロヴァキアに侵攻するソ連軍

結論からいえば，散発的に怒りの声は聞こえたものの，ソ連は「全く平穏」であった。歴史家ズボクが指摘するように，ほとんどのソ連市民は彼らが大祖国戦争と呼ぶ独ソ戦で親族や友人を失っていた。そして，彼らは，ソ連は大きな犠牲を支払ってチェコスロヴァキアをナチス・ドイツから「解放」したと考えていた。したがって，もし「反革命」がチェコスロヴァキアで生じ，チェコスロヴァキアが西側のものになるのであれば，それを阻止するために「支援」の手を差し伸べることは妥当だとみなされたのである。

　ウクライナでも情勢は似たようなものであった。侵攻の翌21日にウクライナ共和国KGBが作成した報告書は，「ソ連の人々の圧倒的多数はチェコスロヴァキアに関する社会主義諸国の措置を正しく評価している」と指摘している。別の報告書では，具体的な声を紹介している。簡単に確認してみよう。

史料 4

　ウクライナ・ソヴィエト社会主義共和国作家同盟書記局に勤務するKは会話のなかで語った。「我々の政府がとった措置は，時宜を得たもので驚きはない。これは予期すべき事態だった。ほかにどうしろと？　チェコスロヴァキアをファシズムから解放する際に，我々の同胞たちは何のためにチェコスロヴァキアの大地で命を落としたのだ。だが，今のチェコスロヴァキア共産党指導部は，経験もマルクス主義的な不屈さもない連中で，時には心のありようや利害が我々と異なっている。チェコ指導部の誰かがボン〔西ドイツの首都〕のほうを向いていることは，誰でも知っている。チェコの活動家は社会のどんな民主化，どんな自由について語るというのか。まさか彼らを養ってやった我々に罵声を浴びせかける自由のことだろうか。いいや，チェコスロヴァキアではファシズムが頭をもたげており，チェコスロヴァキア人民の健全な勢力は我々の支援なしにはやっていけないだろう。1945年以後にチェコスロヴァキアでつくられたことを手放し，我々の敵に社会主義陣営の境界を譲り渡したら，第一に，我々人民に対する犯罪だろう。

　この発言は，ソ連では典型的なものであった。Kによれば，ソ連がチェコスロヴァキアをナチス・ドイツから「解放」し，「養ってやった」のだから，チェコスロヴァキアがソ連に従うのは当然であるという。それどころか，彼は，ソ連のいうことを聞かないチェコスロヴァキア指導部は西側との関係を模索しており，「ファシズム」の影がちらつくとまで述べている。こうした発言からは，ソ連をナチスと戦った反ファシストで正義の存在と考える一方で，そのソ連に逆らう国や人びとを反ファシストに敵対するファシストだとみな

す思考が透けてみえる。

　もちろん，少数ではあるが，違った反応を示した人もいた。少なくない知識人は軍事介入に大きなショックを受けた。公に抗議の意思を示した者は少なかったが，モスクワの赤の広場では，7人の人権活動家が生命の危険を顧みずに「我々とあなた方の自由のために」などと書かれたプラカードを掲げて，「プラハの春」への連帯を示した。しかし，彼らのうちの一人が書き記した回想によれば，周囲の通行人は彼らが何に抗議しているのかよく理解できなかったようだという。彼らは直ちにKGBに逮捕された。

　ウクライナ西部では，抗議の声はもう少し大きかった。KGBの報告をみてみよう。残念ながらザカルパッチャに関する史料はみつからなかったが，近隣のリヴォフ（現リヴィウ）州での散発的な事例についてKGBは報告している。

史 料 5

　リヴォフ州住民でウクライナ民族主義者のKは語った。「チェコスロヴァキアではクーデタが起こった。チェコスロヴァキアは小さな国だが，我らがウクライナはもっと大きい。なぜ我々は独立できないのか。我々はチェコスロヴァキア人から学ぶ必要がある。君たち若者は，自分や自分の運命について考えてほしい。私はすでに老いたが，もし必要であれば自分のために武器を手に入れて，君たちを助けるし，あのときのような間違いを君たちがしないよう，何か助言もしよう」。

　かつてのならず者の一味V（1923年生まれ，リヴォフ州ブスク地区リトニフ村の住民）は，村民たちに語った。「すぐに戦争が始まるに違いないが，その結果はソヴィエト権力とあらゆる共産主義者の終わりだ」。

　「ウクライナ民族主義者」や「かつてのならず者の一味」という文言や彼らの発言内容から判断できるように，KもVも民族主義組織の元関係者であった。そのため，明らかに最初からKGBは二人をマークしていた。Kはウクライナ民族として決起するよう若者たちを焚きつけ，Vは軍事介入をきっかけに西側との戦争が勃発しソ連が崩壊することを期待している。いわば，KGBの予想通りの発言をしたといえよう。

　しかし，こうした事例は例外的であった。この点については，KGBが具体的な数字を残している。8月25日に，ウクライナ共和国KGBは，軍事介入から5日間で681件の「否定的な情報」がウクライナ共和国内であったと記録している。内訳としては，分類がやや恣意的だが，軍事介入反対が173件，第三次世界大戦が勃発す

るのではないかという危惧の表明が125件と多い。続いて，より踏み込んで，軍事介入をチェコスロヴァキアに対する主権侵害，「占領」などと指摘した発言が94件，軍事介入は社会主義諸国におけるソ連の名声を損ねたという発言が32件，チェコスロヴァキアの「民主化」のような行動がソ連でも必要だという発言が26件，などとなっている。このように，ソ連のほかの地域と比べると，ウクライナでは軍事介入を批判する声は大きかったと言える。

　しかし，こうした批判の声はKGBが危惧するような抗議行動にはつながらなかった。現に，チェコスロヴァキアの事件をウクライナ民族主義や独立闘争と結びつけようとする発言は，わずかに7件にすぎなかった。ほかに，軍役拒否が5件，反ソ的なビラ撒きが8件などとなっているが，総じてこうした言動は非常に少なかった。逆に，これを機にソ連から自立した外交路線をとるルーマニアへの軍事介入を求める発言が49件，非同盟路線をとるユーゴスラヴィアへの軍事介入を求める発言が19件あったという。これらの数字は，あくまでもKGBが捕捉した発言にすぎないため，そのまま鵜呑みにすることはできない。それでも，ウクライナでも抗議の動きが大きなものとならなかったのは確かである。冒頭の史料で労働者Vが主張していた「全ウクライナ民族」の抵抗という選択肢は，少なくともソ連の軍事介入後，さして広い共感を得られるものではなかったということになる。多くのウクライナ市民は——積極的にであれ，消極的にであれ——軍事介入を受け入れたのである。

　以上，一枚のKGBの報告書を手がかりに，どのようにすれば歴史的な史料をできる限り客観的に分析できるか，検討してみた。報告書のなかにあらわれてくる「ふつうの人々」は，どのような人たちで，どのような歴史的背景を背負って生きてきたのか。また史料を作成した側，つまりKGBやウクライナ指導部を取り巻く状況はどのようなものであり，そのことが史料の成立や内容にどのような影響を与えたのか。史料の文字をただ追っていくだけではなく，そうした問いを投げかけてみて，改めてソ連時代の人々——特にウクライナ西部の人々——の現実に迫れるのではないだろうか。歴史研究とは，このように史料を批判的に読みこむことで，過去のリアリティに肉薄しようという試みなのである。

ViewPoint

冷戦期にソ連は東欧を支配していたというが，ソ連とルーマニアの関係は一筋縄ではいかなかったようだ。この時期のソ連・東欧関係についてさらに探究してみよう。

読書案内

篠原琢「「名前のないくに」――「小さな帝国」チェコスロヴァキアの辺境支配」大津留厚編『「民族自決」という幻影――ハプスブルク帝国の崩壊と新生諸国家の成立』昭和堂　2020 年

服部倫卓・原田義也編『ウクライナを知るための 65 章』明石書店　2018 年

ユルチャク, アレクセイ（半谷史郎訳）『最後のソ連世代――ブレジネフからペレストロイカまで』みすず書房　2017 年

福田宏「チェコスロヴァキア――プラハの春」西田慎・梅﨑徹編『グローバル・ヒストリーとしての「1968 年」――世界が揺れた転換点』ミネルヴァ書房　2015 年

Weiner, Amir, "Déjà Vu All Over Again: Prague Spring, Romanian Summer, and Soviet Autumn on Russia's Western Frontier," *Contemporary European History* 15, 2（2006）, pp.159-194.

参考資料

Mark Kramer, "Ukraine and the Soviet-Czechoslovak Crisis of 1968（Part 2）: New Evidence from the Ukrainian Archives," *Cold War International History Project Bulletin* 14/15 （2003/2004）, pp.300-304　（史料 1）

川崎浹『ロシアのユーモア――政治と生活を笑った 300 年』講談社　1999 年, p.157　（史料 2）

Шелест П. Е. Да не судимы будете. Дневники и воспоминания члена политбюро ЦК КПСС. Москва, 2016. С .334　（史料 3）

Информационное сообщение, 21.08.1968 // Галузевий державний архів Служби безпеки України (ГДА СБ України)（「1968 年 8 月 21 日付情報通知」ウクライナ保安庁国家公文書館　https://www.ustrcr.cz/data/pdf/projekty/srpen1968/zpravy-kgb/0216.pdf 〈最終閲覧日：2023 年 3 月 1 日〉）（史料 4）

Информационное сообщение, 22.08.1968 // ГДА СБ України（「1968 年 8 月 22 日付情報通知」ウクライナ保安庁国家公文書館　https://www.ustrcr.cz/data/pdf/projekty/srpen1968/zpravy-kgb/0151.pdf 〈最終閲覧日：2023 年 2 月 10 日〉）（史料 5）

図版等出典

Wikimedia Commons File:Zakarpattia in Ukraine.svg をもとに加工 （https://commons.wikimedia.org/wiki/File:Zakarpattia_in_Ukraine.svg 最終閲覧日：2023 年 9 月 25 日）　　212 地図

INTERNET ENCYCLOPEDIA OF UKRAINE　Ukrainian Soviet Socialist Republic をもとに作成 （https://www.encyclopediaofukraine.com/display.asp?linkpath=pages%5CU%5CK%5CUkrainianSovietSocialistRepublic.htm 最終閲覧日：2023 年 9 月 25 日）　　217 地図

時事通信社提供　　222, 223

ユニフォトプレス提供　　227

地域歴史資料のもつ豊かな役割

阪神・淡路大震災から考える

奥村　弘

■ はじめに

　1995年の1月17日5時46分，淡路島北部深さ16キロメートルを震源に，マグニチュード7.3の直下型地震が発生した。淡路島から神戸，芦屋，西宮，宝塚の各市で，気象台の観測史上初めて震度7が記録された。

　この地震（兵庫県南部地震）により，関連死を含めて6434人が亡くなったとされている。地震の被害は，兵庫県南部から大阪府にわたる広い範囲におよび，日本列島を東西に結ぶ交通の要所を分断し，日本社会全体にも大きな影響を与えた。大都市域である阪神間を直撃した直下型地震は，狭い地域に集中的な被害をもたらし，全壊家屋は約10万戸におよんだ。津波で広範囲に被害がおよんだ東日本大震災での全壊家屋が約13万戸であったことをみても，その災害集中度はきわめて高いものであった。1995年2月14日，政府は，この大災害を「阪神・淡路大震災」と命名した。

　阪神・淡路大震災を同時代の出来事として経験していない世代は，当然ながら時間とともに増えていく。小学校1年生，6歳ぐらいから，しっかりした明確な記憶があると考えるならば，震災から6年で小学生，9年で中学生，12年で高校生，16年で大学生に至るまでが，ほとんど明確な記憶をもたない世代に入ることになる。

　阪神・淡路大震災被災地では，震災から20年の2015年が，その大きな節目として意識された。地元の神戸新聞をはじめ，マスコミの報道も多く，毎年，1月17日に行われる「阪神大淡路震災1.17のつどい」にも例年より多くの参加者があった。地震以降の地域の復興を捉える場合に，20年で阪神・淡路大震災を区切ることが有効であるのかどうかは，それ自身が学問的課題として問われることである。しかしながら，わかりやすい区分で時間的な区切りをつけ，自らの記憶を呼び起こし，次の世代に継承していく営みとして「年忌」を捉えるならば，20年という年忌は，特別な意味をもつ。20年という時間は，体験者の記憶を歴史として再構成し，それを社会的に引きついでいくことが必須となる時代への変化をあらわすもの

ViewPoint

阪神・淡路大震災から30年が経過し，出来事が記憶から歴史へと再構成されようとしている。この過程を進める際になにが課題となるのだろうか。そこから歴史資料のもつ役割を考えてみよう。

だった。

　大震災だけでなく，出来事が起こってからおおよそ20年が経つ
と，記憶を歴史として継承していくために，次世代への対応が必須
となっていく。その手法として歴史資料を基本資料とした現代史研
究が重要な位置を占めることになっていく。一方で，現代史研究で
は，その出来事を経験した世代が存命中であるという特色もある。
経験者からの直接の聞き取りが，歴史資料として重要な意味をもつ
ことになる。また，研究者自身が出来事の経験者であり，それが研
究に影響を与えるということもある。このことは，現代史の歴史資
料の扱い方にもよくあらわれると考える。

　本視点では，阪神・淡路大震災を事例に，歴史資料のもつ広がり
を皆さんと深めていきたいと考える。

■ 地震被害の特質を写真資料から考える

　みなさんは，右下の写真を見てどう思うだろうか。中央には，
1995年1月17日の阪神・淡路大震災の際，神戸市東灘区，JR住
吉駅の北側にあったコープこうべの本部ビルが倒壊している様子が
写されている。阪神・淡路大震災では，日本の地震として初めて震
度7が観測された。東灘区のこの付近は，阪神・淡路大震災の際の
激震地の一つで，震度7と推定されている。

　これは，阪神・淡路大震災での激しい被害を伝える写真として利
用されることが多い写真であるが，注意深く見てみると激しく崩壊
したコープこうべ本部ビルの両側には，しっかり立ち残ったビルや
住宅がある。同じ震度7でも，地震の被害は激しい建物とそうでな
い建物の間でかなりの幅があることが，この写真からわかる。私自
身，阪神・淡路大震災の前から神戸大学に勤めているが，道一つ違
えば，被災の度合いは違ってお
り，建物の被害も多様であった。
そのことは，被災地の住民のほ
とんどが実感していた。

　しかしながら，阪神・淡路大
震災後の神戸は，この写真の中
央部分の様子だけが取り上げら
れ，都市全体が壊滅的打撃を受
けたというイメージで，被災地
外に報道されることが多かった
ように思う。現在も同様である

阪神・淡路大震災で被災したJR住吉駅北側付近（生活協同組合コープこうべ提供）

が，災害報道の際，最も被害の激しかった場所の映像が流されることが基本である。それは人命救助や災害復旧の際，重要な情報ではあるが，被災現場のもつ具体的な様相や多様性は，情報として伝わりにくくなる。

■ 都市の歴史と地震災害
——被害調査データから考える

　震度と被害のあり方は，そのときの揺れのあり方だけでなく，地域社会のもつ歴史的な展開過程とも深く関連する。

　阪神・淡路大震災では，長田区を中心に大規模な火災が発生した（表1参照）。神戸市が編集した『阪神・淡路大震災神戸復興誌』（神戸市震災復興本部総括局復興推進部企画課，2000年）では，被災データから「古い木造住宅の密集した地域において，地震による広範囲な倒壊，火災が発生し，兵庫区，長田区などでは火災が同時多発した」（10ページ）と述べている。これについて防災研究者である室崎益輝も「原因の第一は，脆弱な木造密集市街地が広範囲に放置されていた，ということである」（『大震災100の教訓』52ページ）と述べた。

　それでは，なぜ長田区に古い木造住宅が存在したのだろうか。表2のように，1995年1月段階でも，長田区では一万四千戸もの第二次世界大戦前からの住宅が存在しており，他区と比較してその数は極めて多かったことがわかる。

　第一次大戦を前後する神戸市の工業都市化の急速な進行の中で，旧市外の外縁であったこの地域では，労働者住宅が急速に建ち並んでいった。1945年の3月17日，5月11日，6月5日等の空襲で，神戸市街はほぼ全域で焼失する事態となった。図1は1946年に神戸市復興本部が編纂した『復興神戸市都市計画図』の付図の戦災焼失区域図で，現在の兵庫区・長田区・須磨区の部分である。この地図からわかるように，西の須磨区と東の兵庫区の市街がほとんど焼失しているのに対して，真ん中の長田区では，かなりの部分で焼失を免れた。このような歴史的な条件の下，第二次大戦後，この地域は，下町として独特の文化発展させ，大震災を迎えたのである。阪神・淡路大震災で市内で最も建物の焼失が激しい地域となったことと，この地域の歴史的な展開過程とは極めて強く結びついていた。震度が同じであっても，その具体像は，当該地域の歴史によって，極めて多様な様相を示すことになったのである。

表1　物的被害（全壊・半壊…Ｈ7.11.20 現在，全焼・半焼・部分焼…Ｈ8.2.1 最終変更，棟）

	東灘	灘	中央	兵庫	長田	須磨	垂水	西	北	合計
全壊	13,687	12,757	6,344	9,533	15,521	7,696	1,176	436	271	67,421
半壊	5,538	5,675	6,641	8,109	8,282	5,608	8,890	3,262	3,140	55,145
全焼	327	465	65	940	4,759	407	1	0	1	6,965
半焼	22	2	17	15	13	9	2	0	0	80
部分焼	19	94	22	46	61	20	5	1	2	270
ぼや	2	0	8	52	1	6	1	1	0	71

※全壊：建物の主要構造物（壁・柱・梁・屋根・階段）の損害額が，その住家の時価の 50％ 以上に達した程度のもの。

※半壊：建物の主要構造物（壁・柱・梁・屋根・階段）の損害額が，その住家の時価の 20％ 以上 50％ 未満に達した程度のもの。

出典：『阪神・淡路大震災神戸復興誌』（神戸市震災復興本部総括局復興推進部企画課，2000 年）

表2　建築年次別集計（1995 年 1 月 1 日）

	1：～1945			2：1946～1955		
	棟数	床面積	戸数	棟数	床面積	戸数
東灘	4,635	514,938	3,682	3,591	298,836	3,058
灘	5,857	620,216	4,760	3,541	261,597	2,354
中央	3,140	836,356	1,997	3,825	481,485	3,262
兵庫	6,507	860,210	6,660	6,784	573,840	5,305
長田	11,579	1,006,790	14,415	3,766	292,844	3,756
須磨	4,148	418,202	4,038	2,166	158,130	2,013
垂水	3,006	270,178	2,493	1,054	79,228	892
小計	38,872	4,526,890	38,045	24,727	2,145,960	20,640
北	7,888	512,891	2,900	1,857	126,045	736
西	6,480	429,547	1,498	2,848	228,960	1,017
神戸市計	53,240	5,469,327	42,443	29,432	2,500,965	22,393

出典：神戸市 WEB 版神戸震災復興データのアーカイブ（最終更新 2022 年 9 月）

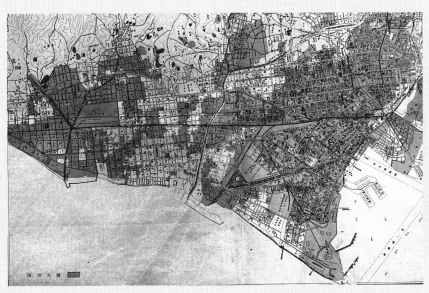

図1　神戸市西部空襲地図

■ 人々の歴史的なつながりによる避難所の多様性

　さらに地震後に開設された避難所のあり方にも，歴史的な過程が
大きな影響を与える。

　その一例として，神戸市東灘区住吉中学校の避難所の事例を挙げ
てみたいと思う。阪神・淡路大震災では，避難所でのトイレ，洗濯
をはじめとする生活用水の問題が大きな課題となった。このことは，
被災地に関係する減災・防災研究者の間でも，強く意識されていた
ことである。住吉中学校の避難所は，水道が使用できなくなったに
もかかわらず，住吉川の水をうまく利用することで，多量の水を使
うトイレの問題などに対処したことで知られている。

　なぜこのようなことが可能となったのか。歴史研究者は，残され
た歴史資料を分析することによって，なんとかその原因を明らかに
しようとする。その際，現代史研究では，これに関係することを関
係者から直接に聞き取るとともに，その際参考とされた，話者自身
の覚書や，根拠として利用された多様な文書資料等を合わせて収集
するなど，他の時代の研究では行いにくい資料収集を行うことがで
きる。

　私は，現代史研究者だけでなく，多様な時代を専門とする歴史研
究者が，このような同時代の重要事象の資料収集や聞き取りに関与
していくことが重要であると考えている。聞き取りは，その事象を
歴史的に再構成するための資料を意識的に収集把握することができ
るというだけでなく，歴史研究者はそれに参加することで，資料か
ら豊かな歴史像を構築する能力を高めるとともに，歴史像を構築す
るための手法を地域住民と共有できると考えるからである。

　2012年7月19日，住吉中学校避難所での生活用水について，神
戸大学大学院人文学研究科地域連携センターと一般社団法人住吉学
園・住吉歴史資料館との共同研究の一環として，住吉資料館で聞き
取りを行った。聞き手は私と，地域連携センターで震災資料研究を
進めていた佐々木和子，住吉歴史資料館の内田雅夫，石本和雄，前
田康三，松本宣子。話し手は，中川三郎。1936年に住吉村で生まれ，
住吉村内の山田地区で，地車の運行責任者である帳頭を何度もつと
め，阪神・淡路大震災時は町内会組織である山田区民会の役員とし
て被災者の支援活動に携わった方である。聞き取りのなかで中川は
次のように述べている。

ViewPoint

聞き取り調査の様子をみてみよう。
調査対象となる人々の意識はもちろ
ん，現場の具体的な状況，さらには
歴史的背景なども浮かび上がってく
る。
また，聞き取り調査への参加は，文
字には残り難い状況について想像す
る力を身につけるのにも役立つ。

奥村　水をだしたら良いと，最初に気が付いたのは，中川さんで
　　　したか。

中川　なんせ戦争からこっち（第二次世界大戦中の大空襲－奥村），
　　　住吉小学校，ほんまにうんこだらけで，きったなかったん
　　　よ。講堂の下やら，汚い汚かったんや。足の踏み場もない
　　　くらい。ほらあ，あかんわ。また中学校でそんなんされたら，
　　　かなわんわと思うて。ほんで，何とか水を汲めるように，
　　　楽に汲めるようにしたってほしいと思って，「頼むわ」言う
　　　た　　　　　　　　　　　　　　　　　　　　　　　　　。

奥村　水が流れることを，どうして知っておられたのですか。

中川　それは，昔から流しとったから。

奥村　何時頃から，止まっていたのですか。

前田　うちとこは，流してもいいんですけど，その下の方で管理
　　　ができてないから，水が出たら，すぐ溢れるんです。

内田　整理すると，こういうことですか。ここが，常に流れてる川。
　　　ここが小林墓地。トイレの水をどうするか，困っていた。
　　　住中は，ここまで汲みにいかなあかんかった。それはかな
　　　わんので，住中の前の溝になんとか流れへんかと考えたと
　　　ころ，ここから，前田さんの屋敷地へ入る水路があった。
　　　そこから，こう来て，ここの四つ角の下のややこしい，ち
　　　っちゃい土管を開けて，こう流した。これでみんなが喜んだ。

（住吉学園・住吉歴史資料館編『住吉の記憶　「住中と水」〈阪神・淡路
大震災資料集1〉　住吉学園・住吉歴史資料館　2015年，72 ～ 73頁）

　この聞き取りに出てくる水路について簡単に解説しておく。右の
写真は現在の住吉地区の近世以来の用水路の現状である。現在，近
世の住吉村の地域は，六甲山麓までほぼ市街化しており，一見する
と住宅地の側溝に水が流れているようにしかみえない。その流れは
右下の写真のように，居宅のなかを通過する場合もあった。しかし
ながら，この水路は，上流から下流にむけて，網の目のように広が
り，村内全域に水が配られるようになっていた。次ページの写真は，
その仕組みの一部であるが，用水路の片側には穴が空いており，こ
こを板などによってせき止めることによって，別の場所へと流路を
変えることができるようになっている。このような近世以来の用水
路のシステムをつかって，住吉中学校まで水が流されたのである。

　住吉国民小学校等の避難所をイメージした映像は，神戸大空襲を
扱った映画「火垂るの墓」のなかでも取り上げられている。それは
負傷した被災者の姿が描かれるなど，空襲による被害の大きさとそ
の悲惨さを伝えるものとなっている。中川の語ったことには，この
イメージに収まらない生活の場としての避難所のあり方が明確にあ

現在の住吉地区の用水路

居宅のなかを通過する用水路

らわれている。大空襲でインフラが破壊された避難所で排泄物の処理が困難であったとの記憶は，文字史料には残りにくいものである。空襲下の避難所のあり方を，生活レベルで具体的に捉えることができる点で，現代史研究においてこの聞き取りは重要な資料となっている。

さらに空襲体験と震災が結びついたことが，阪神・淡路大震災の避難所運営のあり方を変えるものであったということも重要である。排泄物の処理を可能とした水の確保についての知識は，近世以来の水利慣行として，中川ら地域住民によって引き継がれてきた。この歴史的な地域知と大空襲の体験が結びつけられたことによって，排泄物への対応が，避難所開設直後から可能となるという，住吉中学校避難所の独特のあり方につながっていく。被災した各地域の人々が歴史的に蓄積してきた地域知は，被災者救助，避難所開設，地域の再生と続いていく過程の多様性を生みだす基本的な要素となっているのである。

被災者が日々体験してきたことを，歴史的な展開の上に成り立っている「現在」として意識的に再構成することで初めて，阪神・淡路大震災は，多様で豊かな内容をもって，次の世代に伝わることになる。そのような再構成の過程は，史料分析を通した歴史学的手法をとって行われることになる。これを歴史化と呼ぶなら，それは当然ながら阪神・淡路大震災のみにとどまるものではない。私たちが歴史として把握するものの総体は，このような歴史化を進める人々の努力の蓄積の上に成り立っているのである。

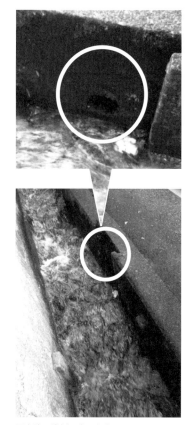

用水路の片側に空いた穴

■ 誰が歴史化を進めるのか——地域の方々とともに行う災害「聞き取り」のもつ独自の意味

それではこのような歴史化を進める主体は誰なのだろうか。もちろん歴史研究を生業とする研究者や歴史系博物館の学芸員の役割は大きいのであるが，21世紀に入り，歴史資料をめぐってそのあり方は大きく変わろうとしている。それを先の聞き取りの事例から考えてみよう。

住吉歴史資料館では，聞き取りを中心に，当時の一次史料を含めて3冊の阪神・淡路大震災資料集を作成した。そこで神戸大学と住吉歴史資料館が共同で行った阪神・淡路大震災の聞き取りは，地域の住民自身が聞き手となり，その文字化にも参加することで，専門研究者だけではなしえない情報を付加するものとなっている。次ページの写真のように，聞き取りの上段には，頭注がつけられている

国道二号線住吉のあたり。古くからの住民には「国道」というと、「国道二号線」よりも、旧称の「阪神国道」のイメージがつよい。

67 注35参照。

68 「山田区民会館」。山田地区の会館。明治末期の建造。地震で大破して撤去した。二階建て。二階は格子天井、シャンデリア、教壇付設の大広間と小座敷、一階は座敷、付属二間、台所、トイレ、土間、倉庫があった。

69 神戸市立住吉中学校。たくさんの住民が避難してきて、避難所となっていた。

70 中川さんの近所の人。こちらも古くからの住民。

71 注31参照。

72 住吉中学校正門から小林墓地の北側の小道をのぼり一〇〇メートルほどのところに地蔵堂のみ（野望）地蔵があり、水路が流れている。住吉中学校の避難者は、そこで、水を汲んで運んでいた。

資料編 図4参照。

中川　あ…国道[66]の…国道…切のとこ…
奥村　炊き…
中川　当日…日ですか…
奥村　やこない…てきた人…かすんけ…
会館[68]行…やめとこ…中学校で…飯炊いて…
中学校[69]…「いや、…て作って…
前田　それ…
奥村　それ…
中川　うん…んなバケ…
前田くん…は、ここ…がある[74]。…
とった…んだ…

住吉学園・住吉歴史資料館編『住吉の記憶 「住中と水」』（阪神・淡路大震災資料集 1）　住吉学園・住吉歴史資料館　2015 年　p.71

が，その情報はきわめて詳細である。

　次の世代の地域の人々に対して，どのような情報を付加すれば，災害の実相を伝えることができるのか。資料館の皆さんはこれについて何度も議論しながら，頭注をつけていき，人物の履歴や建物の経歴，地域内組織や方言の解説など，当該地域の多様な生活文化に関わる項目が取り上げられることとなった。大震災の聞き取りは，その出来事が生活レベルに深く根ざすものだけに，頭注は，大震災以前の生活をも明らかにするものともなっているのである。

　このような，災害を通して，自分たちの生活空間のもつ歴史を見直す，そのために聞き取りも含め多様な資料を収集するという動きは，様々な所で生まれ始めている。右の写真は，2011 年 7 月の福島豪雨によって大きな被害を受けた福島県只見町が作成した『只見町　川と人の物語』の表紙である。只見町は，災害の状況の記録である『平成 23 年 7 月只見町豪雨災害の記録誌』（福島県只見町，2014 年）とあわせて，これを発行した。その前文である「発刊によせて」では，「只見町は，これまでも大きな水害を経験しており，人々はその都度，災害を乗り越えながら川と共存してきた歴史があります。私たちはこうした歴史から得た教訓が今回の水害にも活かされたのではないかと考え，より人々の暮らしに寄りそった「聞き書き」という形で，川をめぐる人々の営みを記録することにしました。」と述べ，只見川とそこに生きる人々の歴史を綴っている。

　災害から地域を再生するために，歴史的な「現在」を捉え，それを出発点に新たな未来を探ろうとする動きは，国際的にも広がり始

鈴木克彦（聞き書き）『只見町川と人の物語——平成二三年七月の水害後に行った聞き書きを通して』ふくしま市町村支援機構 2014 年

めている。2015年に仙台で行われた第3回国連防災世界会議では，「より良い復興（Build Back Better）」のための人間中心の予防アプローチの重要さが指摘され，文化遺産はこの点で重要との価値付けが行われた。日本語の「復興」という言葉からは，明確な形で歴史的な観点が窺えないのであるが，以前に比べ，良い地域をつくっていくという考え方において，以前の地域社会がどのようなものであったのかが，地域の復興を考える前提となる。国連防災世界会議の文化遺産部門会議では，地域コミュニティの多様な文化遺産が，予防においても，災害からの復興過程においても重要な役割を果たしていること，貴重な文化遺産とよばれているものだけでなく，すべての遺産が大切であることが確認された。

ViewPoint

地域社会の歴史を知ることが，より良い社会づくりの前提となる。その際，地域の多様な文化遺産が重要な役割を果たしている。

■ 地域社会の歴史文化を，地域住民自身が未来に継承していくために——歴史資料ネットワーク活動から

　歴史研究者などの専門家と地域住民が地域歴史資料を共有し，歴史文化を次世代に伝えていくことが重要とする考え方が明確な形を取って生まれてくるのは，1995年の阪神・淡路大震災歴史資料ネットワークの活動から始まった。1995年2月4日，関西に拠点をおく歴史学会を中心に，大学教員や学生・院生，史料保存機関職員，学芸員や図書館司書，多様な市民からなるボランティア団体として，歴史資料保全情報ネットワーク（96年「歴史資料ネットワーク」と改称，現在に至る）が開設され，歴史文化関係の研究者などの専門家と市民が共同して，歴史資料保全活動を行った。

　その後，直下型地震や大規模水害の頻発に対応して，資料保存のためのボランティア団体である「資料ネット」の形成が府県レベルで進んだ。さらに東日本大震災を契機に急速に増加し，2022年で30団体となった。その多くは，各地の大学の歴史文化関係の研究室等に事務局をおいている。各地の資料ネットは，共同での災害対応を強め，2015年2月，第1回全国史料ネット研究交流集会を開催，「『地域歴史遺産』の保全・継承に向けての神戸宣言」を採択した。

　阪神・淡路大震災での歴史資料保全活動には3つの特徴があった。第1は，地域の未指定被災歴史資料を保全したことである。地域社会の記憶を伝える，江戸時代以来の古文書のほとんどは，文化財に指定をされておらず，ましてや瓦礫が広がる街のなかでビラやミニコミ誌などの現代資料の把握は，困難であった。

　地震から，ほぼ2カ月後，伊丹市での巡回調査が契機となり，被

ViewPoint

歴史資料ネットワーク活動において研究者と地域住民がどのように共同で歴史資料，歴史文化を継承しているのか，具体的にみてみよう。

災地全域で地域住民と専門家が協力して、地域の記憶継承に関わる
資料を再発見し、価値を確認していくという方法が生まれた。資料
保全は急速に拡大し、保全された歴史資料は段ボール箱1500箱を
越えた。地域住民と歴史文化関係者が協力して、未指定の歴史資料
を保全する活動は、日本では最初であり、以降、歴史資料ネットワ
ークの活動の基本となっている。

　地域住民と専門家が共同して歴史資料を保全するという手法が明
確になった震災の1年後あたりから、市民と共同した活動が急速に
広がっていった。被災した古文書を利用した古文書学習は「宝塚
の古文書を読む会」(96年5月)へと発展し、2023年現在も継続さ
れている。西宮市門戸地区での市民による史料展示会(96年7月)
は地域の市民博物館設置に展開。復興土地区画整理事業の対象とな
った神戸市森南地区での連続講演会(98年10月～11月)は、江戸
時代以来の地域の変遷を知りたいとの地域住民の強い関心のなかで
行われた。尼崎の戦後史聞き取り研究会(96年5月～)、埋蔵文化
財と被災歴史資料を組み合わせた「現地見学会」、県内の歴史資料
機関の交流会(97年8月)、震災資料研究会の開催(96年1月～)な
どは、歴史文化関係者と市民との新たなつながりを生みだした。

　第2の特徴は、記憶の継承において大規模災害の記録と保存が重
要であると考え、被災歴史資料保全や歴史資料研究の手法を応用し
ながら、災害のなかで生み出される「多様な記録や資料」(災害資料)
を積極的に保存した点である(大規模地震では震災資料)。

　阪神・淡路では震災直後から、地域住民や災害ボランティアとし
て活動した方々による自主的な震災資料の収集と保存の活動が行わ
れた。1995年2月、市民による「阪神大震災を記録しつづける会」
が結成された。大震災で活動したボランティア団体も、自らの支援
活動を記録し、阪神大震災地元 NGO 救援連絡会議は3月に「震災・
活動記録室」を結成した(同資料は、市民団体「震災・まちのアーカ
イブ」に引き継がれ、現在に至っている)。

　この動きに呼応して歴史学や社会学などの研究者や、資料保存の
専門家も参加し、何をどのように保存すべきかについて議論を重ね
ていった。95年4月には被災地の公立図書館を中心に「震災記録を
残すライブラリアン・ネットワーク」が活動を開始した。神戸大学
附属図書館も、5月からを震災資料の収集・保存を始め、10月に
震災文庫としてこれを公開した(2022年時点で6万2千点余)。兵
庫県も、21世紀ひょうご創造協会に委託し、10月から震災資料の
収集・保存・公開の事業を歴史資料ネットワークと協力して進めた。

歴史資料保全活動の様子

同事業は 98 年から阪神・淡路大震災記念協会に引き継がれ，2000年からは市民・団体関係の大規模調査が行われた。2002 年 4 月に阪神・淡路大震災記念 人と防災未来センターに資料は移管され，資料室で保存・公開が進められている（2022 年時点で，約 20 万点を保存・公開）。

　第 3 の特徴は，被災歴史資料と災害資料の両方を歴史資料として保全することで，災害の記憶が地域の歴史として引き継がれるという理念を生みだしたことである。地域の歴史が継承されない所で，災害の記憶のみが継承されることはない。また大規模自然災害と日常的に向かい合ってきた日本社会においては，災害の記憶を欠いた形で地域の歴史の継承を進めることはできないのである。

■ おわりに
──地域の歴史資料のもつ豊かな可能性

　被災歴史資料の保全と災害資料の保存は，被災地域の再生において重要な役割を担っている。阪神・淡路大震災以来，東日本大震災や続発する大規模水害などにおける各地の資料ネットワークの活動の特徴は次の 4 点にまとめられる。

　①地域の歴史資料は地域を支えてきた歴史文化を災害時においても継承する基礎となり，被災した地域住民を励ます役割をもつこと。

　②地域の歴史文化形成の基礎となり，住民が地域の成り立ちを共有することで，災害後の再生を具体的に考える基礎をつくりだすものとなること。

　③資料の保存や活用を，被災地内外で集団的に行うことで，被災者や支援者を結びつける役割をもつこと。

　④大規模災害の記憶を継承し，災害に強い文化を創出する役割をもつこと。

　このような特徴は，大規模災害時に強くあらわれるが，災害時のみのものではない。地域社会の歴史文化を，地域住民自身が未来に継承していくため，その基礎として地域の歴史資料を保存活用していくこと，そのために地域住民と記憶継承に関わる歴史研究者などの専門家が持続的に協力していくこと。この考え方は，災害時の対応のみならず，日常の地域の歴史文化形成においても重要な役割をもつようになってきている。2018 年，文化財保護法が改定された。この改定では，未指定を含めた有形・無形の文化財を保存し，文化財継承の担い手を確保し，地域社会総がかりでまちづくりに取り組んでいく体制をつくることが提起されている。

ViewPoint

地域社会には様々な歴史資料と豊かな歴史文化が存在している。歴史資料を地域住民自身が専門家と協力しながら保存し，活用していくことは，災害からの復興のみならず，これからの地域づくりにとても重要な意味をもつ。

災害資料はもちろんのこと，地域の歴史資料のほとんどは国宝や重要文化財などに指定されていない，未指定の歴史遺産である。そこから豊かな歴史をいかに汲み出していくか。歴史資料を介した市民と研究者の共同が進んでいくなかで，21世紀の歴史学は，大きな変化を迎えようとしている。

読書案内

奥村弘・村井良介・木村修二編『地域歴史遺産と現代社会 (地域づくりの基礎知識 1)』神戸大学出版会　2018 年

天野真志・後藤真編『地域歴史文化継承ガイドブック』文学通信　2022 年

日本災害復興学会編『災害復興学事典』朝倉書店　2023 年

参考文献

塩崎賢明他編『大震災 100 の教訓』クリエイツかもがわ　2002 年

神戸大学震災研究会編『阪神大震災研究 5　大震災を語り継ぐ』神戸新聞総合出版センター　2002 年

奥村弘『大震災と歴史資料保存―阪神・淡路大震災から東日本大震災へ』吉川弘文館　2012 年

奥村弘編『歴史文化を大災害から守る　地域歴史資料学の構築』東京大学出版会　2013 年

奥村弘「歴史資料の保全と活用――大規模災害と歴史学」岩波講座日本歴史第 21 巻（資料編 テーマ巻 2）岩波書店　2015 年

神戸大学震災復興支援プラットフォーム編『震災復興学　阪神・淡路大震災 20 年の歩みと東日本大震災の教訓』ミネルヴァ書房　2015 年

奥村弘・村井良介・木村修二編『地域歴史遺産と現代社会（地域づくりの基礎知識 1)』神戸大学出版会　2018 年

住吉学園・住吉歴史資料館編『阪神・淡路大震災資料集　住吉の記憶』Ⅰ・Ⅱ・Ⅲ　2015 年，2017 年，2018 年

天野真志・後藤真編『地域歴史文化継承ガイドブック』文学通信　2022 年

図版出典

生活協同組合コープこうべ提供　　　　　　　　　　　　　　　　　　　　　　　　　　　233

神戸市復興本部編『復興神戸市　都市計画図』三和出版株式会社　1946 年　　　　　　235

著者提供　　　　　　　　　　　　　　　　　　237 上下，238 上下，240 上下

住吉学園・住吉歴史資料館編『住吉の記憶　「住中と水」（阪神・淡路大震災資料集 1）　住吉学園・住吉歴史資料館　2015 年
　　　　　　　　　　　　　　　　　　　　　　　　　　　　　　　　　　　　　239 上

鈴木克彦（聞き書き）『只見町川と人の物語――平成 23 年 7 月の水害後に行った聞き書きを通して』ふくしま市町村支援機構
　2014 年　　　　　　　　　　　　　　　　　　　　　　　　　　　　　　　　239 下

おわりに

　史料（文字史料）は今やなんと身近になったことか。日本を含め世界各地で種々の歴史史料集が次々と刊行され，古語や外国語史料の翻訳集も続々と出版されている。近年ではデジタル・アーカイヴの公開も進み，実に多くの歴史史料が人々の手に届くところにある。もちろん時代や地域，史料の性格に応じて入手し難い史料も数え切れないほどあるが，それでもなお歴史に関心をもつ人，歴史の論文を書こうという学生などが，何らかの形で触れられる史料は本当に山のようにあり，今なお陸続と増え続けている。

　そうした歴史史料には素朴に読むだけで楽しめるものも少なくないが，歴史研究の素材にするとなると，「はじめに」でも記したようになかなか一筋縄ではいかない。我田引水的解釈，恣意的な切り貼りは禁物である。史料から可能な限り客観的かつ説得的な史実を描くには，背景となる事情を把握し，他の史料と付き合わせて検討し，史料制作者の意図，史料の歪みや偏向に留意して丁寧な解釈を重ねていかなければならない。面倒に思われるかもしれない。実際，手間もかかる。しかし，その分だけこうした知的な作業には心躍るものがある。史料制作者の立場，思想などを踏まえて制作意図を想像し，さらに他の史料と付き合わせてその是非を検討していく過程は，心理ゲームや推理小説にも似たおもしろみがある（もちろん論理的思考力，情報リテラシーを磨く機会にもなる）。また「史実追求」から少し視点を変え，史料がなぜ，どのように偏向・歪曲しているのか，これに当時の政治，社会，文化状況が影響しているのではあるまいか，と想像をめぐらせてみると，そこから歴史的世界の奥行き，多面性にも触れることができる（そして多角的な視野を身につけることにもなる）。まして扱う史料が特定の文脈，地域，時代を超えて別の史料，別の世界とつながりをもっていたことが分かれば，広大な歴史世界に一層の広がりや奥行きが感じられ，知的な興奮すら覚えてくる。きっと自身の世界観も変わってくるだろう。本書を繙き，歴史学における史料の扱い方を追体験することで，そうした知的愉悦，興奮を少しでも共有していただくこと，そして次は読者の皆さんが自ら，この溢れんばかりの史料の海のなかに飛び込んでいただくことを切に願っている。なお，本書に収録された12の「視点」は各々独立しており，どこから読んでいただいても構わないが，いずれも他の地域，時代に通底する問題，方法論を含んでいる。したがって本書全体を通じて多様な史料の存在，史料の扱い方をご理解いただけたら幸いである。

　本書では，『歴史の見方・考え方』第一弾に引き続き，私が僭越ながら取りまとめ役を務めることとなった。今回もまた同僚である共同執筆者を深く信用し，その力量にすっかり頼ってしまったことは言うまでもない。またお名前を挙げる余裕はないが，多くの方々から直接・間接のご助力を得ている。記して感謝したい。

　2023 年 9 月

佐藤　昇

執筆者紹介 （執筆順）

佐藤 昇 さとう のぼる

1973 年生まれ。神戸大学大学院人文学研究科教授

主要著作：『民主政アテナイの賄賂言説』(山川出版社 2008)，『歴史の見方・考え方　大学で学ぶ「考える歴史」』(編著，山川出版社 2018)，Additional Information in Witness Testimonies in Classical Athens, A. Markantonatos et al.(eds.), *Witnesses and Evidence in Ancient Greek Literature*, Berlin 2022.

古市 晃 ふるいち あきら

1970 年生まれ。神戸大学大学院人文学研究科教授

主要著作：『日本古代王権の支配論理』(塙書房 2009)，『国家形成期の王宮と地域社会──記紀・風土記の再解釈──』(塙書房 2019)，『倭国　古代国家への道』(講談社 2021).

村井 恭子 むらい きょうこ

1972 年生まれ。神戸大学大学院人文学研究科准教授

主要著作：「ウイグル可汗の系譜と唐宋漢籍史料──懐信と保義の間」『東洋学報』100-2(2018)，「唐代契丹の反乱と河北海運使の成立」古畑徹編『高句麗・渤海史の射程──古代東北アジア史研究の新動向』(汲古書院 2022).

伊藤 隆郎 いとう たかお

1970 年生まれ。神戸大学大学院人文学研究科准教授

主要著作：「マムルーク朝の歴史叙述における黒死病」『西南アジア研究』94(2022); Careers and Activities of mamluk Traders, in: S. Conermann & T. Miura(eds.), *Studies on the History and Culture of the Mamluk Sultanate*(*1250-1517*), Göttingen, 2021; The Last Mamluk Princess, Her Endowment, and Her Family History, *Orient* 54(2019).

髙田 京比子 たかだ けいこ

1965 年生まれ。神戸大学大学院人文学研究科教授

主要著作：『中世ヴェネツィアの家族と権力』(京都大学学術出版会 2017)，齊藤寛海編『イタリア史 2　中世・近世(世界歴史体系)』(分担執筆，山川出版社 2021)，「川が結ぶ北イタリア──中世のポー川と都市間交渉」イタリア史研究会編『イタリア史のフロンティア』(昭和堂 2022).

市沢 哲 いちざわ てつ

1960 年生まれ。神戸大学大学院人文学研究科教授

主要著作：『日本中世公家政治史の研究』(校倉書房 2011)，「南北朝内乱からみた西摂津・東播磨の平氏勢力圏」歴史資料ネットワーク編『地域社会からみた「源平合戦」』(岩田書院 2007)，「『花園天皇日記』──王朝の黄昏，ミネルヴァの梟は夜飛び立つのか」元木泰雄・松薗斉編『日記で読む日本中世史』(ミネルヴァ書房 2011)，「歴史資料をめぐる「よそ者」と「当事者」──専門家的知性と市民的知性」九州史学会・公益財団法人史学会編『過去を伝える，今を遺す──歴史資料，文化遺産，情報資源は誰のものか』(山川出版社 2015).

小山 啓子 こやま けいこ

1971 年生まれ。神戸大学大学院人文学研究科教授

主要著作：『フランス・ルネサンス王政と都市社会──リヨンを中心として』(九州大学出版会 2006)，「ルネサンス期の文化と国家」『主権国家と革命　15 〜 18 世紀(岩波講座 世界歴史 第 15 巻)』(岩波書店 2023)，『フランス絶対主義──歴史と史学史』(共訳，岩波書店 2021).

真下 裕之 ました ひろゆき

1969 年生まれ。神戸大学大学院人文学研究科教授

主要著作：「ムガル帝国の形成と帝都ファトゥフプルの時代」岸本美緒編『1571 年　銀の大流通と国家統合(歴史の転換期 第 6 巻)』(山川出版社 2019)，「ムガル帝国の栄光：アクバルからアウラングゼーブへ」『近世の帝国の繁栄とヨーロッパ(アジア人物史 第 7 巻)』(集英社 2022)，「ムガル帝国における国家・法・地域社会」林佳世子編『西アジア・南アジアの帝国 16 〜 18 世紀(岩波講座 世

界歴史 第 13 巻)』(岩波書店 2023),「アブル・ファズル著『アーイーニ・アクバリー』訳注」(1-11)『紀要』(神戸大学文学部)40-50(共訳, 2013-2023).

緒形 康 おがた やすし

1959 年生まれ。神戸大学大学院人文学研究科教授

主要著作:『危機のディスクール——中国革命 1926 〜 1929』(新評論 1995),『儒家思想与 21 世紀的対話』(共編著, 国立台湾大学出版中心 2022),『東アジア世界と共和の創生——辛亥革命 110 周年記念国際学術シンポジウム論文集』(共編著, 汲古書院 2023).

吉川 圭太 よしかわ けいた

1980 年生まれ。神戸大学大学院人文学研究科講師

主要著作:『阪神・淡路大震災における住まいの再建』(共編著, 人と防災未来センター 2012),「一九二〇年代の借家人運動における法的実践——借家人同盟を中心に」『民衆史研究』78(2009),「一九二〇年代の社会運動と在野法曹——自由法曹団を中心に」『部落問題研究』209(2014),「震災資料と震災展示」『歴史評論』865(2022).

藤澤 潤 ふじさわ じゅん

1982 年生まれ。神戸大学大学院人文学研究科准教授

主要著作:「東西冷戦下の経済関係　ソ連・コメコンと西欧」松戸清裕ほか編『冷戦と平和共存(ロシア革命とソ連の世紀 第 3 巻)』(岩波書店 2017),『ソ連のコメコン政策と冷戦　エネルギー資源問題とグローバル化』(東京大学出版会 2019),「ソ連のコメコン改革構想とその挫折：1990—91 年の域内交渉過程を中心に」『史学雑誌』第 131 編 1 号(2021).

奥村 弘 おくむら ひろし

1960 年生まれ。神戸大学理事・副学長, 大学院人文学研究科教授

主要著作:「地方統治における満洲国協和会の位置—満洲国協和会第七次全国連合協議会の分析をとおして—」山本有造編『「満洲国」の研究』(京都大学人文科学研究所 1993),「地域社会の成立と展開」歴史学研究会日本史研究会編『近世の解体(日本史講座 第 7 巻)』(東京大学出版会 2005),「地域社会形成史と明治維新」明治維新学会編『明治維新史研究の諸潮流(講座　明治維新 第 12 巻)』(有志舎 2018).

歴史の見方・考え方 2　史料から広がる歴史学

2023年10月10日　　1版1刷印刷
2023年10月20日　　1版1刷発行

編著者　佐藤　昇 = 編　神戸大学文学部史学講座 = 著

発行者　野澤武史

発行所　株式会社 山川出版社

〒101-0047　東京都千代田区内神田1-13-13
電話　03(3293)8131(営業)　8134(編集)
https://www.yamakawa.co.jp/

印刷所　株式会社 太平印刷社

製本所　株式会社 ブロケード